Barbara Mathias ist Journalistin und wurde mit vielen Preisen ausgezeichnet. Besonders beschäftigt sie sich mit Themen aus dem Bereich Psychologie und Familie sowie mit Frauenfragen. Sie hat drei Schwestern und drei Töchter.

Dieses Buch wurde auf chlor- und säurefreiem Papier gedruckt.

Deutsche Erstausgabe Juni 1994

Titel der Originalausgabe »Between Sisters«

Originalverlag: Delacorte Press, New York
Umschlaggestaltung: Graupner & Partner, München
Umschlagfoto: The Image Bank/David De Lessy, München
Satz: MPM, Wasserburg
Druck und Bindung: brodard & taupin
Printed in France
ISBN 3-426-84047-2

2 4 5 3 1

Barbara Mathias

Meine Schwester

Freundin, Rivalin, Spiegelbild

Aus dem Amerikanischen
von Ursula Harzer

Knaur

Meinen Schwestern Mary, Ruth und Janet.
Und in liebender Erinnerung an unsere Mutter
Frances Elisabeth.

Inhalt

Vorwort

Dieses Buch handelt von Beziehungen zwischen Schwestern, vom Glück und von der Vielschichtigkeit, die diese Beziehungen ausmachen. Ich möchte, daß Frauen erkennen, welchen Einfluß ihre Schwestern auf ihre Entwicklung genommen haben und wie sie ihnen als Modell in ihren Beziehungen innerhalb und außerhalb der Familie dienten. Wenn Sie keinen guten Kontakt zu Ihrer Schwester haben oder wenn Ihre Gefühle zwiespältig sind, hilft Ihnen dieses Buch vielleicht, sich gegenseitig zu akzeptieren, um zu einem harmonischen Verhältnis zu gelangen. Ich kann Ihnen natürlich kein Patentrezept bieten und Ihnen auch nicht in zehn einfachen Schritten zeigen, wie schwesterliche Bande zu festigen sind. Doch eine genaue Überprüfung Ihrer Beziehung zu Ihrer/Ihren Schwester(n) wird einen Prozeß des Überdenkens einleiten, und was daraufhin folgt, liegt ganz in Ihrer Hand.

Ich schreibe dieses Buch auch in der Absicht, Therapeuten und Analytiker anzuregen, sich mehr mit der Bedeutung der Beziehungen zwischen Schwestern bei der Entwicklung der Persönlichkeit von Frauen zu befassen. Denn obwohl Schwestern im Leben einer Frau eine große Rolle spielen, wird ihre Präsenz und ihr Einfluß in der theoretischen und praktischen Psychologie bis heute nur selten in vollem Umfang beachtet. Zwei oder mehrere Frauen können von ein und demselben Elternpaar verschieden erzogen werden. Daß dies Auswirkungen auf diese Frauen hat, wird ignoriert oder schlichtweg geleugnet. Trotz der wachsenden Zahl von Büchern über Mütter und Töchter wird wenig über den starken und bleibenden Einfluß der Beziehungen, den Schwestern zu ihren Müttern hatten, berichtet. Es ist, als ob wir alle die einzige Tochter unserer Mütter gewesen wären, was ja auch der

Traum jedes kleinen Mädchens ist. Aber mit dieser Darstellung, der wir so oft in populärpsychologischen Büchern begegnen, wird nur die halbe Geschichte erzählt, und wir werden um das uneingeschränkte Verständnis unseres weiblichen Seelenlebens betrogen.
Bereits in den zwanziger Jahren entstanden erste Studien über Geschwister, in den sechziger Jahren wurden Forschungsarbeiten über den Einfluß der Geburtenreihenfolge durchgeführt, in den siebziger Jahren kam es zu einer Reihe von Theorien über Familien, und Anfang 1980 erschien die Arbeit von Stephen Bank und Michael Kahn über Geschwisterbindung. Die Beziehungen zwischen Schwestern sind jedoch noch nie genau erforscht worden. Der Grund dafür ist sicherlich das sich nur langsam entwickelnde Wissen über das weibliche Seelenleben. Ironischerweise glorifizierte auch die Frauenbewegung die schwesterlichen Gefühle und verhinderte dadurch einen realistischen Blick auf die zwiespältigen, manchmal deprimierenden Beziehungen zwischen leiblichen Schwestern.

»Schwestern«, was bedeutet dieses Wort?

Ihre Schwester ist Ihr anderes Ich, Ihr Spiegelbild, Ihr Schatten. Sie kann beide Seiten verkörpern und Sie dadurch in ein Gefühlschaos stürzen. Ihr Leben unterscheidet sich von dem Ihrer Schwester zwar im Detail, jedoch nicht in der Substanz. Sie treten beide abwechslungsweise in den Schatten oder aus dem Schatten der anderen. Sie beten Ihre Schwester an oder sind über alle Maßen von ihr enttäuscht. Sie befürchten, daß Wesenszüge von ihr in Ihrem Inneren ruhen. Doch wie viele Jahre sie auch voneinander trennen, es bleibt die Tatsache, daß sie in der glei-

chen Familie aufgewachsen sind, dieselben Eltern und *die gleichen Erfahrungen mit ihrer Geschlechtszugehörigkeit* gemacht haben. Eine Therapeutin, die ihrer Schwester eine Ehekrise überstehen half, sagte mir: »Wenn wir unsere Schwestern als eine Erweiterung von uns selbst betrachten, ist es ganz natürlich, daß wir – besonders in Zeiten der Not – bei ihnen Kraft suchen.«
Unter der eigentlichen Bedeutung des Wortes »Schwestern« versteht man eine Bindung zwischen Gesinnungsgenossinnen, die sich ganz selbstverständlich lieben und gegenseitig unterstützen. Doch für viele Frauen ist die Definition komplexer und nicht so klar umrissen. Es gibt in der Tat sich liebende Schwestern, die in ihrem Verhalten so ähnlich sind, daß man sie für ein und dieselbe Person halten könnte. Andere wiederum sind grundverschieden, kommen aber trotzdem gut miteinander aus. (Sie erklären überall vergnügt: »Niemand glaubt uns, daß wir Schwestern sind.«) Dann gibt es Schwestern, die sich so hassen, daß sie nicht einmal zusammen in einem Raum sein können. Andere behaupten, sich gleichgültig zu sein, »nichts« füreinander zu empfinden. Doch sind die Schwestern vielleicht am häufigsten, die in bestimmten Lebensphasen eine ambivalente Beziehung zueinander haben. So schwanken diese Frauen zwischen tiefer Zuneigung, Wut oder einer nichtssagenden neutralen Haltung ihren Schwestern gegenüber – je nach den Veränderungen und Krisen, die das Leben ihnen bringt.

Ein spezielles Merkmal zwischen Schwestern ist die Fähigkeit, die Beziehung eng oder distanzierter zu halten, *ohne die Verbundenheit zu verlieren*. Bei einigen wenigen ist die Intensität der Beziehung immer gleich stark. Meistens ist sie jedoch wechselnd, mal spielt die Schwester eine Rolle in unserem Leben, mal nicht, ohne daß wir uns je fragen, ob dies negativ oder ungewöhnlich ist.

In diesem Buch geht es mir in erster Linie darum, zu zeigen, daß unter leiblichen Schwestern – gleichgültig, wie schwierig oder

befriedigend die Beziehung ist – aufgrund des weiblichen Seelenlebens eine komplexe und unwiderrufliche Bindung besteht. Auch eine distanziert erscheinende Beziehung wird in bestimmten Phasen im Leben einer Frau unweigerlich enger. Es ist für eine Frau im allgemeinen nicht möglich, diese Beziehung (gleichgültig, ob sie konstruktiv oder destruktiv ist) zu ignorieren, *da sie von klein auf dazu erzogen worden ist, ihren Mitmenschen gegenüber mitfühlend und fürsorglich zu sein.*
Das zweite Thema dieses Buches ist der Einfluß, den die schwesterliche Beziehung auf die psychische Entwicklung einer Frau hat.
Viele Frauen erzählten mir, daß es Zeiten in ihrem Leben gab, wo die Schwester keine Rolle spielte. Vielleicht war es die frühe Kindheit, die dem Gedächtnis entglitten ist, oder das Grundschulalter, wo die Schwestern sich aus dem Weg gingen, oder als sie zwischen zwanzig und dreißig Jahre alt waren und jede ihre eigenen Ziele verfolgte. Selbst bei sehr engen schwesterlichen Beziehungen im Erwachsenenalter war die Schwester zeitweise von der Bildfläche verschwunden, um dann aber plötzlich aufzutauchen als rettender Engel oder böser Geist, der half, tröstete, alles durcheinanderbrachte, im Weg stand oder der anderen wieder Freude am Leben gab. Immer und immer wieder wurde mir gesagt, daß Schwestern »plötzlich« da waren, um bei einer Scheidung, dem Tod des Ehemannes oder eines Kindes oder einer schweren Krankheit zur Seite zu stehen.
Ronnie hatte zwanzig Jahre nicht mehr mit ihren beiden Schwestern gesprochen, doch als der Alkoholismus ihrer Mutter für sie zu einem Problem wurde, kamen sie ihr mit einer Selbstverständlichkeit zu Hilfe, als ob sie sich nie aus den Augen verloren hätten.

Marksteine im fürsorglichen Verhalten

Christine Downing schrieb in *Psyche's Sisters:* »Die Schwester neu entdecken heißt auch, sich selbst neu entdecken.« Ich bin derselben Meinung, wobei ich noch anfügen möchte, daß diese Entdeckung meistens in den mittleren Jahren der Frau stattfindet, einer Zeit, wo sie nicht nur beginnt, sich selbst zu verstehen, sondern auch bereit ist, Zugeständnisse zu machen und ihr Verhältnis zu ihrer Familie zu ändern. Ein anderer, pragmatischerer Grund, warum Frauen sich in dieser Lebensphase Gedanken über das Verhältnis zu ihren Schwestern machen, ist die Wahrscheinlichkeit, daß sie zusammen für ihre alternden Eltern zu sorgen haben. Als die sogenannte Sandwich-Generation sind Kinder im mittleren Lebensalter gefangen zwischen ihren Verpflichtungen den eigenen Kindern und den Eltern gegenüber. Man schätzt, daß es zu ungefähr achtzig Prozent die Töchter sind, die sich dieser Aufgaben annehmen. Neueren Studien zufolge kümmert sich die Frau im Durchschnitt siebzehn Jahre um ihre Kinder und achtzehn Jahre um ihre alternden Eltern. Unter diesen Umständen ist es nicht verwunderlich, daß Frauen intensiv an ihre Schwestern zu denken beginnen, wenn sie selbst und die Eltern älter werden. Für Schwestern stellt sich dann die unumgängliche Frage: »Wie teilen wir uns diese Verantwortung?« Einige wenige der von mir interviewten Schwestern sprachen über die ungerechte Verteilung dieser Verantwortung. Die meisten Frauen jedoch, wie zum Beispiel Frances und Dorothy (siehe Kapitel zehn), waren dankbar, daß sie sich die Aufgabe teilen konnten, so daß keine von der aufreibenden Sorge um die gebrechlichen Eltern überfordert wurde.

Es muß nicht ein Leben dauern, bis Schwestern zueinanderfinden, und sie brauchen auch nicht auf Veränderungen und Krisen in ihrem Leben zu warten, um wieder zusammenzukommen. Sie können lernen, Verständnis für ihre Verschiedenheit aufzubringen und ihre Erwartungen an die andere auf einer tieferen Ebene anzusetzen. Damit aus einer destruktiven Beziehung eine liebende wird, bedarf es jedoch einer konzentrierten Überprüfung der Situation. Streitende oder sich fremd gewordene Schwestern müssen ihre Erwartungen an die andere neu definieren. Um das tun zu können, ist es jedoch nötig, erst den Ursprung ihrer Erwartungen herauszufinden.

Die Umfrage

Im Laufe eines Jahres habe ich über 75 Frauen interviewt. Ich wollte von ihnen wissen, welche Gefühle sie ihren Schwestern gegenüber haben, welche Beziehung sie pflegen und welchen Einfluß diese Beziehung auf ihr Leben hat. Ich habe keinen Fragebogen zur Verfügung gestellt, und die Interviews liefen nicht nach einem standardisierten Schema ab. Es sollte keine soziologische oder wissenschaftliche Studie sein, sondern lediglich eine Reihe von Beobachtungen, zusammengestellt von mir, einer Journalistin, die seit fünfzehn Jahren Artikel über das Thema Familie, Frau und Psychologie schreibt. Ich bin wahrscheinlich eine Frau, die sich ihrer Intuition bedient und anderen gern zuhört, um mich und die Menschen um mich herum besser verstehen zu lernen.
Die von mir befragten Frauen sind fünfzehn bis siebenundachtzig Jahre alt und kommen aus allen Teilen der Vereinigten Staaten sowie aus Mexiko, Israel, Deutschland und England. Halbschwestern und Stiefschwestern habe ich nicht in meine Umfrage miteinbezogen, da ihre Situation, meiner Meinung nach, eine besondere und ein Thema für sich ist. Ungefähr fünfzehn Prozent

der Befragten gehören einer Minderheit an. Auch die finanzielle Situation der Frauen ist unterschiedlich: Ich sprach mit Frauen, die sechsstellige Jahresgehälter beziehen, während andere sich mit Mindestlöhnen durchschlagen müssen. Bei vielen Frauen unterscheiden sich die wirtschaftlichen Verhältnisse, in denen sie aufgewachsen sind, sehr stark von ihren aktuellen, was zu Gegensätzen in den Generationen führt. Der Bildungsstand reichte von drei Jahren High-School bis zum abgeschlossenen Studium.

In manchen Fällen habe ich beide Schwestern interviewt oder mehrere Schwestern aus einer Familie sowie ihre Mütter und deren Schwestern. Ich traf mich mit mehreren Zwillingsschwestern (einschließlich einer gehörlosen Frau, deren gehörlose Zwillingsschwester gestorben war), sowie Schwestern von Zwillingen und Drillingen. Die Geburtenreihenfolge, die Zeitabstände zwischen den Geburten und die Anzahl der Schwestern sind wichtige Faktoren bei der Behandlung unseres Themas: Vierzig Prozent waren älteste Schwestern, dreißig Prozent mittlere Schwestern und dreißig Prozent jüngste Schwestern. Die Hälfte der Frauen hatte mehr als eine Schwester, und knapp über die Hälfte hatte Brüder. Der geringste Altersunterschied war auf den Tag genau zwölf Monate, der größte zweiundzwanzig Jahre.

In dieser Umfrage gibt es zahlreiche Beispiele von Schwestern, deren Kindheit und Jugend in der Familie beeinflußt waren von Alkoholismus, Depression, manischer Depression, Schizophrenie und sexuellem Mißbrauch. Für mich sind diese gestörten Familienverhältnisse jedoch nicht die einzige Ursache für Rollen- und Identitätsverhalten, wie dies zum Beispiel in einem Buch über erwachsene Kinder von Alkoholikern der Fall wäre. Ich beschreibe zwar die spezielle Störung, füge sie dann aber in das Gesamtbild der Familie ein. Ein Beispiel: Wenn zwei sich fremd gewordene Schwestern eine depressive Mutter hatten,

wird nicht nur der Einfluß dieser Depression berücksichtigt und überprüft, sondern auch andere Faktoren, wie die wirtschaftliche Situation der Familie, der Altersunterschied der Kinder und das Vorhandensein von Großeltern.
Man kann das Verhalten von Schwestern nicht beurteilen, ohne sich ein Bild der gesamten Familie zu machen, und dazu bedarf es des aufmerksamen Anhörens der Familiengeschichten. Es war mir eine Ehre, diese Frauen kennenzulernen, und ich bin ihnen sehr dankbar, daß sie bereit waren, sich mit mir zu unterhalten. Um ihre Anonymität zu wahren, habe ich keine Familiennamen benutzt und die Vornamen sowie in manchen Fällen identifizierende Details geändert.

Eine Familiengeschichte über Schwestern

Ich bin die älteste von vier Schwestern und das dritte Kind von sieben Geschwistern – ich glaube, das ist meine beste Empfehlung als Autorin dieses Buches. Ich liebe meine drei Schwestern, aber ich habe zu jeder ein anderes Verhältnis, was ein guter Beweis für die Vielschichtigkeit schwesterlicher Beziehungen ist. Am sensibelsten und auch am zwiespältigsten bin ich Mary gegenüber, die ich heimlich beneidet habe, seit sie mich durch ihre Geburt meines Thrones beraubte, als ich vier Jahre alt war. Ruth ist sieben Jahre jünger als ich, aber wir verstehen uns gut dank ihres Humors und ihrer Großzügigkeit. Wir hatten unsere Differenzen hervorgerufen hauptsächlich durch meinen anderen Lebensstil an der amerikanischen Ostküste (sie lebt im Mittleren Westen in der Nähe unseres Elternhauses), doch diese Unterschiede scheinen unser gutes Verhältnis zum Glück nicht ernsthaft zu gefährden. Als Janet auf die Welt kam, war ich zwölf

Jahre alt und mehr als bereit, die Ersatzmutter zu spielen. Heute, da wir beide erwachsen sind, umkreisen wir uns manchmal wie Fremde, die sich kennenlernen möchten, aber nicht genau wissen, was sie voneinander wollen. Es ist eine Verlegenheit, die sich sicherlich geben wird, wenn wir beide älter werden und mehr Gelegenheiten haben, uns zu sehen. Meine Mutter, jüngste von acht Schwestern (insgesamt waren es zwölf Geschwister), trug auch zu meinen Kenntnissen bei. Sie hatte als Kind den Spitznamen »Lauscherin«, da sie sich in den Schlafzimmern ihrer Schwestern aufhalten durfte, wenn diese ihre Vorbereitungen für die Schule oder für ein Rendezvous trafen. Mit der Zeit wurde sie so zur heimlichen Mitwisserin all ihrer Geheimnisse. Meine eigene Kindheit war reich an gemütlichen Abenden und Sonntagnachmittagen mit den vielen Tanten, sowohl von Mutters als auch Vaters Seite. Meine Lieblingstante war Elsie, die jüngste der drei Schwestern meines Vaters. Insgeheim stellte ich mir immer vor, sie wäre meine ältere Schwester, die ich so gerne gehabt hätte.

Obwohl ihre Geschichten nicht in diesem Buch erscheinen, wäre ich ohne das Beispiel meiner drei Töchter (und ihrem Verhalten ihren zwei Brüdern gegenüber) dem Thema der Schwesternbeziehungen nicht völlig gewachsen. Auch Brüder spielen eine Rolle, sind sie doch oft die stummen Mitspieler in den Dramen der Liebe und des Neides zwischen ihren Schwestern. Bevor Mary auf die Welt kam, bildeten meine zwei älteren Brüder Dick und Bob »mein Team«. Als mein kleiner Bruder Paul geboren wurde, waren Mary und ich Teenager, und unsere Ansichten als Ersatzmütter gingen manchmal sehr auseinander. Anfang der siebziger Jahre starb Bob im Alter von dreiunddreißig Jahren völlig unerwartet an einem Herzinfarkt. Derselben Todesursache war sechs Monate zuvor mein Vater im Alter von achtundfünfzig Jahren erlegen. Mit dem Tod der beiden veränderte sich in unserem Familienleben vieles. Da das ursprüngliche Team

(Dick, Bob und Barbara) nicht mehr existierte, machte ich mich an die erfreuliche Wiederentdeckung meiner Familie von Schwestern. Nach vielen Jahren der Freude, der Mißverständnisse und der Ambivalenz erkenne ich heute, wie entscheidend meine Beziehung zu meinen Schwestern für die Definition meines eigenen Ichs ist.

Martha Gallahue, eine Therapeutin aus New York, leitet gemeinsam mit ihren zwei Schwestern aus Ohio (Mary Beth Loechlin, Soziologin, und Rosemary Mullen, eine in der Ausbildung befindliche Lehrerin für Behinderte) Workshops »Von Schwester zu Schwester«. Während der Entstehung dieses Buches habe ich oft mit Martha Gallahue gesprochen und auch einen ihrer Workshops im YWCA in New York besucht. Wir hatten einst mit Bedauern festgestellt, daß nur sehr wenig über Schwestern geschrieben worden ist, und sie ermunterte mich, meine gesammelten Schwesterngeschichten zu veröffentlichen. Sie meinte, Lebensgeschichten könnten in diesem frühen Stadium des Erkennens der Dynamik zwischen Schwestern genauso wertvoll sein wie Theorie. Natürlich ist diese Ansammlung von Geschichten keine tiefschürfende psychologische Studie, aber sie zeigt intensive und tiefgehende Gefühle und könnte eine Anregung für weitere Studien sein. Ich möchte jedoch betonen, daß die Geschichten an sich einen eigenen Wert haben, selbst wenn sie aus zweiter oder dritter Hand stammen oder mit den Erzählungen der Schwester aus der gleichen Familie nicht übereinstimmen. Wir alle sehen unser Leben anders, und unsere Geschichten haben ihren eigenen Stellenwert. Robert Coles hat von seinem psychoanalytischen Supervisor Dr. Ludwig folgende, immer gültige Lektion mitbekommen: Auch »Geschichten«, nicht nur die Lehrmeinung, zählen. Wenn möglich, sollten sich der/die Therapeut(in) diese Geschichten mit einem Minimum an gedanklichem Konzept anhören.

Durch das Erzählen dieser Geschichten möchte ich den Frauen

die hellen und dunklen Seiten schwesterlicher Beziehungen zeigen und ihnen die Möglichkeit geben, ihre eigenen Erfahrungen zu überprüfen. Es ist sowohl eine Herausforderung als auch eine Einladung, längst überfällig für die meisten von uns.

Barbara Mathias

1 Der weibliche Drang nach Bindung

Als ich Tess anrief, um einen Termin für ein Interview mit ihr zu vereinbaren, erzählte sie mir, daß sie sich nach nahezu zwanzig Jahren der Trennung wieder mit ihren Schwestern versöhnt habe. »Meine zweitälteste Schwester Lynn ist nach Europa zurückgekehrt, wo sie mit ihrer Familie lebt, aber meine älteste Schwester Peg wird morgen hier sein. Sind Sie damit einverstanden, daß sie auch mitkommt und wir uns gemeinsam mit Ihnen unterhalten?« Ich wunderte mich, warum sie um meine Einwilligung bat, aber bald sollte ich erfahren, daß dies typisch für ihr bescheidenes Wesen war.

Am nächsten Tag kamen sie also zu mir nach Hause, fünf Minuten vor dem abgemachten Termin und in sichtlich nervöser Verfassung. Ich hatte keine der beiden vorher gesehen und war überrascht, wie wenig sie einander glichen. Peg, achtundfünfzig Jahre alt, war stattlich und gutaussehend, mit olivfarbenem Teint und kurzen dunklen Haaren. Tess, sechsundvierzig Jahre alt, war klein und zierlich und hatte ein sehr sanftes, bleiches Gesicht und hellbraunes dünnes Haar. Mit ihrer Brille sah sie ein bißchen wie ein Schulmädchen aus. Sie war sehr unauffällig in gedämpften Farben gekleidet und ohne jeglichen Schmuck. Peg hingegen trug eine leuchtende pinkfarbene Bluse, lässige schwarze Hosen, Sandalen und mehrere glitzernde Ringe an jeder Hand. In dem Moment, wo Peg den Kassettenrecorder auf dem Couchtisch erblickte, übernahm sie mit sichtlichem Vergnügen das Kommando: Sie wies Tess einen Platz »ganz nah« bei sich an, damit das Gespräch gut aufgenommen werden konnte. »Ich mache

Filme«, erklärte sie mir, »und kenne mich in diesen Dingen aus. Und keine Angst«, lachte sie, indem sie ganz nahe zu Tess aufrückte, die gehorsam am äußeren Ende der langen Couch Platz genommen hatte, »wir verstehen uns jetzt gut.«

Peg leitete die nun folgende Geschichte mit einem bedeutungsvollen »Wir haben uns alle gegenseitig die Schuld für unser Unglücklichsein gegeben« ein. Ihre Entfremdung, so schien es, war nicht unbedingt gewollt, jedoch leicht aufrechtzuerhalten, weil die Schwestern in verschiedenen Städten wohnten. Keine unternahm etwas, bis Peg vor nun sechs Jahren »genug hatte« von einem Leben ohne ihre Schwestern. Sie begann, immer wieder anzurufen oder zu schreiben und baute so die Mauer, die sie trennte, ganz allmählich ab. Peg: »Wir reden wie normale Menschen miteinander, und das genügt mir. Zum ersten Mal hatten wir als Erwachsene die Gelegenheit, Freundinnen zu werden, ohne all den Ballast, den wir aus der Vergangenheit mit uns herumtrugen. Jede von uns ist natürlich eine eigenständige Persönlichkeit, obwohl uns manches im Verhalten oder Denken vertraut scheint, aber es ist wirklich so, daß wir das erste Mal mit freundschaftlichen Gefühlen zusammengekommen sind.«

Tess blieb bei dem Gefühlsausbruch ihrer Schwester ruhig, ihre Hände lagen gefaltet in ihrem Schoß, sie sprach wenig, beobachtete Peg aber die ganze Zeit über sehr genau. Ich bat die beiden, mir ihre Familiengeschichte zu erzählen, damit ich verstehen konnte, wie diese Entfremdung entstehen konnte. Die Geschichte, die ich dann zu hören bekam, war in verschiedene Zeitabschnitte gegliedert, entsprechend ihrem Alter und dem Zustand der Ehe ihrer Eltern. Der erste Zeitabschnitt spielte in den fruchtbaren Tälern Chiles, wo sie mit ihrer italienische Mutter und ihrem amerikanischen Vater im Luxus lebten. Der Vater war Geschäftsmann, der durch Heirat zu seinem angenehmen Job gekommen war. Mehrere Dienstboten kümmerten sich um die

drei Töchter, während die Eltern mit Freunden, Partys und Tennisspielen beschäftigt waren. Das klingt nach einem glücklichen Leben, war es aber nicht, insbesondere vom Gesichtspunkt der Kinder aus. Peg, die sich besonders gut und mit starken Emotionen an diese Zeit erinnern kann, beschreibt ihre Eltern als »gelangweilte und verwöhnte Personen«, die dauernd vor den Augen ihrer Kinder stritten. Besonders ihr Vater wollte stets im Mittelpunkt stehen und bekam Wutanfälle, wenn jemand seine Töchter oder seine Ehefrau bevorzugte. Ihre Mutter, eine schüchterne Frau, die Heimweh nach ihrer in Italien zurückgelassenen Familie hatte, litt unter ihrem hysterischen Ehemann. »Es war so schrecklich«, sagte Peg, »daß ich mit siebzehn das Elternhaus verließ, und Lynn machte kurz danach dasselbe.«
Der zweite Zeitabschnitt der Familie war genauso turbulent. Er begann mit der Scheidung der Eltern, nicht lange nach Pegs und Lynns Auszug. Tess war gerade sieben Jahre alt. Das einsame Kind erkundigte sich nie, warum es und seine Mutter später in die Vereinigten Staaten zogen und der Vater zurückblieb. Tess: »Meine Mutter sprach nie wirklich ernsthaft mit mir. Sie hat mir nie gesagt, daß sie und mein Vater sich haben scheiden lassen. Ich glaube, sie wollte Unangenehmes von mir fernhalten.« Schließlich kam auch der Vater in die Staaten. Das Geld war aufgebraucht. Die Schwestern erfuhren »häßliche Intimitäten« in der schlimmen Zeit nach der Scheidung, die sich endlos dahinzog und weitere Entfremdung und Verwirrung in der zerbrochenen Familie erzeugte.
Das strittige Thema bei den erwachsenen Schwestern war die Mutter. Peg sah in ihr eine gebieterische, gefühlskalte Frau, die kein engeres Verhältnis zu ihren Töchtern wünschte und nie »über die unguten früheren Zeiten in der Familie« sprach. Tess war dagegen überzeugt, daß die Mutter »ihr Bestes getan hat«, um einen guten Kontakt zu ihren Kindern zu haben, besonders in ihren letzten Jahren, als sie schwer krebskrank war und nur Tess

ihr zur Seite stand. Lynn wurde als eine Frau geschildert, »die sich ständig angegriffen fühlt«, die sich auch jetzt noch nicht sicher war, ob sie eine Versöhnung mit ihren Schwestern wollte, weil sie doch so weit weg wohnt und Peg und Tess mehr Zugang und daher auch mehr Zuneigung zueinander haben.
An einem Punkt unseres Interviews verlor Tess ihre Scheu und begann zu erzählen, wie sie sich »von ihren Schwestern im Stich gelassen fühlte«, als diese von zu Hause weggingen und sie mit ihrer depressiven Mutter allein zurückblieb. Ohne Peg anzuschauen, erzählte sie ruhig und mit trauriger Stimme, wie ihre Mutter, als sie, Tess, vierzehn war, zu ihrer Familie nach Italien reiste, um »zu sich selbst zu finden«. Die unglückliche Tess hatte keine andere Wahl, als mit ihrem Vater und dessen neuer Frau zu leben. Dabei hatte ihr niemand erzählt, daß ihr Vater wieder geheiratet hatte – ein weiterer Beweis für die Sprachlosigkeit und Verschlossenheit innerhalb der Familie. Ich hörte ihr aufmerksam zu, und wir erschraken beide, als wir plötzlich Peg weinen hörten.
»Was ist«, fragte Tess, drehte sich zu ihrer Schwester und berührte sie leicht am Arm. »Was fehlt dir?«
»Das tut mir alles so leid«, schluchzte Peg. Und als sie den verwirrten Ausdruck auf dem Gesicht von Tess sah, sagte sie nicht sehr überzeugend: »Mach dir keine Sorgen. Ich weine oft. Es ist einfach nur Mitgefühl. Ich bin nicht traurig.«
Während des gesamten Interviews fing Peg immer mal wieder zu weinen an, oder ihre Stimme begann zu zittern. Tess hingegen weinte nie, und doch merkte man ihrem Gesicht und ihren Antworten an, daß sie das Mitgefühl ihrer Schwester berührte. »Ich weine nur sehr selten«, erklärte sie mir.
Ihre Erzählungen waren nicht alle tragisch. Sie ließen mich auch an ihren guten Zeiten teilhaben: Da gab es die kleinen Zankereien und Tricks zwischen kleinen Mädchen, das Spiel mit den Tieren im Schatten der Bäume, das Geburtstagsritual, das darin bestand, vor dem Frühstück mit den Geschenken in der Hand und

aus vollem Halse singend in das Schlafzimmer des Geburtstagskindes zu marschieren.

Diese beiden Schwestern, obwohl so verschieden, empfinden eine gegenseitige Zuneigung. Die eine zeigt offen ihre Gefühle, während die andere eher zurückhaltend ist. Sie halten beide an ihrer unterschiedlichen Meinung über die Mutter fest, genauso wie an ihren unterschiedlichen Lebensstilen. Peg, eine Selfmade-Frau, die nie geheiratet hat, reist um die Welt und dreht Dokumentarfilme fürs Fernsehen. Tess, eine Lehrerin, ist lieber zu Hause bei ihren beiden Kindern. Als Peg begeistert von dem Frühstück berichtet, das die drei Schwestern letzten Monat vereinte, unterbricht Tess ihren Redefluß mit der nüchternen Bemerkung, daß es für sie nicht das reine Vergnügen gewesen war, da sie sich als Gastgeberin Sorgen machte, ob die Eier richtig gekocht waren und ob der drei Tage dauernde Besuch ihren Ehemann nicht überforderte.

Nach so vielen Jahren der Trennung wollten Tess und Peg, nach ihren Worten, »die Aufgabe, die Lebensweise des anderen zu akzeptieren, realistisch angehen«. Ich bin mir ganz sicher, daß sie wußten, wie verschieden sie waren, und zwar sowohl in ihrem Charakter als auch in ihrem Lebensstil und ihrem Verständnis der Vergangenheit – und trotzdem, ihr Wille und ihr Drang, mit der anderen Verbindung zu halten, war stärker als all ihre Verschiedenheit.

Eine Episode hat mir besonders gezeigt, wie problembeladen ihre Vergangenheit war, und gleichzeitig, wie sehr sie sich eine engere Bindung wünschten. Bei einem Besuch im väterlichen Haus beschuldigte Peg, damals siebenundzwanzig, ihre Schwester Tess, damals fünfzehn, ihren Lieblingsarmreif gestohlen zu haben. Peg heute: »Der Armreif ist nicht gestohlen, sondern nur ›geborgt‹ worden, und sie versicherte uns, daß er in ihrem Besitz ist.« Doch Tess, die nicht mehr genau weiß, wie sich alles abgespielt hat, sieht die Sache mehr symbolisch als ein »Verbrechen aus Liebe«.

Tess beschwörte Peg: »Ich muß dir von dem Armreif erzählen. Ich habe immer und immer wieder darüber nachgedacht, und ich frage mich, warum ich ihn mir genommen habe. Ich glaube, ich wollte dir irgendwie nahe sein. Doch du bist böse geworden, und das war nicht die Reaktion, die ich mir gewünscht habe. Ich wollte, daß du mir sagst: ›Okay, behalte ihn als ein Stück von mir.‹ Aber siehst du, ich mußte fünfundvierzig Jahre alt werden, um die Sache zu begreifen. Ich wußte damals nicht, warum ich es getan habe.«

Peg hörte die ganze Zeit wortlos zu. Es war eine aufschlußreiche Analyse, und Peg verstand die Gefühle von Tess. Allein die Tatsache, daß Tess immer wieder über die Sache mit dem Armreif nachgedacht hat und es heute so versteht, daß sie damals am Leben ihrer Schwester teilhaben wollte, genügte Peg, um zu wissen, was sie ihrer Schwester bedeutet.

Als die beiden aufbrachen, ging ich mit ihnen auf die Vorderveranda. Dabei erzählten sie mir von ihrem Ausflug an das Flußufer vom Vortag. Erschöpft vom vielen Reden hatten sie sich auf eine Parkbank gesetzt und schweigend ins Wasser geblickt, als sie plötzlich zwei junge Entlein sahen, die immer im Kreis herumschwammen und den Eindruck machten, als ob sie sich verirrt hätten. Peg: »Wir drehten uns einander zu und sagten beide zur gleichen Zeit ›Wo ist ihre Mutter?‹, und in Sekundenschnelle standen wir beide auf und rannten zum Ufer, wo wir die Entenmutter mit ihren anderen Kindern warten sahen.« Wir lachten alle, eine weitere Erklärung war nicht nötig. Diese beiden Frauen waren mir sympathisch, und ich wünschte Ihnen für die Zukunft alles Gute.

Der Schlüssel zur Schwesternbindung liegt in unseren weiblichen Qualitäten

Schwestern fühlen sich zueinander hingezogen, weil sie dasselbe weibliche Seelenleben haben, das heißt, wir Frauen definieren uns über unsere Beziehung zu anderen. Von früher Kindheit an zeigen kleine Mädchen weniger Autonomie als kleine Jungen, dafür aber ein stärkeres Empfinden für die Bedürfnisse und Gefühle der anderen. Neuere Studien zeigen, daß solch weibliche Eigenschaften wie Fürsorglichkeit, Feinfühligkeit und das Verlangen nach Vertrautheit biologisch wie auch kulturell bedingt sein können. (Diese Eigenschaften sind nicht ausschließlich weiblich, sie können ohne Zweifel auch Teil einer männlichen Persönlichkeit sein, genauso wie Aggressivität als traditionell männliche Eigenschaft ein Teil der weiblichen Persönlichkeit sein kann). Seit jeher wird in der psychologischen Literatur die Konzentration der Frauen auf andere Menschen als ein Mangel, eine Schwäche in der Entwicklung ihres Ichs dargestellt. Da Frauen nicht in dem Maße Autonomie lernen wie Männer, wurden sie gern als nicht ganz vollwertig betrachtet. Daß ein solches Urteil von einer Psychologie aus männlicher Sicht herrührt, zeigte Carol Gilligan in ihrem Anfang der achtziger Jahre erschienenen Werk über den »weiblichen Stil« bei der moralischen Entwicklung. So legte sie dar, daß Frauen sich anders entwickeln als Männer und ihre sogenannte Schwäche, nämlich für andere dazusein, eigentlich ihre Stärke ist. Ich möchte sogar noch weiter gehen und es als großen Vorteil und wundervolle Gabe bezeichnen. Wie die meisten Frauen, die ich kenne, tue auch ich viel für meine Unabhängigkeit, aber mein Bedürfnis, für andere dazusein, ist mir gleichfalls sehr wichtig. Was Carol Gilligan offenbarte, war den meisten Frauen intuitiv bewußt, sie konnten es bisher nur nicht ausdrücken.

Es kommt selten vor, daß Schwestern sich endgültig voneinander abwenden. Der Kontakt kann zeitweise abbrechen, aber es liegt nicht in der Art der Frau, Schwestern für immer den Rücken zu kehren. Wie oft habe ich gehört oder gesehen, daß sich Schwestern in schmerzlichen Situationen weinend in die Arme fielen. Wenn Frauen verärgert oder in Tränen aufgelöst von einem Streit mit ihren Schwestern berichteten, über den sie ihrer Meinung nach nie mehr hinwegzukommen glaubten, hatte ich das Gefühl, daß ihre Frustration hauptsächlich daher rührte, daß es ihnen soviel ausmachte und es ihnen nicht gelang, darüber hinwegzugehen. Als die neunundzwanzigjährige Angela bekümmert von ihrer Schwester Denise erzählte, die in den Tag hineinlebt, viel ausgeht und sich vergnügt, unterbrach sie sich immer wieder, um ungläubig zu wiederholen: »Ich rede über meine *Schwester,* meine *Schwester!*« Angela und Denise wuchsen ohne Vater und mit einer überarbeiteten Mutter auf. Nun sind die beiden Schwestern selbst alleinerziehende Mütter und versuchen, das Leben zu meistern, obwohl sie keine finanzielle Unterstützung für ihr Kind bekommen. Angela hat eine Ganztagsbeschäftigung und geht abends noch auf die Schule, damit sie später eine besser bezahlte Arbeit bekommt. Denise gibt sich mit schlechtbezahlten Gelegenheitsjobs zufrieden, lebt bei ihrer Großmutter, die auch das Kind versorgt. Angelas Stimme klingt böse, als sie mir erzählt, wie schrecklich sie es findet, daß Denise Jobs annimmt, in denen sie sich nicht verbessern kann, und auch sonst nur das tut, worauf sie gerade Lust hat. »Sie nimmt auf niemanden Rücksicht, sie glaubt, erwachsen zu sein, ist es aber nicht.«
Es überrascht nicht, daß Angela bei all dem Druck, der auf ihr lastet, unzufrieden mit ihrem Leben ist und ihre Schwester Denise kritisiert. Und doch zeigt Angela starken Familiensinn. Sie macht sich Sorgen um ihre jüngere Schwester und versucht für sie eine Arbeitsstelle und eine Wohnung zu finden. »Ich bin ihr

ja nicht böse, so ist sie eben«, schwächt sie ihre Kritik ab und fügt hinzu: »Ich liebe sie doch.«

Trotz einer völlig verschiedenen Auffassung vom Leben können Schwestern wie Angela und Denise eine enge, von Liebe geprägte Bindung haben. Wie Tess und Peg können sie einander anspornen und befruchten, indem sie sich akzeptieren, so wie sie sind – zwei verschiedene Menschen, die sich durch ihr Geschlecht und ihre Familie verbunden fühlen. Zahllose Schwestern haben auf ihre weibliche Intuition gehört und sind über ihre Verschiedenheiten hinausgewachsen. In ihrer neu zum Leben erweckten Beziehung zeigen sie das, was Schwestern voneinander erwarten – Anerkennung und Liebe.

2 Den Ursprüngen unserer Verschiedenheit nachspüren

Nur wenige Schwestern leben wie »Schneeweißchen und Rosenrot« in dem gleichnamigen Märchen. Die sich in fast allem einigen Schwestern unterschieden sich nur darin, daß Rosenrot gern Schmetterlinge im Wald fing, während Schneeweißchen lieber bei der Mutter zu Hause blieb. Dabei wünschen sich viele von uns diesen märchenhaften Zustand der »Gleichheit«, ganz besonders mit Schwestern, die uns im Alter am nächsten stehen. Wir möchten, daß sie so sind wie wir, nicht unbedingt im Aussehen, aber im Wesen. Wir glauben, weil wir Schwestern sind, sollten wir ganz automatisch dasselbe denken, fühlen und tun. Oder handelt es sich bei diesem Wunsch um etwas Komplexeres und Tiefgründigeres? Wenn wir dem alten Mythos anhängen, daß unsere Schwestern das Spiegelbild oder die Erweiterung unserer selbst sind, könnte es sein, daß ihre Verschiedenheit für uns so enttäuschend und bedrohlich ist, daß wir uns fragen: »Bin ich auch so?« oder »Möchte ich gern so sein?«

Rebecca erfuhr, daß sie noch eine Schwester hat, als ihr Vater mit Krebs im Sterben lag. Eine Tante erzählte ihr von dem kleinen Mädchen, das ein Jahr vor der Hochzeit ihrer Eltern auf die Welt gekommen war. Es wurde zur Adoption freigegeben, da diese sich ein Kind finanziell nicht leisten konnten. Nachdem ihre Eltern ein Jahr verheiratet waren, wurde Rebecca geboren und einige Jahre später ihre Schwester Terry. Die Eltern, die sich schuldig fühlten und in diesen Schuldgefühlen von den Großeltern mütterlicherseits noch bestätigt wurden, hatten ihren zwei Töchtern nie von der anderen Schwester erzählt.

»Ich bin total durcheinander«, erklärte Rebecca. »Mein Vater ist zu krank, als daß ich mit ihm darüber sprechen könnte. Ich weiß nicht, ob es tatsächlich stimmt, und wenn ja, ob ich meine Schwester ausfindig machen soll oder nicht.«

»Warum nicht?« Ihr Zögern erstaunte mich.

»Ich habe Angst, daß sie ganz anders ist als ich, mit anderen Werten, einer anderen Art zu sprechen, einfach das Gegenteil von mir. Vielleicht mag sie mich auch nicht.«

Ich versicherte ihr, daß dies eine Situation ist, die viele Frauen ganz ähnlich erleben. Schwestern sind nicht gleich, und es gibt keine Garantie, daß unsere Schwestern jemals so sein werden, wie wir es gerne hätten, oder daß sie uns lieben.

Wir wissen, daß Töchter (und Söhne), die dieselben Eltern haben und unter demselben Dach großgeworden sind, die alles teilten, vom Schlafzimmer bis zu den Schulfreunden, ähnlich oder auch ganz verschieden sein können. Dies ist allgemein bekannt, und trotzdem erwähnten die meisten der von mir interviewten Frauen, vorwurfsvoll oder auch nicht, immer wieder die Tatsache, daß ihre Schwestern so ganz anders seien als sie selbst. Eine Frau drückte es so aus: »Immer wenn ich mit meiner Schwester spreche, frage ich mich, wie es kommt, daß sie so anders ist als ich.«

Andere Kommentare zu diesem Thema waren:

»Ich verstehe meine Schwester nicht.«

»Warum hört sie nicht mit diesem verrückten Leben auf?«

»Sieht sie nicht, was sie sich antut?«

»Ich wollte, ich wäre mehr wie sie.«

»Ich liebe sie, aber wir werden nie ein sehr enges Verhältnis haben; wir sind zu verschieden.«

»Sie wäre nie meine Freundin, wenn sie nicht meine Schwester wäre.«

* * *

Wir – ich zähle mich dazu – bringen nur wenig Duldsamkeit für die Verschiedenheit und die Eigenarten unserer Schwestern auf. Der eigentliche Grund dafür ist unsere Geschlechtszugehörigkeit, die sowohl ein Segen als auch ein Fluch ist. Wie wir bereits gehört haben, lernen Mädchen sich durch ihre Beziehung zu anderen zu definieren; sie lernen aber auch, sich nicht zu stark von anderen zu unterscheiden, ihr Streben nach Autonomie als riskant zu sehen und ihre Stimme nicht zu laut oder aggressiv zu erheben, da dies Liebesverlust zur Folge haben könnte. Und dennoch, wenn unsere Schwestern nicht unseren Erwartungen entsprechen, kritisieren und verurteilen wir dies. Schulmädchen können sehr herzlos und grausam zu anderen Mädchen sein, die nicht in ihre Clique passen oder ihren Vorstellungen nicht entsprechen. Sie sind es auch zu ihren Schwestern, wenn diese sie enttäuschen oder ihnen lästig sind.

Lernen, unsere Schwestern zu akzeptieren, ist kein einfaches Unterfangen. Als erstes müssen Schwestern verstehen, warum die eine anders ist als die andere. Dabei interessiert es weniger, *wie*, sondern mehr, *warum* sie sich unterscheiden. Wenn Sie begreifen lernen, wie diese Verschiedenheiten sich ursprünglich und in der Folge entwickelt haben, sollte es Ihnen möglich sein, Ihre kritische Einstellung zu korrigieren. Beim Überprüfen der Familiengeschichte wird Ihnen klar, wie Sie und ihre Schwester zu ihrer Rolle und Identität in der Familie gekommen sind oder wie sie diese entwickelt haben und wie sie lernten, miteinander umzugehen. Dieser Blick in die Vergangenheit wird Ihr gegenwärtiges Dilemma zwar nicht aus der Welt schaffen, aber wenn Sie mitten in einer Scheidung oder einem Stellenwechsel sind und Ihre Schwester Ihnen unpassende und unerwünschte Ratschläge gibt, können sie anders oder weniger emotional auf ihre Art der schwesterlichen Liebe reagieren.

Äußere Faktoren, die wir nicht beeinflussen können

Nachdem wir immer mehr Wissen über Familien und die menschliche Entwicklung haben, speziell auch aus der Veröffentlichung über Geschwister der Psychologen Stephen Bank und Michael Kahn, ist allgemein anerkannt, daß nicht ein Faktor sondern eine Reihe von Faktoren die Identität und die Verschiedenheit der Familienmitglieder bestimmen. Zu den bedeutenden Faktoren zählen: Geburtenreihenfolge, Vertrautheit unter den Geschwistern, Geschlecht, Temperament, Familiengröße und Altersunterschied der Kinder, Einfluß der Eltern, Zustand der Ehe der Eltern, seelische Stabilität der Eltern, Gesundheitszustand der Familie, wirtschaftliche Situation der Familie, geographischer Wohnort und Mobilität, kulturelle und religiöse Einflüsse.

Es ist auch wichtig zu wissen, wie diese Faktoren in den Generationen zuvor, bei den Großeltern und deren Kindern, ausgesehen haben. Wenn Sie versuchen, die Beziehung zu Ihrer Schwester zu verstehen, müssen Sie auch Faktoren betrachten wie den Altersunterschied Ihrer Mutter zu ihren Schwestern, die Gesundheit Ihrer Großmutter während der Kindheit Ihrer Mutter, oder die Rolle, die der Großvater in der Familie spielte.

Es ist nicht nur ein Faktor, wie zum Beispiel die finanzielle Situation oder die Gesundheit der Eltern, der sich auf das Verhältnis der Schwestern zueinander ausgewirkt hat. Schwestern, wie alle Geschwister, sind fortwährend verändernden und aufeinander einwirkenden Faktoren und Ereignissen ausgesetzt, auf die sie oft keinen Einfluß haben. Wir dürfen uns beim Betrachten unserer Vergangenheit nicht auf ein bestimmtes Ereignis der Zurückweisung oder eine Zeit, wo wir nicht die gewünschte Beachtung fanden, konzentrieren, denn alle diese Einflüsse sind fließend und verändern sich ständig. So erzählte mir eine Frau immer und immer wieder, daß ihre ältere Schwester nie Interesse an ihr oder ihrer Familie zeigte. Schon als Kind wäre sie »kalt und distanziert« gewesen und hätte sie nie am Spiel zwischen ihr und ihrer besten Freundin teilnehmen lassen. Als ich sie dann fragte, wie alt ihre Schwester war, als ihr kleiner Bruder geboren wurde, sagte sie: »Sechzehn, und ich war zwölf.«

»Wer kümmerte sich um das Baby, während ihre Mutter arbeitete?« fragte ich weiter (sie hatte mir zuvor erzählt, daß die Mutter ganztags arbeitete und sie sich keine bezahlte Hilfe leisten konnten). Es folgte eine lange Pause, bis eine andere Erinnerung das Bild ganz anders aussehen ließ. In leiserem Ton meinte sie dann: »Meine Schwester kümmerte sich um ihn. Sie hat die Schule nicht abgeschlossen. Ich durfte nach ihm schauen, wenn ich aus der Schule nach Hause kam. Wir liebten ihn beide sehr.«

Da alle Einflüsse unmöglich in einem Kapitel abgehandelt werden können, werden wir das ganze Buch über immer wieder darauf zurückkommen. Jetzt wollen wir uns erst einmal mit einigen der wichtigeren Einflüsse, die zu den Verschiedenheiten bei Schwestern beitragen, befassen.

Geburtenreihenfolge

Seit der Mensch Mythen und Geschichten über Familien erzählt, gibt es die Vorstellung, daß die Geburtenreihenfolge die Persönlichkeit und das Schicksal bestimmt. Wenn ich mit einer Frau auf mein Buch zu sprechen kam, wurde mir oft als erstes erzählt, das wievielte Kind sie gewesen ist, um so ihre Beziehung zu ihrer Schwester zu erklären. Die Geburtenreihenfolge legt ein allgemein anerkanntes Verhaltensmuster fest. Erstgeborene Schwestern erklärten gern und mit großem Eifer, daß ihre Position sie sozusagen dazu bestimmt hat, sich um ihre jüngeren Schwestern zu kümmern. Viele hatten das Gefühl, immer für alles verantwortlich zu sein. (War dies der Grund, warum mehr Erstgeborene meiner Bitte um Interviews nachkamen?) Als eine Frau – sie war die älteste von drei Schwestern – mich fragte, ob auch ich die erstgeborene Tochter der Familie war, antwortete ich: »Ja, aber warum fragen Sie mich das?«, worauf sie mir erwiderte: »Nur eine ›älteste Schwester‹ macht sich die Mühe, ein Buch wie dieses zu schreiben. Nur eine ›älteste Schwester‹ will sich über alles klarwerden.« Das ist vielleicht ein nettes Kompliment, aber ich glaube nicht, daß es auf alle erstgeborenen Schwestern in der Bevölkerung zutrifft.

Es macht Spaß, Thesen über die Geburtenreihenfolge aufzustellen, aber ich bezweifle ihre Richtigkeit und Zuverlässigkeit. Sicherlich, viele der in diesem Buch beschriebenen Schwestern entsprechen der klassischen Geburtenfolge-Mythologie, die besonders von dem deutschen Soziologen Walter Toman in einer 1951 begonnenen Langzeitstudie über dreitausend Familien dokumentiert wurde. Nach dieser Studie zeigt das älteste Kind am meisten Verantwortungsbewußtsein, das mittlere Kind ist rebellisch und sucht die Aufmerksamkeit auf sich zu lenken, das jüngste Kind folgt dem Beispiel der älteren Geschwister, ist aber auch bereit, Risiken einzugehen. Doch aufgrund der vielen Faktoren, die bei einer Familie eine Rolle spielen, habe ich etliche Ausnahmen von der Regel gefunden.

Adele, die fünf Jahre jünger als ihre einzige Schwester Evelyn ist, erzählte mir vergnügt, wie sie und ihre Schwester die üblichen Rollen der Geburtenreihenfolge umdrehten.

»Ich war das liebe folgsame Mädchen, Evelyn die Rebellin. Ich ging zur Sonntagsschule, Evelyn weigerte sich hinzugehen. Der Pfarrer hatte sie als »frühreif« bezeichnet, weil sie Kaugummi kaute und sich schminkte. Ich war das brave Mädchen, das Tante Mary den 24. Psalm rezitierte. Ich war bei den Pfadfindern, Evelyn nicht. Ich sang im Chor, Evelyn auch, obwohl sie nicht in der Lage war, Töne verschiedener Höhe zu unterscheiden. Sie interessierte sich früh für Jungen, und ich erinnere mich, daß sie mit vierzehn Jahren schon sehr entwickelt war und einen Matrosen zum Freund hatte, mit dem sie auf dem Motorrad herumfuhr. Und stellen Sie sich vor, sie rauchte sogar Zigaretten im Schlafzimmer. Das entspricht doch wirklich nicht dem Bild einer erstgeborenen Schwester, oder?«

Thesen über die Geburtenreihenfolge haben bei jeder einzelnen Familie ihre Berechtigung, müssen aber nicht auf Ihre Familie zutreffen. Ein gutes Beispiel für die Ausnahme von der Regel wurde von Leah erzählt, einem dritten Kind und zweitältester Tochter einer Familie mit fünf Kindern. Leah, achtundzwanzig Jahre alt, betrachtet sich selbst als die Friedensstifterin zwischen ihren Schwestern, eine Rolle, die normalerweise Erstgeborenen zusteht. Wie kam sie zu der Rolle, und warum wollte ihre fünfunddreißig Jahre alte Schwester Trudy von dieser Rolle nichts wissen? (Der einzige Bruder – zweitältester der Geschwister – wurde von Leah zuerst als vollkommen unauffällig und ohne Bedeutung in dieser Familie von Frauen beschrieben. Später sagte sie dann in einer Ausdrucksweise, die für sie nicht typisch ist: »Er ist ein egoistischer, rücksichtsloser, verzogener Bengel.«)

Helen, Leahs Mutter, haßte es, ihre sechs Kinder zu erziehen, sie wollte lieber ihre Freundin sein. Sie selbst war als Waise in verschiedenen Pflegefamilien aufgewachsen und hatte dabei kein Vorbild an Mütterlichkeit erfahren. Leahs Vater liebte seine Kinder ebenfalls, aber er arbeitete als Handelsvertreter bis spätabends und auch an Wochenenden. »Und wenn er zu Hause war«, erinnert sich Leah mit Grauen, »gab es immer dieses Schweigen zwischen ihm und Mutter. Es war für alle schrecklich.«

Trudy hatte keine Lust, die Ersatzmutter für ihre jüngeren Ge-

schwister zu spielen. Sie fühlte sich ausgeschlossen, als ihre drei Schwestern sich eng mit einer Nachbarsfamilie befreundeten, die drei Töchter in demselben Alter hatten. Die sechs Mädchen fuhren zusammen Fahrrad, spielten im Holzhäuschen ihrer aneinandergrenzenden Gärten und schliefen an den Wochenenden abwechselnd mal im einen, mal im anderen Haus. Leah: »Unsere drei Freundinnen sieht man auf all unseren Fotos und Filmen. Unsere Mütter waren ebenfalls eng befreundet. Wenn ich manchmal zurückdenke, kommt es mir vor, als ob Trudy zwar da war, aber nicht am Familienleben teilnahm.«
Trotz oder gerade wegen des Altersunterschieds sind Trudy und Leah heute Vertraute, besonders seit der kürzlich erfolgten Scheidung ihrer Eltern. Nun, da die Schwestern zwischen den beiden Haushalten der Eltern hin- und herpendeln, spielt Leah die Schiedsrichterin. Sie ist es, die den Schwestern diplomatisch beibringt, daß ein bestimmtes Verhalten die anderen verletzen könnte. Leahs Meinung nach sind die zwei jüngsten Schwestern sehr »leichtlebig« und machen sich wenig Gedanken über das, was um sie herum passiert. Trudy »rastet gleich aus und hat überhaupt kein Verständnis« für die fröhliche Unbekümmertheit ihrer zwei jüngsten Schwestern. Leah: »Trudy beklagt sich, daß sie nur über sich selbst und ihre Freunde sprechen. Ich sorge immer für Frieden, weil ich mit meiner Kritik hinterm Berg halten kann.«
Bei Leahs Geschichte sehen wir, daß ihre Rolle als Friedensstifterin von der Kombination folgender Faktoren in ihrer Familie herrührt: dem Altersunterschied der Geschwister, dem angeborenen Temperament der Geschwister, der zerbrochenen Ehe der Eltern, und – am wichtigsten – der Familiengeschichte der Mutter.

Nach der Meinung von Psychotherapeuten weisen Eltern ihren Kindern verschiedene Rollen zu, um die Ordnung in der Familie zu wahren. Aber es gibt noch einen anderen, in seiner Auswir-

kung viel subtileren Anreiz, eine bestimmte Rolle zu übernehmen. Wir zeigen oder erkennen dies oft erst, wenn wir erwachsen sind. Jeder von uns besitzt in unterschiedlichem Ausmaß und unterschiedlicher Intensität sowohl die ungeliebten Eigenschaften als auch die gehegten Ideale unserer Eltern. Alice Miller drückt dies aus einer eher psychoanalytischen Sicht so aus: »Das Kind erhält die abgespaltenen, nicht integrierten Teile der Eltern.« Trudy, die viele Jahre der Liebling ihres Vaters war, hat wahrscheinlich seine freiheitsliebende, ernsthafte Art angenommen, während Leah wahrscheinlich die Mutterfigur ist, die ihre Mutter immer sein wollte, aber nicht sein konnte.
Leahs Freundinnen sind alle älter als sie – etwas, was ihr erst im Laufe unseres Interviews bewußt wurde. »Einige meiner Freundinnen haben genau Trudys Alter, und meine beste Freundin ist sogar ein Jahr älter als Trudy. Dafür gibt es nur die Erklärung, daß ich reifer bin, als es meinem Alter entspricht.« Leah entwickelte ihre frühe Reife aus dem Bedürfnis, ihrer Mutter zu helfen und weil sie ihren Geschwistern in dieser Rolle gefiel. Mit der Zeit wurde ihre Fähigkeit, die Gefühle anderer zu erkennen und mit ihnen umzugehen, zu einem wertvollen Teil ihrer Identität, die gut zu ihren beträchtlich älteren Freundinnen paßt.

Ein guter Draht zur Schwester – nicht so einfach, wie man meint

In der Theorie über die Geburtenfolge wird gesagt, daß Geschwister mit großem Altersunterschied sich nicht so gut verstehen wie Geschwister mit geringem Altersunterschied. Viele Beispiele in diesem Buch unterstützen diese Theorie. Doch bei den Erzählungen der Schwestern fiel mir auf, wie oft der Altersunterschied als Grund oder Entschuldigung für das kühle Verhältnis angegeben wurde. Es gab mehrere Fälle, wie bei Trudy, wo Schwestern sich als Kind durch die Geburt einer oder mehrerer Schwestern zurückgesetzt fühlten. Das Alter war nicht der Grund, warum sie kaum Zugang zueinander fanden, es war mehr ein bequemer Vorwand, hinter dem sich die nicht überwundene Eifersucht verbarg. Der Altersunterschied diente lediglich dazu, auf ihrer abweisenden Haltung zu beharren.

Zweimal traf ich Frauen, die zehn Jahre älter waren als ihre Schwester und einziges Geschwister. In beiden Fällen reagierten die Frauen sehr kühl und konnten nicht verstehen, was an dem Thema »Schwestern« so interessant sein sollte. Im Laufe des Gesprächs stellte sich dann heraus, daß beide Frauen der Ansicht waren, ihre Eltern hätten viel zuviel Theater um ihre jüngeren Schwestern gemacht. Die Eifersucht steigerte sich noch, als die älteren Schwestern wegen ihres Studiums und ihrer Berufstätigkeit das Elternhaus verließen und die jüngeren Schwestern allein bei den Eltern zurückblieben. Keine der Frauen wollte, daß ihre Geschichte in diesem Buch erscheint (ich habe mich daran gehalten), aber ihr Verhalten hat mir doch zu denken gegeben.

Unbewußt nahm eine Frau dem Mythos vom Altersunterschied als Grund für die Distanz zu der Schwester das Gewicht, indem sie erklärte: »Endlich habe ich herausgefunden, warum meine Schwester und ich uns so gut verstehen – es ist unser großer Altersunterschied.« (Es handelte sich um acht Jahre.) Eine andere Frau, zehn Jahre jünger als ihre Schwester, erzählte uns, daß sie immer mit der Glorifizierung ihrer Schwester durch die Eltern leben mußte – ihre Schwester, die auf dem College war, war die »Klügste, Hübscheste, Vollkommenste« –, bis es ihr gelang, die Reputation ihrer Schwester zu »entglorifizieren«. Daraufhin wurden sie enge Freundinnen, und der Altersunterschied spielte keine Rolle mehr. Und die Schwestern Ramona und Tina (siehe Kapitel zehn), die mit ihrem Altersunterschied von zweiundzwanzig Jahren den Rekord brachen, waren ohne Zweifel eines der liebevollsten und vertrautesten Schwesternpaare, die ich kennengelernt habe.

Gruppenbildung bei Schwestern innerhalb der Familie

Für Tomans Theorien zur Geburtenreihenfolge habe ich Beweise gefunden bei der Gruppenbildung von Geschwistern innerhalb größerer Familien (vier Kinder und mehr). In Familien mit mehreren Schwestern oder Schwestern und Brüdern wiederholten sich die Rollen und Identitäten der Schwestern immer wieder. Die Geschwister teilten sich in Gruppen auf, und die Rollen ergaben sich je nach Veranlagung und Eignung, um so ein funktionierendes Familienleben zu erhalten. Dies war ganz besonders die Regel bei Schwestern, von denen man erwartete, daß sie sich um die jüngeren Geschwister kümmerten. Interessanterweise erzählten mir zwei Schwestern aus derselben achtköpfigen Familie voller Stolz und unabhängig voneinander, daß sie es waren, die in der Familie die Rolle der »Ratgeberin« spielten, das heißt, jede glaubte, sie wäre die einzige, an die sich die anderen Geschwister bei Problemen wandten. Als die älteste Schwester erfuhr, daß die Zweitälteste sich als die Vertrauensperson in der Familie bezeichnete, meinte sie verärgert: »Meine Schwester täuscht sich da gewaltig, ich war diejenige, bei der sich immer alle Rat holten.« Dabei hatte sich keine der Schwestern geirrt, beide dienten als Stütze der Familie, aber jeweils für eine andere Geschwistergruppe. Die älteste Schwester war die Ratgeberin für die zweit- und viertältesten Geschwister und ihre Schwester (drittes Kind in der Familie) für die beiden Jüngsten.

Der Einfluß der Eltern: die vielen Gesichter von Mutter und Vater

Schwestern sind immer wieder verblüfft, wie verschieden sie ihr Verhältnis zu den Eltern in Erinnerung haben. Die eine Schwester schildert die Mutter als eine liebenswürdige und fürsorgliche

Person, während die andere dieselbe Mutter als kalt und unnahbar im Gedächtnis hat. In dem Woody-Allen-Film *Alice* von 1991 streiten sich die beiden Schwestern über die Erinnerung an ihre Eltern. »Dad war ein Held in der Navy ... und Mom war wundervoll ... ein Starlet«, schwärmt Alice, worauf die ältere Schwester Dorothy barsch erwidert: »Dad war ein Langweiler, und Mom war immer betrunken.«
Unterschiedliche Ansichten über die Eltern können die Folge von tatsächlich anderen Erlebnissen aufgrund der Geburtenreihenfolge und der Familiengeschichte und/oder die Folge individueller Entwicklungen der Schwestern sein. Wir wissen, daß Geschwister das Familienleben nie vollkommen gleich erleben oder die gleichen Erinnerungen haben. Eine fünfunddreißig Jahre alte Frau sagte in einem Anflug von Verzweiflung: »Immer wenn ich in den letzten Jahren mit meiner Schwester über meinen Vater spreche, muß ich mit Verwunderung feststellen, daß ihre Sicht der Dinge vollkommen anders ist als meine. Sie ist sich nicht bewußt, daß er ein Lügner war, und sie erinnert sich auch nicht mehr, daß er die Familienkasse plünderte, als wir Kinder waren. Sie idealisiert ihn – sie weiß nicht mehr, daß er nie etwas mit uns unternahm, nie Zeit für uns hatte.«
Bei meiner Umfrage für dieses Buch erfuhr ich immer wieder, daß die Erinnerung an alkohol- oder drogenabhängige Eltern sehr unterschiedlich sein kann. Typisch ist, daß die ersten Stadien einer Abhängigkeit einen ganz anderen Eindruck auf die älteste Tochter machen als auf die mittlere oder jüngste Tochter. In einem Fall erinnerte sich die ältere Schwester, daß ihre Mutter in den ersten Jahren ihrer Trunksucht launisch war und plötzlich auftretende Wutanfälle hatte. Als dann die jüngere Tochter die Grundschule besuchte und die ältere Tochter in einem anderen Ort auf dem College war, »schlief die Mutter ständig und war nicht fähig, sich von der Couch zu erheben«.
Ohne Zweifel hinterließ der Alkoholismus der Mutter einen

bleibenden Eindruck bei beiden Schwestern. Während mehrerer Jahre gab es Probleme, weil die jüngere Schwester schmerzliche Erinnerungen leugnete und glauben wollte, eine fürsorgliche Mutter gehabt zu haben.

Alkoholismus ist eine fortschreitende Krankheit, die sich auf die gesamte Familie auswirkt. Sie ist das ideale Beispiel dafür, wie eine Störung innerhalb der Familie von Schwestern konträr gesehen werden kann. Nach Dr. Timmen L. Cermak, Gründungsmitglied und erster Präsident der Nationalen Gesellschaft der Kinder von Alkoholikern, gibt es in Familien von Alkoholikern gewöhnlich ein »starres« Rollenspiel, das wenig Raum für »andere Gefühle« läßt. Doch selbst mit diesem starren Rollenspiel kommt es bei den Auswirkungen des Alkoholismus der Eltern auf das Kind darauf an, wie alt das Kind ist, wenn der Alkoholismus das Familienleben stört. »Die Auswirkungen auf Kleinkinder sind anders – und wahrscheinlich auch stärker – als die auf Teenager«, meint Cermak.

Eine Frau versuchte es ihrer älteren Schwester so zu erklären: »Solange du noch zu Hause warst, war Mutter einfach nur depressiv. Als ich dann zehn war und du weggegangen bist, hatte Mutter Halluzinationen.«

Elterliche Bevorzugung, differenziert gesehen – »Sie wollten immer einen Jungen«

Suchtabhängigkeit ist nicht die einzige Ursache für Diskrepanzen. Es gibt auch die unterschiedlichen Erinnerungen an elterliche Bevorzugungen. Besonders oft waren sich Schwestern uneinig, wer denn nun Vaters Liebling gewesen war. Viele konnten auch nicht sagen, wen der Vater bevorzugt hat, da er es nicht eindeutig erkennen ließ. Ob sich die Schwestern nun darüber einigen können oder nicht, wer wessen Liebling gewesen ist, eines ist auf jeden Fall sicher: Elterliche Bevorzugung ist der

Nährboden für den Konkurrenzkampf zwischen Schwestern, und dieser Konkurrenzkampf wiederum ist das Modell für unser Konkurrieren mit unseren Töchtern, Freundinnen und Kolleginnen. Die nächsten zwei Kapitel werden sich ausschließlich mit der Dynamik dieses Konkurrenzkampfes befassen. Doch zuvor wollen wir überprüfen, warum wir die Zuneigung unserer Eltern in unterschiedlicher Erinnerung haben.

Ein Grund für die Bevorzugung entsteht aus dem Wissen oder Gefühl, daß die Eltern, speziell der Vater, enttäuscht über die Geburt eines Mädchens waren. Wenn beide Töchter, oder mehrere Töchter, eine Enttäuschung für die Eltern sind, können diese sich zumindest gegenseitig stützen und stärken und möglicherweise einem solch dummen Vorurteil die Stirn bieten, doch wenn eine Schwester in den Himmel gehoben und die andere als Unglück angesehen wird, sind Spannungen zwischen den beiden vorprogrammiert. Aussagen über Geschlechtervorurteile ziehen sich durch das ganze Buch:

»Mein Vater wünschte sich verzweifelt einen Jungen.«

»Daß ich ein Mädchen war, war für meine Eltern ein Problem.«

»Sie gaben mir einen Jungennamen.«

»Sie waren entzückt über meine Schwester, aber ich hätte ein Junge werden sollen.«

Oft erzählten mir Frauen, daß sie dachten, sie oder ihre Schwestern wären die Lieblinge ihrer Eltern, weil sie eine äußere Ähnlichkeit mit diesen hatten: »Ich habe die Augen von meinem Vater.« – »Meine Schwester ist schlank wie meine Mutter.« – »Mein Vater und ich, wir sind beide hellhäutig und blond.« – »Meine Schwester hat viel von der irischen Seite meiner Mutter.« Ob dies nun den Tatsachen entspricht oder nicht, in den Augen eines kleinen Mädchens ist der offensichtlichste und auch der am wenigsten bedrohlichste Grund für die Bevorzugung, daß sie die gleiche Haarfarbe oder die gleiche Art des Lachens haben.

Ich habe auch emotionalere und schuldbewußtere Erklärungen gehört. Auch diese zeigten, daß es Wahrnehmungen eines Kindes sind, die aber gleichwohl bis ins Erwachsenenalter Bestand hatten. »Meine Schwester war das liebere Baby, deshalb wurde sie bevorzugt. Ich war der Schreihals.« – »Meine Schwester ist witzig. Mein Vater wollte immer, daß meine Mutter witzig ist.« Die am häufigsten gebrauchte Erklärung war: »Ich war der Liebling meiner Mutter, weil ich ihr so ähnlich bin, und meine Schwester war der Liebling meines Vaters, weil die zwei sich so gleichen.« (und umgekehrt).

Eltern sind auch nur Menschen. Deshalb kommt es vor, daß sich ihre Bevorzugung ändert, je nachdem, in welcher Phase ihres Lebens sie sich befinden und ob gerade ein Kind da ist, das die im Augenblick vorhandenen Bedürfnisse erfüllt. Bedauerlicherweise empfinden Schwestern die schwindende Zuneigung ihrer Eltern als sehr schmerzlich. Leah, von der wir bereits gehört haben, ist stolz darauf, daß bei ihrem Vater »alle einmal in den Genuß seiner Bevorzugung kamen«. Doch als Trudy, die älteste Schwester, bevorzugt wurde, »war ich so eifersüchtig wie noch nie in meinem Leben«.

Ihre Eifersucht und ihr Verlangen nach Geborgenheit trieben sie, ohne daß sie sich dessen bewußt war, in die Arme von David, einem Freund und Altersgenossen von Trudy. »Ich habe David immer nur als Freund von Trudy gekannt ... Als wir anfingen, zusammen auszugehen, hatte ich ein komisches Gefühl. Ich sagte mir: ›Was du tust, ist nicht richtig, du bewegst dich auf Trudys Territorium.‹ Am Anfang klappte es auch nicht mit uns. Ich hatte das Gefühl, für ihn nur die Zweitbeste zu sein und daß ihm seine Freundschaft zu Trudy wichtiger war. Das Problem hat sich dann mit der Zeit, als wir vertrauter miteinander wurden, gelöst. Bei ihm fühle ich mich sicher. Er ist sehr ruhig, seine Familie lebt in der Nachbarstadt meiner Familie. Wenn ich nach Hause gehe, bleibt er bei seinen Eltern. Das ist mir sehr angenehm.«

Unterschiedliche Erinnerungen können auf unterschiedlichen Erfahrungen beruhen

Einzelne Punkte in unserer Familiengeschichte können bei der Suche nach den Gründen für schwesterliche Verschiedenheit behilflich sein. Ein Wechsel der Arbeitsstelle bei einem Elternteil, Kontakt mit den Großeltern, finanzielle Not oder Wohlstand, eine veränderte Nachbarschaft, ein Vater, der zum Kriegsdienst eingezogen wird – all diese äußerlichen Bedingungen, auf die ein Kind keinen Einfluß hat, schaffen andere Gegebenheiten und unterschiedliche Wahrnehmungen – positiver oder negativer Art –, die bis in das Erwachsenenleben reichen und gut oder schlecht für unsere schwesterlichen Beziehungen sind.

Als älteste von drei Schwestern wuchs Claire in einer Familie mit engem Zusammenhalt auf. Die verschiedenen Generationen lebten in Philadelphia in enger Nachbarschaft.

»Wir sind alle Daddys Liebling«, strahlt Claire. »Vater sagte immer zu uns: ›Du bist meine Beste, du bist meine Liebste, du bist meine Nummer eins.‹« Trotz seines Bemühens, ein gerechter Vater zu sein, ist Claire für ihre Schwestern »Daddys verwöhnter Liebling«. Nun, da sie alle in den Dreißigern sind, gibt es immer noch Diskussionen zwischen ihnen, wer es denn nun am besten gehabt habe und wer von den Eltern am meisten geliebt wurde.

»Ich hatte eine Sonderstellung«, erklärt Claire. »Aber nicht, weil mein Vater mich bevorzugte. Als meine Schwestern noch nicht da oder noch zu klein waren, habe ich mit meinen Urgroßeltern und Großeltern öfter etwas unternommen – nichts Weltbewegendes, aber es hat meine Kindheit schön gemacht. So bin ich zum Beispiel Freitag abends mit meiner Kusine und meinen Großeltern in den Supermarkt oder zu den Marktständen im Freien gegangen. Im Supermarkt hat uns Großvater immer in der Süßwarenabteilung etwas gekauft. Nach dem Abendessen in Großmutters Küche haben meine Kusine und ich dann die Schalen für die Cornflakes geholt, sie mit Süßigkeiten gefüllt und so getan, als ob wir eine Party feierten. Als meine Schwestern dann da waren, hat die Familie größere Ausflüge unternommen, wie Reisen nach New York mit Shopping und Theaterbesuchen. Aber es war nicht mehr das gleiche.«

Claire hatte auch mehr von ihrem Vater in den frühen Jahren seiner Berufstätigkeit gehabt. »Seine Rechtsanwaltspraxis war gleich um die Ecke, gegenüber dem Haus meiner Großeltern. Ich war oft dort, wenn meine Mutter ihm bei der Büroarbeit half. Meine jüngeren Schwestern sind da wirklich zu kurz gekommen, denn als er später mehr Erfolg hatte, richtete er sich ein Büro in der Stadtmitte ein.«

Die Entfaltung der eigenständigen Persönlichkeit

Es ist viel wahrscheinlicher, daß erwachsene Schwestern ein gutes Verhältnis haben, wenn die Eltern ihnen in ihren Entwicklungsjahren Gelegenheit zu eigenständiger Entfaltung gaben. Bei Leah liebten Vater und Mutter zwar ihre Kinder, aber sie interessierten sich wenig für die unterschiedlichen Fähigkeiten und Zielsetzungen ihrer Töchter, als diese ins Erwachsenenalter kamen. Ganz anders war es bei dem einzigen Sohn, der in das väterliche Geschäft einstieg. Nach mehreren Stellenwechseln hat Leah nun einen interessanten Arbeitsplatz als Arzthelferin gefunden. Ihr Vater hat nie mit ihr über ihre Berufs- oder Zukunftspläne gesprochen. »Ich glaube nicht, daß meine Vater überhaupt weiß, was für eine Arbeit ich mache«, sagt Leah. »Er fragt mich nie danach.«

Als Susan gerade elf Jahre alt war, entdeckten sie und ihre ältere Schwester bereits ihre Leidenschaft für zwei sehr gegensätzliche Wissensgebiete – Chemie und Psychologie. »Wir waren wie Hund und Katze, wenn wir darüber stritten, was wichtiger im Leben ist«, sagt Susan, die als Kind stundenlang Vögel und Tiere in den Wäldern am Stadtrand Londons beobachtete, wo die Familie wohnte.

Durch die Eltern von klein auf ermutigt, ihre eigenen Interessen zu verfolgen, entschieden sich die drei Schwestern für völlig verschiedene Berufsrichtungen, was ihre enge Bindung jedoch nicht beeinträchtigte. Susan, fünfundfünfzig Jahre alt, ist Verlegerin von wissenschaftlichen Zeitschriften, Lauren, sechzig, Kinderpsychologin, und Sara, achtundvierzig, Künstlerin. Von größerem Interesse für uns ist jedoch, daß diese Schwestern, obwohl so verschieden im Temperament, so gut miteinander auskommen und sogar stolz aufeinander sind. Susan: »Ich bin die Energischste. Lauren beklagt sich immer, daß ich die anderen herumkommandiere. Lauren ist sehr extrovertiert und selbstsicher. Ich bewundere sie sehr. Sie ist auf der Karriereleiter britischer Beamter ganz oben angekommen. Sara ist zurückhaltender, aber sehr hilfsbereit und immer für andere da.«

Ich habe zahlreiche Familiengeschichten gehört, wo solche Kontraste des Temperaments der Hauptgrund für Streitigkeiten waren. Warum kann Susan uns eine erfreulichere Geschichte erzählen? Ihr Familienleben war sicherlich nicht perfekt. Susan spricht von den langen Arbeitstagen ihres Vaters, von der manchmal stürmischen Ehe ihrer Eltern und von ihrem trotzigen Aufbegehren gegen die Mutter in ihrer Pubertät. Doch in einem Punkt waren sich die Eltern immer einig: Jedes Kind durfte sich seinen Weg selbst auswählen. Keiner Schwester wurde das Beispiel der anderen vorgehalten. So ritt Susan allein mit ihrem Pferd aus, während Lauren lieber im Garten arbeitete. Susan rannte manchmal einfach davon – vor dem Zwang in der Schule, während eines Besuches bei der Tante oder wenn ihre Mutter Gäste hatte. Ihre Zuflucht war manchmal das Küchendach, öfter jedoch ging sie in den Wald. Bei ihrer Heimkehr gab es keine großen Strafpredigten von den Eltern. Eigenständigkeit wurde auf eine subtile Art und Weise unterstützt.

Krankheit in der Familie

Krankheit in der Familie ist ein Faktor, der unsere Kindheit und unser schwesterliches Verhältnis stärker beeinflußt, als viele denken. Betrachten wir also unsere Familie einmal unter diesem Aspekt, um unsere Verschiedenheiten und Persönlichkeiten vielleicht besser verstehen zu lernen. (In der Psychologie und Psychoanalyse weiß man, daß die chronische Krankheit eines Elternteils oder Geschwisters Einfluß auf die Entwicklung einer Person hat. Bedauerlicherweise ist dies einer der wenigen Aspekte in der Geschwisterbeziehung, der in der Therapie und Analyse Beachtung findet.)

Wenn Eltern stark von einer eigenen Krankheit oder der chronischen Krankheit eines Kindes in Anspruch genommen sind, wirkt sich dies auf die anderen Geschwister sowie auf die Ehe der Eltern aus. Ist eine Schwester oder ein Bruder krank, wird wahrscheinlich die am wenigsten unter Eifersucht leidende gesunde Schwester zur Pflegerin und Beschützerin. Sie ist ja schließlich dazu erzogen worden, mitfühlend und hilfsbereit zu sein. Und sie fühlt sich nicht nur zu ihrem kranken Geschwister hingezogen, sie spürt auch, daß die Krankheit auf ihren Eltern lastet. Deshalb versucht sie die Eltern zu stützen, um wenigstens noch etwas Glück und Harmonie in der Familie zu erhalten. Aber nicht alle Schwestern eignen sich zur »Krankenschwester«. Es gibt auch solche, die sich »ausgeschlossen« fühlen, wenn die Aufmerksamkeit aller sich auf das kranke Geschwister konzentriert. So beschwerte sich eine Frau Ende Siebzig, daß ihre neunzigjährige Schwester »immer das Baby, immer die Umsorgte« war. Da diese tatsächlich unter einer chronischen Krankheit litt, widmete ihr die Mutter mehr Aufmerksamkeit. Obwohl die ältere Schwester sich später einer guten Gesundheit erfreute, konnte die jüngere Schwester ihre Eifersucht und ihren Ärger nie ganz überwinden.

Linda, Karen und Holly: Liebe und Frustration

Bei dem Interview mit Linda, vierundzwanzig, gab es nur ein Thema: Sie und ihre einundzwanzig Jahre alte Schwester Karen wollten in Kürze heiraten, und ihre Eltern, beide Ende Vierzig, hatten sich gerade getrennt. Eine Familie, die immer stolz auf ihr ausgeprägtes Zusammengehörigkeitsgefühl gewesen war, ist also kurz vor ihrer eigenen Eheschließung auseinandergebrochen. Die Mutter wird schlecht mit der Situation fertig, und der Vater »benimmt sich wie ein Kind, das tut, was ihm gefällt«. Als unser Interview schon fast zu Ende war, kam Linda noch auf ihre fünfzehnjährige Schwester Holly zu sprechen, die an zystischer Fibrose leidet, eine Tatsache, die sie lieber verdrängen möchte.
»Sie wurde verwöhnt, seit sie auf der Welt ist«, sagte Linda in liebevollem Ton und zeigte mir dabei ein Foto ihrer Schwester. »Sie ist keine gute Fallstudie für ihr Buch, denn sie ist schön und aktiv, niemand sieht ihr an, daß sie krank ist.«
Trotz ihres gesunden Aussehens und ihrer Energie wird Holly voraussichtlich nicht älter als Mitte Zwanzig werden. Im Moment dreht sich der Streit der Eltern darum, wo sie ihre Nächte und ihre Wochenenden verbringt. Das ist schlimmer als damals in ihrer frühen Kindheit, als alle Angst vor ihrer fürchterlichen

Krankheit hatten. »Holly ist ein bißchen mein Kind«, erklärte Linda. »Wenn Mutter arbeiten gehen mußte, kümmerte ich mich um Holly. Wir haben ein enges Vertrauensverhältnis, ich fühle mich verantwortlich für sie. Deshalb ist es auch so schrecklich, wenn ich sehe, wie meine Eltern sich wegen Holly streiten und Holly alles bekommt, was sie will. Und dann ist da Karen, die böse auf die ganze Welt und ganz besonders auf meinen Vater ist, der all seine Zeit und Aufmerksamkeit Holly widmet.
Bevor Holly auf die Welt kam, war Karen Vaters Liebling. Die beiden hatten den gleichen rebellischen Charakter. Es tut Karen weh, daß Holly nun ihren Platz eingenommen hat.«
Und Linda, die immer nur über ihre Schwestern spricht, was spielt sie für eine Rolle in der Familie? »Ich glaube, ich war für meinen Vater immer etwas Besonderes ... Ich wurde nie mit den anderen Mädchen verglichen. Meine Eltern respektieren und akzeptieren mich. Ich bilde mir nichts darauf ein. Ich glaube, ich bin anders, weil ich die Älteste bin. Vielleicht bin ich mehr wie eine Mutter zu meinen Schwestern. Wegen Holly bin ich so schnell erwachsen und zu einer fürsorglichen und wenig egoistischen Person geworden. Holly rückt alles in die richtige Perspektive ... Sie hat eine ganz besondere Stellung. Wir werden sie nicht lange bei uns haben. Das verändert die Sicht der Dinge.«

Tod in der Familie

Mit welcher Wucht sich der Tod eines Elternteils oder eines Geschwisters auf die Familienmitglieder auswirkt, hängt vom Alter und seelischen Entwicklungsstand der einzelnen ab. Oft bleiben die Auswirkungen ein Leben lang spürbar, besonders bei den zurückbleibenden Töchtern, von denen häufig erwartet wird,

daß sie die trauernde Familie physisch zusammenhalten, gleichgültig, ob sie die Voraussetzungen dafür haben oder nicht.
Flo war erst sechs Jahre alt und das jüngste von fünf Kindern, als ihre Mutter 1930 starb. Sie erinnert sich noch deutlich an den Sarg im Wohnzimmer, an das zartrosa Gewand, das ihre Mutter trug, und an die vielen Blumen und Kerzen. »Ich weiß noch, daß alle sehr traurig waren«, sagt Flo in der einfachen Sprache eines Kindes. Flo scheint die lebhafteste der drei Schwestern zu sein, wenngleich auch kein Ausbund an Temperament. Die beiden älteren Schwestern Ceil und Edna verbreiten beide denselben höflichen Gleichmut. Nichts kann sie aus dem Gleichgewicht bringen; sie stehen zu ihrer Familie, was immer kommen mag.
Sofort nach dem Tod der Mutter nahm ihre Tante, eine ältere Schwester ihrer Mutter, die drei Mädchen und ihren kleinen Bruder zu sich. Sie war unverheiratet und wohnte nicht weit von ihnen entfernt in der kleinen Stadt in Indiana. Der älteste Bruder blieb beim Vater, der bald darauf eine junge Frau heiratete, nur sechs Jahre älter als Edna. Mit ihr bekam er auch wieder mehrere Kinder. Die drei Schwestern akzeptierten dies und sahen ihren Vater nur noch manchmal sonntags beim Mittagessen oder wenn sie ihm in seinem Lebensmittelladen halfen.
Am Anfang meiner Unterhaltung mit den drei Schwestern schilderten sie mir ihre Kindheit. Es schien keinerlei Probleme bei der Tante gegeben zu haben, die ihr Leben fortan der Sorge um die Kinder ihrer toten Schwester widmete. Erst nachdem wir eine Stunde geredet hatten, erwähnten sie die schreckliche Distanziertheit ihrer Tante, ihre Unfähigkeit, zärtlich zu sein oder auch nur ein Lob auszusprechen, wie dies ihre Mutter so oft getan hatte. Sie hatten mir ihre Mutter als eine »Heilige« beschrieben, eine fröhliche Frau, deren Lebensinhalt ihre Familie und die Kirche war, die aber auch die Musik liebte und abends mit den Kindern am Wohnzimmertisch spielte.

Ich fragte, ob sie irgendeine Erklärung hatten, warum ihre Mutter und ihre Tante so verschieden waren. Sie meinten, es käme sicherlich daher, daß ihr Großvater gestorben war, als ihre Mutter und Tante noch jung waren, und daß die Tante sich dann um die jüngeren Geschwister kümmern mußte, von denen ein Bruder behindert war. »Rückblickend wird mir bewußt, daß unsere Tante sehr verunsichert war. Sie hat ihre beiden Schwestern in relativ jungen Jahren verloren. Deshalb wachte sie so streng über uns und ließ uns nicht die Freiheiten, die andere Kinder hatten«, meinte Edna.

Eigentlich war es meine Absicht, Edna, Ceil und Flo zu interviewen, jetzt wo sie alle um die Siebzig waren. Aber ich war so fasziniert, wie unterschiedlich sich die ähnliche Erfahrung ihrer Mutter – nämlich der frühe Verlust eines Elternteils – auf die Mutter und ihre Schwester ausgewirkt hatte. Anders als die Frauen in der Generation vor ihnen zeigten Edna, Ceil und Flo keine erwähnenswerten Unterschiede. Anscheinend hat ihnen die Lebensfreude ihrer Mutter und das gute Zusammenleben mit ihr die Kraft gegeben, die reservierte Art ihrer Tante ohne Schaden zu ertragen. Ich bin sicher, daß die Tatsache, vereint unter dem Dach der Tante leben zu können, ihr tapferes Zusammenhalten und die gemeinsame Sorge um den kleinen Bruder, der beim Tod der Mutter erst zwei Jahre alt war, gefördert hat. Besonders Edna hatte stets ein wachsames Auge auf ihre jüngeren Geschwister. Sie wollte während unseres Interviews zwar nichts von einer Ersatzmutterrolle wissen, aber Flo und Ceil meinten, sie hätten sich doch sehr auf sie gestützt.

Bei unserem Abschied neckte ich sie ein bißchen mit der Unglaublichkeit ihrer Geschichte. Sie waren Schwestern ohne Konflikte und wahrnehmbare Unterschiedlichkeiten. Einige Wochen später erhielt ich einen Brief von Edna. Sie schrieb mir, nach vielem Nachdenken wäre ihr doch noch eine Verschiedenheit eingefallen, nämlich ihre Art, die Hausarbeit zu erledigen. Die eine wäre dabei etwas großzügiger und die anderen etwas genauer. Es war ein liebenswürdiger Brief – ein Brief, wie ihre Mutter ihn wahrscheinlich geschrieben hätte.

* * *

Ich traf Charlene, als der Autoservice unserer Garage uns zusammen zu unseren jeweiligen Büros zurückfuhr. Sie weckte mein Interesse, weil sie sich so gut mit dem jungen Fahrer unterhielt, der sich auf sein Zuhause freute, nachdem er die ganze Nacht gearbeitet hatte. Charlene saß vorne, ich hinten, und wir plauderten, bis sie es irgendwie fertigbrachte, ihn aus der Reserve zu locken und er uns erzählte, daß er verheiratet war, zwei kleine Kinder hatte und zwei Jobs machte, damit seine Familie gut leben konnte, besser jedenfalls als er, der von seinem Vater im Alter von zwei Jahren verlassen worden war. »Das wichtigste für mich im Leben ist es, für meine Kinder dazusein«, sagte er zu Charlene, worauf diese nickte und meinte, sie verstehe ihn gut, denn: »Ich war die jüngste von elf Kindern, und meine Mutter starb, als ich ein Jahr alt war.« Ich blieb stumm und hörte ihnen fasziniert zu. Bevor wir auseinandergingen, tauschten Charlene und ich unsere Adressen und Telefonnummern aus, und ich traf mich mit ihr in der nächsten Woche, um mehr über ihr Verhältnis zu ihren Schwestern zu erfahren.

Während unseres zufälligen Zusammentreffens erzählte mir Charlene, daß sie Mitte Vierzig und geschieden ist, ein erwachsenes Kind hat, tagsüber als Sekretärin arbeitet und abends eine Ausbildung zur Sozialarbeiterin absolviert. Ich nahm an, daß der frühe Tod ihrer Mutter sie zu einem fürsorglichen Menschen gemacht hat, und ihre Offenheit für die Probleme und Bedürfnisse anderer sie diesen Beruf ergreifen ließ. Doch als ich Charlene das zweite Mal sah, lernte ich eine ganz andere Person kennen.

»Ich bin ein verwöhntes Kind«, fing sie unverblümt an. »Ich habe es erst realisiert, als ich erwachsen war. Und ich habe immer noch etwas von diesem Verhalten an mir. Meine älteste Schwester Josie hat mich sehr verwöhnt, eigentlich haben es alle Schwestern getan. Sie haben mich verwöhnt, weil sie sich sagten: ›Die Arme, sie hat nie eine Mutter gehabt.‹ Wenn ich meine Zornanfälle kriegte, habe ich wie ein Berserker gewütet.«

Charlene nahm kürzlich eine Bekannte mit zum Abendessen zu ihrer Schwester Josie. Diese staunte, als sie sah, wie Josie vom Tisch aufstand, um Charlene zu bedienen. Nie zuvor war es Charlene in den Sinn gekommen, daß Josies Aufmerksamkeit und Großzügigkeit ungewöhnlich war. »So ist es immer gewesen. Ich habe Josie an dem Abend um einige Fertiggerichte gebeten, und sie hat sie mir ganz selbstverständlich gegeben. Alles, was ich will, bekomme ich.«

Ihre Rolle des Babys, das alles bekommt und dem immer nachgegeben wird, gibt Charlene oft ein unangenehmes Gefühl der Distanz zu ihren Schwestern, die sie liebt und mit denen sie täglich Kontakt hat. »Für sie bin ich immer noch das kleine Mädchen. Weil ich verwöhnt bin, nehme ich mich nie zusammen. Wenn mir etwas nicht paßt, sage ich ihnen: ›Ich bin wütend, aber ich will mit niemandem darüber sprechen.‹ Emotional fühle ich mich dann wie das kleine Mädchen, das innerlich Fußtritte verteilt und einen Wutanfall hat. Ich will meinen Willen durchsetzen, und sie geben immer nach. Ich fühle, wie sie denken: ›Lieber Gott, laß sie nicht wütend werden!‹

Ich mag es nicht, wenn ich immer mit Samthandschuhen angefaßt werde. Wenn ich wütend bin, kann ich es nicht herauslassen. Ich fresse es in mich hinein. Ich kann mit meinen Schwestern nicht darüber reden. Ich sage ihnen zwar, daß ich wütend bin, aber nicht, was ich fühle. Ich sage ihnen nicht: ›Ich hasse euch, ich hasse euch.‹«

Ihre angestaute Wut stammt wahrscheinlich aus ihrer Kindheit, als sie und ihre Geschwister versuchten, Frieden im Haus zu haben. Ihr Vater, ein streng religiöser Mann, war Pächter einer Farm in North Carolina. Als seine Frau einem Schlaganfall erlag und er mit elf Kindern zurückblieb, weigerte er sich, die jüngeren Geschwister in die Obhut der Schwestern seiner Frau zu geben. Er wollte, daß die Kinder bei ihm blieben, und außerdem wußte er, daß seine Älteste, Josie, wie die Mehrzahl der ältesten Schwestern großer Familien in dieser Gegend, auf ihre Pflichten im Haushalt und ihren Geschwistern gegenüber vorbereitet war und demzufolge leicht in die Rolle der Mutter schlüpfen konnte.

»Wir gluckten eng zusammen. Wir hatten nicht viel Kontakt zur Außenwelt«, erzählt Charlene mit einem Lächeln. »Weil wir auf dem Land lebten, waren wir Freunde und Familie in einem. Natürlich gab es manchmal kleinere Zankereien, aber in so einem Fall konnte man von einer Schwester zur anderen oder von einem Bruder zum anderen gehen. In unserem Haus wurde viel Liebe und Religion gelehrt, deshalb war Groll und Ärger immer schnell vergessen. So ist es auch noch heute.«

Stammte ihre Idee, Sozialarbeiterin zu werden und anderen zu helfen, noch aus dieser Zeit?

»Ich habe gern mit Leuten zu tun«, lacht Charlene. »Ich hätte auch das Schreinerhandwerk erlernen können. Das ist aber kein Beruf für eine Frau, und meinen Schwestern hätte das nicht gefallen (alle meine Entscheidungen bespreche ich mit meinen Schwestern), also habe ich mir gesagt, du bist gern unter Leuten, wie wäre es denn mit Sozialarbeit? Ich habe auch schon daran gedacht, Krankenschwester zu werden, aber ich könnte es nicht ertragen, wenn Menschen sterben.«

Leider haben der frühe Tod ihrer Mutter und die starken Familienbande, speziell zu ihren Schwestern, es verhindert, daß Charlene Freundschaften außerhalb der Familie eingegangen ist. Weil sie soviel Liebe, Unterstützung und Rat von ihren Schwestern erhält, hat sie, wie sie sich ausdrückt, weder Zeit noch Lust, sich

Freundinnen zu suchen. Sie unterhält mehrere platonische Freundschaften mit Männern, hat aber keine wirkliche Freundin. »Manchmal, wenn ich zornig auf meine Schwestern bin, denke ich ›Ich zeige es denen und suche mir eine Freundin‹, aber es kommt nie soweit.«
Charlene benimmt sich wie ein schmollendes Kind, das die Aufmerksamkeit einer Mutter, die sie nicht hat, auf sich ziehen will. Ältere Schwestern, die an die Stelle eines Elternteils treten, können der jüngeren Schwester niemals alles geben, was diese braucht und sich wünscht. Kein Wunder, daß Frustrationen dann oft ein Leben lang bestehen.

Unsere Rolle und Identität in der Familie wird von unzähligen äußeren Faktoren geformt, wie zum Beispiel der Geburtenreihenfolge, Veränderungen in der Ehe der Eltern, der wirtschaftlichen Situation und dem Gesundheitszustand der Familienmitglieder. Natürlich spielt auch unser angeborenes Temperament eine Rolle.
Charlenes Mutter starb, als sie ein Jahr alt war, ein Schicksal, auf das sie keinen Einfluß hatte. Ihre aufbrausende Art und ihr starker Wille trugen dazu bei, daß sie immer noch »das Baby« in der Familie ist.
Ein anderer Faktor, der zu Differenzen unter Schwestern führen kann, ist deren unterschiedliche Sicht der Eltern mit ihren Bevorzugungen und Beeinflussungen. Bei gestörten Familienverhältnissen ist es typisch, daß die eine Schwester die Eltern als viel besser in Erinnerung hat als die andere, die kritischer zurückschaut. Weil Frauen auf andere so stark »reagieren«, sind ihre Rollen in der Familie oft aufgeteilt in Gebende und Nehmende, das heißt, weil eine Schwester sehr viel emotionale Zuwendung braucht, geht die andere darauf ein. Linda weiß, daß sie »so schnell erwachsen wurde«, weil sie sich ihrer jüngeren Schwester Holly, die an zystischer Fibrose leidet, angenommen hat.

Leah versucht, trotz der Scheidung ihrer Eltern, das Familienleben aufrechtzuerhalten, und wirkt als »Friedensstifterin« zwischen ihren jüngeren Geschwistern und der älteren Schwester, die sich nicht engagieren möchte. Wenn von einem Kind nicht soviel gefordert und ihm mehr Raum für ein eigenständiges Leben gewährt wird, ist das Geben und Nehmen zwischen Schwestern nicht so ausgeprägt, wie man am Beispiel von Susans Familie sieht, wo die Töchter in relativ intakten Familienverhältnissen aufwuchsen und wußten, daß sie ihre verschiedenen Interessen verfolgen konnten, ohne Vergleiche befürchten zu müssen.

Dieses Muster von Geben und Nehmen unter Schwestern ist deshalb problematisch, weil es eine Atmosphäre der Ungleichheit und Unzufriedenheit schafft. Die Schwester, die nur gibt, wird ihrer Rolle überdrüssig und hat das Gefühl, daß die andere Schwester auch ihren Teil leisten sollte. Die Schwester, die nimmt, hat das Gefühl, nicht genügend zu erhalten, oder sie schlägt sich mit Schuldgefühlen herum, da auch sie sich sozialer verhalten sollte, wie es die Gesellschaft von Frauen erwartet. Beide Seiten fühlen sich belastet, und Frustration ist daher vorprogrammiert. Im folgenden Kapitel werden wir uns mit extrem unterschiedlichen Schwestern befassen, und es wird sich wiederum zeigen, daß wir – durch unsere Reaktion auf die andere – unsere schwesterliche Unterschiedlichkeit selbst schaffen und aufrechterhalten.

3 Licht- und Schattenseiten im schwesterlichen Verhältnis

Seit Sophokles die streitbare Antigone und ihre angepaßte Schwester Ismene (Töchter des Ödipus) geschaffen hat, haben wir mal mit Freude, mal mit Bedauern von den Licht- und Schattenseiten schwesterlicher Verhältnisse gehört. In der Literatur haben Frauen nur selten Schwestern, und wenn, sind diese meist in ihrer moralischen Einstellung und seelischen Beschaffenheit sehr gegensätzlich. In George Eliots Roman *Middlemarch* gibt es das unglaublich harmonische Verhältnis zwischen Celia, der vernünftigen Schwester, die die fürsorgliche Bemerkung eines Gentleman immer noch zum Erröten bringt, und Dorothea, die idealistische, vitale Schwester, die selten errötet und wenn, »dann nur aus Ärger«.

In Jane Austens Romanen finden wir die Kontraste zwischen Schwestern bis ins kleinste Detail beschrieben, nicht unbedingt im moralischen Sinn, sondern bezüglich ihrer Persönlichkeit und ihrem Verhalten. So sagt zum Beispiel in *Stolz und Vorurteil* die schelmische, hübsche Elizabeth zu ihrer schönen, nachgiebigeren älteren Schwester Jane: »Ein großer Unterschied zwischen uns beiden ist, daß Schmeicheleien dich überraschen, mich jedoch nie.« Bei Jane Austen sehen wir, daß Dualismus in der Familie sich nicht darauf beschränkt, zu bestimmen, was recht und was unrecht ist. Sie benutzt ihn auch, um starke Kontraste oder subtile Unstimmigkeiten zwischen Schwestern über die Lebensart zu beschreiben: in Ehrfurcht vor Gott oder in geistiger Freiheit, als stille Zuhörerin oder schlagfertige Rednerin, als Gebende oder Nehmende, als Hoffende oder Fordernde. Solche

Kontraste faszinieren uns, weil sie so gar nicht zum weiblichen Wesen zu passen scheinen. Von Frauen wird erwartet, daß sie gut sind und sich für andere aufopfern. Deshalb erweckt es unsere Aufmerksamkeit und Neugierde, wenn eine Frau »schlecht« oder rebellisch oder einfach nur anders ist. Hat sie dann noch eine Schwester, die genau das Gegenteil oder ihr Spiegelbild ist, um so besser – die Schwestern werden für uns immer interessanter.

Lockerer Lebenswandel kontra Ehrbarkeit

Besonders faszinierend finden wir im wirklichen Leben wie auch im Roman den Konflikt zwischen der »verruchten« und der »ehrbaren« Schwester, wobei die eine natürlich gut und die andere schlecht ist. In dem 1990 erschienenen Roman *Meine Schwester, mein Feind* von Barbara Ruskin lesen wir von Nathalie, der grundsoliden Sozialarbeiterin, die eine konfliktreiche Beziehung zu ihrer Schwester Shay, einer chronischen Herzensbrecherin, hat. Shay benimmt sich mit Vierzig wie ein Teenager bei der ersten Alkoholparty. »Meine Schwester übertreibt«, beklagt sich Nathalie bei jedem, den sie zu fassen kriegt, ihren Ehemann eingeschlossen, der Shays Liebhaber gewesen war, bevor dieser die brave Nathalie heiratete. Die schöne und berühmte Shay ist eine international arbeitende Journalistin, die sich ohne Skrupel der Männer bedient, wie sie es auch mit der Garderobe ihrer Schwester zu tun pflegt. Nach einem der überraschenden hektischen Besuche ihrer Schwester redete Nathalie mit ihrem Psychiater über ihre Eifersucht und Frustration: »Wie halte ich es mit so einer Schwester aus. Sie huscht in meinem Leben ein und aus, benutzt und mißbraucht mich, zieht rücksichtslos alle Aufmerksamkeit auf sich, nimmt sich Freiheiten

heraus und ist immer kurz davor, ernsthaft mit meinem Mann zu flirten.« »Schlecht«, lautete sein Kommentar.
Eine Frau, die ihre sexuellen Bedürfnisse verdrängt oder eine unglückliche Ehe führt, empfindet den lockeren Lebensstil ihrer Schwester mit wechselnden Liebhabern wahrscheinlich als bedrohlich und ärgerlich. »Warum kann ich nicht tun, was sie tut«, fragt sie sich, oder sie verurteilt das Verhalten ihrer Schwester und wundert sich, woher diese sich das Recht nimmt, mit jedem, der ihr gefällt, ins Bett zu gehen. Marilyn, die sich seit Jahren durch eine schwierige Ehe quält, erzählte mir, daß das Leben ihrer jüngeren Schwester mit Scheidung, Liebhabern und außerehelichen Affären sie manchmal amüsiert, meistens aber schmerzt.
»Ich beneide sie um ihre Flirts und ihre Liebschaften«, sagt Marilyn. »Doch es macht mich auch wütend, wenn sie glaubt, mir all ihre Affären bis ins Detail schildern zu müssen. Sie denkt nur an sich, und ich bin die graue Maus, die in der Sackgasse steckt. Sie fragt mich nie, wie es mit meiner Ehe steht – wahrscheinlich weil sie weiß, daß alles beim alten ist.«
Im Konflikt mit ihrer schlechten Ehe und ihrer Angst vor einer Scheidung (»Ich bin jetzt sechsundvierzig und möchte meinen Kindern nicht das antun, was mir angetan wurde. Meine Eltern ließen sich scheiden, gerade als ich mit dem Studium anfing.«) kann Marilyn nicht anders, als ihre Schwester zu kritisieren, ohne sich zu fragen, ob der Grund ihre eigene Unzufriedenheit und Frustration ist.

Die Geschichte von Jo und Kimberly

Vollkommen anders reagierte die achtundzwanzigjährige Kimberly auf ihre »sexy« Schwester Jo, die sie wegen ihres unkonventionellen Lebensstils weder beneidet noch verurteilt. »In der

High-School war ich Klassensprecherin und Schönheitskönigin und hatte einen Freund, der Medizin studierte.« Sie sagt dies nicht, um zu prahlen, sondern um zu zeigen, daß sie die Schwester war, die alle Erwartungen erfüllte.

»Meine jüngste Schwester betete mich an«, erzählt sie mit einem Seufzer. Doch die mittlere Schwester, Jo, nur eine Klasse unter Kimberly in der Schule, ging bewußt ihren eigenen Weg. »Jo hatte immer das Gefühl, in meinem Schatten zu stehen«, erklärt Kimberly. »Sie hatte eine Leseschwäche, und sie war Cheerleader, ohne jedoch mit den anderen herumzuhängen, dafür rauchte sie auf dem Schulklo.« Als Jo in eine Drogenclique geriet, versuchte sie sich das Leben zu nehmen – eine schreckliche Geschichte, die sie wohl nie vergessen kann. Kimberly: »Meine Eltern waren im Urlaub, ich kam nach Hause und sah, wie dieser schreckliche Mensch, so ein Kerl mit langen Haaren, meine Schwester auf den Armen trug. Sie hatte sich die Pulsadern aufgeschnitten. Es war entsetzlich. Wir versuchten, es vor unseren Eltern geheimzuhalten. Aber als sie zurückkamen, hatte sich Jo selbst in einem Drogen-Rehabilitationszentrum angemeldet.« Während Jos Rehabilitation unterzog sich die Familie ebenfalls einer Therapie. Nach Kimberlys Aussage war dies besonders für die Eltern sehr schmerzlich. »Ich weiß nicht, wie sie es überstanden haben. Ich wurde nicht so stark mit einbezogen wie meine Eltern, aber ich erinnere mich noch, daß der Therapeut mich für Jos Probleme verantwortlich machte. Ich konnte es nicht fassen. Meine Schwester hat das Ganze aus ihrem Gedächtnis gestrichen. Nach ihrer Rehabilitation hat sie eine wirklich gute Arbeitsstelle gefunden, die ihr Spaß macht. Ich bin stolz auf sie.

Jo wird immer sehr eigenwillig sein. Als ich im Kapitol im Büro eines konservativen Senators arbeitete, besuchte mich Jo. Sie trug enge schwarze Hosen, Schuhe mit Pfennigabsätzen und einen Angorapullover mit großen roten Rosen. Alle waren sprachlos«, lacht Kimberly. »Es war wie aus einer Szene des

Films *Sex, Lügen und Videos,* mit mir als der seriöseren Schwester Ann. Mir hat es Spaß gemacht.«

Ich fand es interessant, daß diese doch sehr unterschiedlichen Schwestern sich gut verstehen. Vor einigen Jahren, als jede in einer anderen Stadt wohnte, wollte es der Zufall, daß beide Schwestern zur selben Zeit schwanger wurden. Nachdem sie gemeinsam überlegten, was zu machen sei, entschlossen sich beide zu einer Abtreibung. Für Kimberly, die wie ihre Eltern praktizierende Katholikin ist, war es eine schwierige Entscheidung. »Während der ganzen Zeit war mir Jo eine große Stütze. Meine Eltern wissen nichts davon. Jo versteht sich sehr gut mit meinem Vater, ich verstehe mich besser mit meiner Mutter. Vater könnte nie verstehen, daß mir so etwas passiert ist. Bei Jo könnte er es akzeptieren. Als meine Mutter mir Fragen stellte, habe ich sie angelogen. Sie könnte es bei Jo auch akzeptieren.« Kimberly macht eine Pause. »Aber ich glaube doch, daß sich meine Eltern im Zweifelsfall für den Angeklagten entschieden hätten.«

Trotz oder wegen ihrer Verschiedenheit ist Kimberly sehr besorgt um ihre Schwester. Ihre Männerbekanntschaften beunruhigen sie. »Jo fühlt sich nicht von denselben Männern angezogen wie ich. Sie ist weniger wählerisch. Diese Woche rede ich nicht mit ihr, weil sie gerade mit so einem Versager ausgeht. Er ist verheiratet. Ich habe ihr ein böses Ende vorausgesagt und ihr prophezeit, daß sie bei diesem Typ immer nur die Nummer zwei sein wird, worauf sie mir antwortete: ›Ich bin auch als Nummer zwei geboren.‹ Ich mag es nicht, wenn sie so redet. Sie verliert dann ihr Selbstvertrauen und hängt sich an solche Leute. Seit mir das passiert ist (die Abtreibung), traue ich Männern nicht mehr, meine Schwester hingegen stürzt sich in Abenteuer und geht so darin auf, daß sie dabei ihre Familie vergißt.«

Lesbisch kontra »Normal«

Verrät eine Schwester, daß sie lesbisch ist, fühlt sich die ganze Familie betroffen, jedoch in unterschiedlichem und sich veränderndem Ausmaß. Im Laufe der Zeit können die Gefühle der Eltern und Geschwister sich von Schock in Verleugnung, Traurigkeit und schließlich Akzeptanz oder Zurückweisung verwandeln. Ich habe von den Frauen in meiner Umfrage und durch vertrauliche Mitteilungen meiner Freundinnen erfahren, daß in dem Verhältnis zwischen lesbischer und »normaler« Schwester die Mutter oft die Schlüsselrolle spielt. Wenn sie ihre lesbische Tochter zurückweist, kann die »normale« Schwester, abhängig von ihrem Alter und ihrem emotionalen Entwicklungsstand, die Partei ihrer Schwester ergreifen und gegen die Mutter rebellieren, oder sie folgt dem Beispiel der Mutter und wendet sich gegen die lesbische Schwester. Akzeptiert die Mutter jedoch die Neigung der Tochter und bestärkt sie in ihrem Lebenswandel oder bleibt sie zumindest mit ihr im Gespräch, wird die andere Tochter eher dem Beispiel der Mutter folgen und die Neigung ihrer Schwester akzeptieren.

»Es war 1985 auf dem College, als mir klarwurde, daß ich lesbisch bin«, erzählt Caitlin, eine gutaussehende, junge Frau, die ihr Examen in Philosophie gemacht hat und gerade in einer Buchhandlung arbeitet, bis sie eine ihrer Ausbildung entsprechende Stelle findet. »Meine Mutter ist sehr religiös, und ich war es damals auch. Ich bin also zu meiner Mutter gegangen und habe ihr gesagt: ›Mom, ich fühle mich zu Frauen hingezogen. Ich weiß, daß dies vor Gott nicht richtig ist, deshalb möchte ich mich am liebsten umbringen.‹ Sie antwortete mir: ›Mach dir keine Sorgen, Gott liebt dich so, wie du bist.‹ Ich bin mir sicher, daß sie damals glaubte, es wäre eine vorübergehende Sache. Aber wenn sie nicht so verständnisvoll gewesen wäre,

hätte mich der Kampf mit meiner Sexualität in eine tiefe Depression gestürzt.«
Caitlins Familie war immer sehr stolz auf ihre akademischen Leistungen. Eine der zwei jüngeren Schwestern, Penny, einundzwanzig und verheiratet, hat Jura und Sozialarbeit studiert; die andere, Nan, neunzehn, studiert an einem der führenden Colleges für Frauen. Der ältere Bruder, der »leicht autistisch« ist, spielt laut Caitlin »nur eine untergeordnete Rolle in der Familie ... er lebt mit uns, aber er spricht nicht mit uns, aber immerhin ist es selbst ihm gelungen, einen College-Abschluß zu schaffen.«
Trotz des Bildungsniveaus hütet die Familie ein schreckliches Geheimnis. Der Vater, ein bekanntes Mitglied der Fakultät in der Universitätsstadt, in der sie aufwuchsen, war nicht nur eine Säule der Gesellschaft, er war auch seiner Frau und seinem Sohn gegenüber gewalttätig, und er mißbrauchte seine Töchter Caitlin und Nan sexuell.
»Ich setze ihn auf die gleiche Stufe wie Adolf Hitler«, sagt Caitlin ruhig. »Er kann seinen Freunden erzählen, was er will, jeder an der Universität weiß, daß er verrückt und gefährlich ist. Trotz seiner Intelligenz mögen ihn die Leute nicht, er ist kein guter Lehrer, er hat kein Gefühl für Menschen. Meine Mutter arbeitet auch an der Universität, aber die beiden haben nicht dieselben Freunde.«
Caitlin hat ihren Vater seit ihrem letzten Jahr an der High-School, dem Jahr der Scheidung ihrer Eltern, nicht mehr gesehen. Sie plant, ihn in den nächsten zwei Jahren – auf alle Fälle noch bevor die Verjährung eintritt – zu verklagen. Vorher will sie versuchen, mit den sie bedrückenden und sicherlich in Zusammenhang stehenden Problemen – ihrer Homosexualität und ihrem sexuellen Mißbrauch – ins reine zu kommen.
»Als ich meinen Schwestern erzählte, daß ich lesbisch bin, sagte meine Schwester Penny gar nichts. Dann eines Abends bei Tisch erklärte sie, sie habe mir gegenüber keine Vorurteile. Ich war

entgeistert. Vorher sah es so aus, als ob sie nichts darüber hören will, und nun gab sie mir zu verstehen, daß sie es akzeptiert. Aber wir haben nie darüber gesprochen.
Meine jüngste Schwester Nan hat immer zu mir aufgeblickt. Ich habe mich viel um sie gekümmert, als sie noch klein war. Sie fand lesbisch sein toll. Sie wollte es all ihren Freundinnen erzählen, und je nachdem, wie sie reagierten, würde sie dann entscheiden, ob es wahre Freundinnen sind oder nicht. Sie ist immer stolz auf mich gewesen.«
Caitlin unterzieht sich seit drei Jahren einer Therapie, in der sie sich mit dem erlittenen sexuellen Mißbrauch und ihrer daraus resultierenden Angst vor Männern auseinandersetzt. Der Therapie ist es zuzuschreiben, daß sie vor kurzem den Versuch wagte, Männerbekanntschaften zu schließen. Dabei hat sie erkannt, daß sie eigentlich bisexuell ist. »Ich habe mit Nan über meine Homosexualität und meine Bisexualität gesprochen und bei dieser Gelegenheit erfahren, daß sie, seit sie auf dem College ist, sich ebenfalls als bisexuell betrachtet. Das Komische bei ihr ist, daß sie Männer zwar haßt, sich aber mehr zu ihnen als zu Frauen hingezogen fühlt. Bekanntschaften mit Frauen machen ihr mehr Angst. Ich hingegen fühle mich mehr zu Frauen hingezogen. Trotzdem will ich auch mit Männern ausgehen, um so meine Angst, von Männern verletzt zu werden, abzubauen. Um ganz ehrlich zu sein, es macht mehr Spaß, mit Männern auszugehen, weil man ungeniert in der Öffentlichkeit Händchenhalten kann und es nicht verschweigen muß, wenn man ein Rendezvous hat. In meiner Familie mußte immer soviel geheimgehalten werden. Beziehungen mit Frauen bedeuten erneute Heimlichkeiten, und das ist mir unangenehm.«
Die Therapie hat sich auch noch anderweitig positiv ausgewirkt. Vor wenigen Monaten kam Penny zu Caitlin auf Besuch. Dabei haben sie zum ersten Mal richtig miteinander geredet und sich einander nahe gefühlt. »Penny hat für mich nur am Rande existiert. Ich habe einmal mit ihr eine Tour durch Europa unternom-

men (es war nach Beendigung der High-School). Sie war für mich wie eine Fremde. Für sie war die Reise schrecklich, ich glaube, sie haßte mich damals. Nun ist unsere Beziehung viel besser geworden. Wahrscheinlich, weil wir beide inzwischen reifer sind. Ich respektiere sie jetzt, obwohl ich immer noch eifersüchtig bin auf ihren Erfolg in so jungen Jahren.«

Caitlin und Penny haben eine Gemeinsamkeit entdeckt: ihre Liebe und Bewunderung für ihre Mutter. Nan dagegen kann ihrer Mutter immer noch nicht verzeihen, daß sie sich nicht früher aus dieser Ehe gelöst hat. Caitlin kennt solche Gefühle auch, aber sie hat sie inzwischen in ihrer Therapie bearbeitet. Sie nimmt auch ihre sich ändernde Beziehung zu Nan gelassen hin. »Ich habe sie immer viel zu sehr verwöhnt. Zu ihrem Geburtstag habe ich ihr eine schwarze Lederjacke gekauft, die mich hundert Dollar gekostet hat. Aber für sie ist das ganz normal. Penny meint auch, daß Nan sehr verwöhnt ist. Sie nimmt von einem, was sie möchte, ohne jegliche Gegenleistung. Sie schuldet mir zum Beispiel fünfundsiebzig Dollar. Das ist alles sehr frustrierend. Ich warte darauf, daß Nan erwachsen wird. Bis dahin soll sie ihren eigenen Weg gehen. Penny und ich sind erwachsen geworden und haben uns gefunden. Aber trotzdem – Nan und ich haben etwas gemeinsam: wir sind beide sexuell mißbraucht worden, und wir sind beide bisexuell.«

Caitlin und ihre Schwestern sind bedauerlicherweise alle vom Verhalten des Vaters geprägt. Verwirrungen, was ihre Sexualität anbetrifft, sind nach einer solchen Kindheit nicht verwunderlich. Trotzdem haben sie es geschafft, ihr weibliches Zusammengehörigkeitsgefühl aufrechtzuerhalten. Caitlin hat ihre Therapie enorm geholfen. Ihre Therapie ist aber auch deshalb erfolgreich, weil sie die Fähigkeit zur Reflexion und Toleranz mitbringt, Eigenschaften, die sich auch positiv auf die Beziehung zu ihren Schwestern auswirken. Caitlins Sensibilität ihren Schwestern gegenüber fördert ihre eigene Identität und Reife.

Fruchtbar kontra unfruchtbar

Da Mutterschaft der Inbegriff von Weiblichkeit schlechthin ist, fühlt sich eine unfruchtbare Frau ihrer fruchtbaren Schwester unterlegen und ist unglücklich darüber. Sie fragt sich: »Wie kann das sein? Warum kann sie Kinder haben und ich nicht? Was stimmt bei mir nicht?«

Eine geschiedene Frau Ende Fünfzig, deren zwei Schwestern neun bzw. elf Jahre jünger sind, hat immer noch das Gefühl, das manchmal geringschätzige Verhalten ihrer Mutter ihr gegenüber rührte daher, daß sie keine Kinder bekommen konnte. »Um Erfolg im Leben zu haben, brauchte man bei meiner Mutter einen Ehemann, ein Haus, Kinder und eine angesehene Stellung in der Gemeinde. Auf meine Schwestern traf all dies zu. Ich bin das schwarze Schaf, weil ich keine Kinder habe, obwohl meine Mutter es nie ausgesprochen hat.«

Oft bleibt vieles unausgesprochen zwischen fruchtbaren und unfruchtbaren Schwestern und ihren Müttern. Eine Freundin hat mir erzählt, wie sehr sie mit ihrer Schwester leidet, die gegen ihre Unfruchtbarkeit ankämpft. Sie achtet krampfhaft darauf, in ihrer Gegenwart nicht viel von ihren Kindern zu erzählen, um ihr nicht weh zu tun. Inzwischen ist es allerdings so, daß beide gegen ihr Verlangen ankämpfen, sich aus dem Weg zu gehen.

Ich habe aber auch von mehreren Seiten erfahren, daß Unfruchtbarkeit Schwestern enger zusammenbringen kann. Mit den heutigen medizinischen Möglichkeiten bei der Unfruchtbarkeitsbehandlung und der wachsenden Beliebtheit von Adoptionen gibt es einen größeren Spielraum für Schwestern, sich gegenseitig zu unterstützen. Doch selbst bei allergrößtem Einfühlungsvermögen der fruchtbaren Schwester bleibt das Verhältnis zwischen den beiden immer etwas gespannt.

Die Geschichte von Chris und Carey

Chris konnte mit den guten Schulnoten von Carey nie Schritt halten und hat es auch nie versucht. Als die Lehrer anfingen, sie »Carey« zu nennen, entschlossen sich die Eltern, sie auf eine andere Schule zu schicken. Ihre Noten wurden etwas besser, aber sie hatte immer noch das Gefühl, im Schatten von Carey zu stehen. Chris holte im Wettbewerb mit ihrer Schwester etwas auf, als sie sich ein Jahr nach ihrem Abschluß am College verlobte. Die drei Jahre ältere Carey, die keine ernsthafte Beziehung hatte, sah sich bereits als alte Jungfer. An Chris' großem Tag war Carey eine etwas grüblerische Brautjungfer. Ein Jahr nach Chris' Verlobungsparty auf den Tag genau konnte Carey ausgleichen, indem sie ihrerseits Verlobung feierte. »Ich weiß, es war kein Zufall«, sagt Carey, die sich selbst als jemanden beschreibt, der bei allem den psychologischen Aspekt betrachtet. »Ich wollte unbedingt mit meiner Schwester gleichziehen.« Der zukünftige Ehemann von Carey war zehn Jahre älter, der Ehemann von Chris ein Jahr jünger. Careys Verlobungszeit dauerte lange. An ihrem Hochzeitstag war Chris bereits drei Jahre verheiratet. Carey wollte sofort eine Familie gründen: »Es war ein Traum von mir, seit ich ein Kind war. Als Teenager habe ich viel Babysitting gemacht. Wir wuchsen in New Jersey in einer katholischen Gegend auf, in der Familien mit sechs, acht, zehn Kindern keine Seltenheit waren. Meiner Schwester und mir war unsere Familie immer zu klein. Chris wollte einmal acht Kinder haben, ich drei, ein oder auch zwei waren mir nicht genug. Ich wollte mehr Beziehungsmöglichkeiten innerhalb der Familie, mehr, als meine Schwester und ich gehabt hatten. Und ich stellte mir immer vor, wie nett es wäre, einen Jungen zu haben, damit es nicht eine von Frauen dominierte Familie wie die unsere sein würde.«

Ein Jahr nach ihrer Heirat mußte Carey sich wegen einer Endo-

metriose operieren lassen. Daraufhin wurde ihr eröffnet, daß sie unfruchtbar sei. Die Nachricht wirkte wie ein Schock.
Chris und ihr Mann hatten eine Familiengründung hinausgeschoben, bis das Studium finanziert war. Als Chris dann ihr erstes Kind erwartete, war Carey drei Jahre verheiratet und unterzog sich einer seelisch sehr belastenden Unfruchtbarkeitsbehandlung mittels Hormontherapie und künstlicher Befruchtung.
Carey erzählt: »Chris lebte zu dieser Zeit in Kalifornien. Wir sahen uns nicht sehr oft und telefonierten auch selten, weil ich nicht wollte, daß sie sich wegen mir Sorgen machte.«
Da ihr Mann schon älter war, wurde Carey von professioneller Seite angeraten, mit der Unfruchtbarkeitsbehandlung aufzuhören und möglichst umgehend eine Adoption in die Wege zu leiten. Als sie dann einen kleinen Jungen zur Adoption angeboten bekamen, war das Baby von Chris sechs Monate alt. Chris zog bald darauf zurück an die Ostküste, und die Schwestern sahen sich wieder häufiger. Heute hat Chris drei Kinder und Carey zwei adoptierte Kinder. Carey, die noch immer auf ein leibliches Kind hofft, hatte zum Zeitpunkt unseres Interviews gerade eine weitere Unfruchtbarkeitsbehandlung erfolglos beendet. Mit mittlerweile einundvierzig Jahren ist sie schweren Herzens mit ihrem Mann übereingekommen, keine Behandlungen mehr über sich ergehen zu lassen. Carey: »Ich hoffe immer noch auf ein Wunder, aber wir sind jetzt vierzehn Jahre verheiratet, ohne daß dieses Wunder eingetreten ist.«
Weil ihre Familien sie auf Trab halten, hat die Spannung zwischen den beiden Schwestern, wenn auch nicht ganz, nachgelassen. Carey: »Ihre Kinder sind meinen überlegen, und das tut mir weh. Ich habe wundervolle Kinder, aber keines ist in der Schule ein As und sie brillieren auch nicht auf sportlichem Gebiet. Meine Schwester und ich waren sehr sportlich. Ich sehe mir ihre Kinder an und stelle fest, daß sie uns nicht nur äußerlich gleichen, sondern auch ähnliche Begabungen

haben. Meine Kinder sind phantastisch, aber anders. Mein großer Junge ist lieb und sanftmütig, nicht so wie ich und die Kinder meiner Schwester.«
Carey kommen immer noch Sätze wie »Für meine Schwester ist Kinderkriegen die einfachste Sache der Welt« über die Lippen, und sie kann es auch immer noch nicht fassen, daß das erste Kind von Chris geplant, die anderen zwei jedoch »Unfälle« waren. Den größten Brocken hatte sie aber zu schlucken, als Chris sie vor sechs Monaten – Carey hatte gerade ihre letzte Unfruchtbarkeitsbehandlung begonnen – anrief. Carey: »Sie weinte und war völlig durcheinander. Wie sich herausstellte, waren sie und ihr Mann dabei, für einen einjährigen Studienurlaub nach Übersee aufzubrechen und sie hatte gerade erfahren, daß sie schwanger ist. Sie bat mich um Rat wegen einer Abtreibung. Obwohl es schwer für mich war, versuchte ich, mich in ihre Lage hineinzuversetzen und objektiv zu bleiben.«
Chris ließ abtreiben, und Carey hat ihr nie erzählt, wie sehr ihr Verhalten sie geschmerzt hat. »Ich habe mit meinen Freundinnen und mit meinem Mann darüber gesprochen, aber mit ihr konnte ich nie darüber reden, und ich glaube, sie hat sich nie Gedanken gemacht. Meine Schwester ist nett, aber nicht so sensibel wie ich.
Ich habe eine gute Beziehung zu meiner Schwester. Ich liebe sie, und ich weiß, wir beide würden füreinander alles tun. Ganz enge Vertraute sind wir aber nicht, wahrscheinlich wegen unserer früheren Rivalität in der Schule und später wegen der Kinder. Vielleicht ändert sich das eines Tages. Ich habe Abschied von dem Wunsch nach einem leiblichen Kind genommen und blicke im Leben wieder nach vorn. Schließlich besitze ich ja eine große Familie, wenn ich die drei Kinder meiner Schwester noch hinzuzähle. Ich bin zufrieden.«
Careys Aussage ist nicht ganz eindeutig. Auf der einen Seite schätzt sie ihre Adoptivkinder und ihre Großfamilie mit den drei

Kindern ihrer Schwester. Auf der anderen Seite neidet sie ihrer Schwester immer noch ihre leiblichen Kinder. Doch ihre Worte »es ist möglich, daß unsere Beziehung später enger wird« lassen hoffen und sind typisch für Schwestern, die auf dem Weg von der ambivalenten zur vertrauten Beziehung sind.

Verpflichtungen kontra Ungebundenheit

Die meisten Frauen beschreiben die Licht- und Schattenseiten im schwesterlichen Verhältnis in Begriffen von Verpflichtung und Ungebundenheit. Viele Frauen berichteten mir, daß sie ein hartes Leben führen und viele Verpflichtungen ihrer Familie gegenüber haben, während ihre Schwestern tun und lassen können, was ihnen beliebt, kaum oder gar keine finanziellen Sorgen und nur wenige Verpflichtungen haben. Und die sogenannten »gutsituierten« Frauen erzählten mir oft, daß sie von Schuldgefühlen geplagt werden, weil sie ein besseres Leben als ihre Schwestern führen. Zum Beispiel verschweigt eine Frau ihrer Schwester, daß sie eine Putzfrau hat, die ihr zweimal in der Woche das Haus in Ordnung bringt, damit sie sich ohne Überlastung ihrer Berufstätigkeit und ihrer Familie widmen kann. »Ich telefoniere jedes Wochenende mit meiner Schwester, die an der Westküste lebt und nur einmal im Jahr zu Besuch kommt. Sie ist berufstätig und hat Kinder, kann sich aber keine Hilfe leisten. In ihren Augen ist eine Putzfrau sicherlich eine Extravaganz, und ich komme mir schuldig vor, daß ich mir diese Extravaganz leisten kann und sie nicht. Also behalte ich es für mich.«

Unsere Schuldgefühle und unsere Klagen über Verpflichtungen und Privilegien sind Überbleibsel aus unseren Kindertagen, als wir uns anstrengen mußten, um unseren Wert zu beweisen oder die Gunst unserer Eltern zu erhalten. Es gibt auch Familien, in denen großer Wert auf Arbeit und Mühe gelegt wird, eine Philosophie, die sich besonders die Frauen in der Familie angeeignet haben. Sie haben das Gefühl, immer »alles bewältigen zu müssen«, um ihren Wert zu beweisen. Stellen sich bei diesen Frauen Erfolg und Privilegien ein, haben sie entweder das Gefühl, es nicht zu verdienen, oder sie glauben, dies wäre von geringerem Wert als ein Leben voll harter Arbeit und Mühe.

Als ich mich mit Clarissa traf, hatte sie gerade ein ärgerliches Telefongespräch mit ihrer Schwester Janey geführt. Diese hatte, als Clarissa ihr von ihrem Tag berichtete, anscheinend grundlos Clarissas Arbeit als »schlauen Job, bei dem sie sich nicht zu überarbeiten bräuchte«, bezeichnet. Beide Frauen sind verheiratet, haben Kinder und sind berufstätig – Clarissa arbeitet freiberuflich als Fotografin und Janey als Werbeassistentin. »Janey muß es jeden Tag ihrem Chef recht machen, während ich nur meinen Kunden Rechenschaft ablegen muß. Für sie bedeutet dies wahrscheinlich, daß ich mir einen schlauen Lenz mache, während sie sich von neun bis fünf Uhr abrackert. Als ich wütend wurde und ihr klarzumachen versuchte, wie schwierig es ist, Kunden zu finden, gute Fotos zu machen und diese auch zu verkaufen, lachte sie nur und wiederholte: ›Gib doch zu, daß du eine ruhige Kugel schiebst.‹ Ich hätte sie erwürgen können, aber ich biß mir auf die Zunge, sonst hätte ich womöglich etwas Unverschämtes über ihren Job gesagt.«

Verpflichtungen unseren Eltern gegenüber

Die Spannungen zwischen Schwestern wie Clarissa und Janey sind relativ harmlos, solange sie nicht gemeinsam für ihre alternden Eltern sorgen müssen. Bei meiner Umfrage habe ich herausgefunden, daß bei unterschiedlicher Auffassung über Verpflichtungen folgende Fragen zu Besorgnis Anlaß geben:

»Wird meine Schwester, die ihr eigenes Leben führt, mir bei der Betreuung der Eltern beistehen, wenn es einmal soweit ist?«, oder »Warum tut meine Schwester nicht mehr für unsere Eltern ... warum ruht die ganze Last auf mir?«
Die erste Frage beschäftigt Lois sehr. Sie macht kein Hehl aus dem »angespannten Verhältnis« zu ihrer jüngeren Schwester Patsy. Sie möchte die bestehenden Meinungsverschiedenheiten jedoch aus dem Weg räumen, und zwar möglichst bald, da sie befürchtet, sonst ganz allein die Verantwortung für die Betreuung der Eltern tragen zu müssen, die jetzt in den Siebzigern sind.
»Ich bin die Erstgeborene, die Verantwortungsbewußte, während meine Schwester die Ungebundene, Freiheitsliebende ist. Sie zog in den Westen, ich blieb hier bei den Eltern. Die Verantwortung liegt also nach wie vor bei mir, sie tut, was sie will. Ja, ich werfe ihr das vor. Was wird sein, wenn meinen Eltern etwas zustößt. Meine Schwester kommt nicht oft auf Besuch. Ihr Mann ist Rechtsanwalt, aber auch er liebt seine Ungebundenheit. Er ist nicht der Typ des überlasteten Ostküsten-Anwalts. Er arbeitet nur gelegentlich, sie haben nicht viel Geld, aber sie können wandern und campen, wann immer sie Lust haben.
Man kann sagen, wir haben andere Wertevorstellungen. Während ich einen lukrativen Job als Juristin und Grundstücksmaklerin habe, widmet sich Patsy sozialen Aufgaben, der Verbraucherberatung usw., was die Leute im Westen eben so tun. Ihre Kinder gehen auf eine öffentliche Schule, meine Tochter in eine Privatschule. Sie tut es wegen der Integration, ich wegen der guten Erziehung. Ich habe genau dieselben Werte wie meine Eltern und Großeltern.«
Ob man ihren Maßstäben nun zustimmen kann oder nicht, die Sorge von Lois ist sicherlich berechtigt. Ihr Verhältnis zu ihrer Schwester kann man mit höflicher Distanz beschreiben. Wenn sie es lernt, Patsys Lebensstil zu akzeptieren, werden sie in der Betreuung der Eltern eines Tages möglicherweise zusammenar-

beiten können. Das Risiko besteht darin, die Aussöhnung hinauszuzögern in der Hoffnung, daß die Eltern noch lange gesund bleiben. Verschiedenheiten zwischen Schwestern können immense Ausmaße annehmen, wenn Eltern plötzlich eine kostspielige und langwierige medizinische Behandlung benötigen. In solch emotional explosiven Zeiten wird die Belastung der Schwestern gern nach den Rollen, die sie innerhalb der Familie gespielt haben, verteilt. Wenn es in der Familie also eine fürsorgliche, verantwortungsbewußte Schwester und eine fordernde oder verwöhnte Schwester gab, sind die Voraussetzungen für verletzte Gefühle und Beschuldigungen geschaffen. Lois ist weise genug, sich Gedanken über ihre Verschiedenheiten zu machen, und wenn sie wirklich so verantwortungsbewußt und fürsorglich ist, wie sie sagt, wird sie versuchen, mit ihrer Schwester einigermaßen ins reine zu kommen, um die bevorstehenden Aufgaben gemeinsam lösen zu können.

Ein hoher Preis für Verantwortungsbewußtsein – die Geschichte von Pamela

Pamela, fünfunddreißig Jahre alt, ist attraktiv und intelligent. Sie behauptet, keine Kinder haben zu wollen, weil sie sich um die vier jüngeren Schwestern und den jüngeren Bruder kümmern mußte, als ihre Mutter unter chronischen Depressionen litt. »Ich hatte genug Babys. Wenn das eine aus dem Gröbsten heraus war, kam immer gleich das nächste.« Als ihre Mutter mit dem jüngsten Kind schwanger war, hatte ihr Vater eine Affäre. Darauf folgten Jahre des Streits und Mißtrauens, bis die Eltern sich endlich scheiden ließen. Pamela war zu dem Zeitpunkt zweiundzwanzig und ihre jüngste Schwester zwölf Jahre alt. Die Kinder teilten sich problemlos in zwei Lager auf. Die drei Mädchen im Teenageralter wollten bei der Mutter bleiben (der Sohn, der zu

beiden Elternteilen kein gutes Verhältnis hatte, entschied sich weder für den Vater noch für die Mutter). Pamela, die immer Vaters Liebling gewesen war, stellte sich als einzige auf die Seite des Vaters. Der Vater heiratete wieder. Pamela und ihre Stiefmutter wurden gute Freundinnen, während die drei Schwestern kaum Kontakt zum Vater hatten. Das Verhältnis zwischen den Schwestern während ihrer Jugend und ihrem jungen Erwachsenenalter war eher distanziert, doch sie hielten wenigstens den Kontakt an Geburts- und Feiertagen. Dann vor sechs Jahren, als Pamela in London bei einer Investment-Gesellschaft arbeitete, rief eines Tages ihre Stiefmutter an, um ihr zu sagen, daß der Vater an Prostatakrebs leide, der bereits auf die Knochen übergegriffen habe. »Ich flog sofort nach Hause«, erinnert sich Pamela. »Ich wollte möglichst viel bei ihm sein. Von seinen Kindern stand ich ihm am nächsten, deshalb habe ich mich um ihn gekümmert. Die Pflege war sehr anstrengend. Ich mußte ihm mindestens alle vier Stunden beim Wasserlassen helfen und ihm seine Dosis Morphium geben (meine Stiefmutter konnte ihren Job nicht aufgeben und hatte am Wochenende eine weite Strecke zu fahren). Ich habe meine Schwestern noch nie um etwas gebeten, aber jetzt war ich am Ende meiner Kräfte. Ich bat sie, für eine Woche oder für ein Wochenende zu kommen, um mich zu unterstützen. Sie lehnten ab, keine schien Zeit zu haben. Ich habe eigentlich in einer Krisensituation wie dieser mehr von ihnen erwartet. Ich packte in London alles zusammen, kehrte zu meinem Vater zurück und pflegte ihn zwei Monate lang bis zu seinem Tod.«
Nach dem Tod des Vaters sagte Pamela ihren Schwestern, wie sehr sie über ihr Verhalten enttäuscht war. Sie, die sich jahrelang um sie gekümmert habe, hätte ein Mal von ihnen Hilfe gebraucht, und sie hätten sie verweigert. Die drei jüngeren Schwestern zeigten sich nicht beeindruckt. Vielleicht konnten sie die Beschuldigungen auch nicht verstehen, waren sie es doch gewöhnt, sich immer auf Pamela zu stützen. Ich wunderte mich

allerdings, warum sie so wenig Mitleid für ihren Vater aufbrachten.

»Später kam dann noch anderes hinzu«, fährt Pamela fort. »Als seine Verwalterin kümmerte ich mich um seinen Nachlaß. Ich selbst habe nur sehr wenig bekommen, denn es gab nicht viel Geld, nur ein Auto, ein Boot und ein jährliches Zinseinkommen. Eine meiner Schwestern regelte die Sache mit den Zinsen, ich kümmerte mich um die Rechnungen und den Nachlaß, all die dummen Dinge, die zu machen sind, wenn jemand stirbt. Ich mußte Monate warten, bis meine Schwestern und mein Bruder den Erbschein unterzeichneten. Ich konnte mir nicht vorstellen, warum. Ich dachte, sie waren einfach zu bequem, oder was weiß ich. Später erfuhr ich von meiner jüngsten Schwester, daß sie nicht unterzeichneten, weil sie glaubten, ich würde ihnen Geld wegnehmen. Können Sie sich das vorstellen?«

Bis heute ist Pamela überzeugt, daß die drittälteste Schwester Sally sich ihr gegenüber in der Erbschaftsangelegenheit loyal verhalten hat. »Auf eine Weise passen wir überhaupt nicht zusammen – Sally ist nämlich lesbisch. Sie hat es mir erzählt, als wir Anfang der achtziger Jahre zusammenwohnten. Zuerst war ich geschockt, doch dann habe ich es akzeptiert. Ihre bisexuelle Partnerin hat ein kleines Mädchen. Es ist entzückend, und ich betrachte es als meine Nichte. Eigentlich ist Sally meine liebste Schwester. Wir haben die gleichen Interessen und die gleiche Wesensart.«

Die Sache mit der Erbschaft ist immer noch ungelöst. Doch sie ist auch in den Hintergrund getreten angesichts schlimmerer Vorwürfe, die nach dem Tode des Vaters erhoben wurden. Pamela rückte am Ende des Interviews damit heraus: »Es gibt da noch etwas, das ich ihnen nicht verschweigen sollte. Meine zwei jüngsten Schwestern sagten mir, daß sie eine inzestuöse Beziehung zu unserem Vater hatten. Ich konnte es nicht glauben. Ich begann mein Gehirn zu zermartern: ›War da etwas, an das ich mich nicht mehr erinnern konnte?‹ Aber ich war mir sicher, daß sich unser Vater uns, oder mir, nie irgendwie unsittlich genähert hatte. Es gab auch keinerlei zweideutige Redensarten. Ich weiß noch, daß mein Vater, als ich älter wurde und meine Brüste zu wachsen anfingen, sehr darauf achtete, sie nie zu berühren. Er hatte andere Schwächen, aber nicht das!

Ich will nicht mehr darüber nachdenken. Es macht mich völlig fertig. Eines ist aber sicher, mein Vater hat mich nie mißbraucht. Wir hatten immer eine gute Beziehung zueinander. Was mit meinen Schwestern gewesen ist, ich weiß es nicht. Die Person, um die es dabei geht, lebt nicht mehr und kann sich nicht verteidigen. Diese Beschuldigungen gehen mir nicht in den Kopf, denn ich habe meinem Vater viel zu verdanken. Er war der emotional Stabile, er war immer da, immer hilfreich, wenn man ihn brauchte. Ich kann meine gute Erinnerung an ihn nicht zerstören.«

Pamela hat wegen diesen Beschuldigungen ihrem Vater gegenüber, den sie geliebt und bewundert hat, seit zwei Jahren nicht mehr mit ihren zwei jüngsten Schwestern gesprochen. Sie ist zum Außenseiter in der Familie geworden, um die sie sich einst sorgte und für die sie sich verantwortlich fühlte. Eigensinnig hält sie an dieser Position fest, obwohl es sie unglücklich macht. Es ist nicht mehr möglich, festzustellen, wer recht und wer unrecht hat. Der Vater ist tot, die Erinnerungen vage, die Familiengeschichte für jede Schwester eine andere. Zwei Wochen bevor wir uns trafen, starben die Eltern von Pamelas bester Freundin bei einem Unfall in England. Pamela, die die beiden gut gekannt hatte, war sehr betrübt, als sie die Nachricht erfuhr. »Ich telefonierte mit meiner Freundin und diese meinte, tröstlich für sie wäre es, daß sie ein gutes Verhältnis zu ihren Eltern gehabt habe. Ihre letzte Erinnerung war die liebevolle Verabschiedung und ihre Worte: ›In ein paar Wochen sehen wir uns wieder.‹ Sie sind gestorben, ohne daß irgendeine Unstimmigkeit zwischen ihnen und meiner Freundin gewesen ist.

Ich fing an zu überlegen: Wenn meinen Schwestern und meinem Bruder irgend etwas passiert, würde ich mich dann schlecht fühlen? Ich möchte nicht, daß jemand stirbt, mit dem ich ungelöste Probleme habe. Ich muß mein Verhältnis zu meinen Schwestern ändern.«

Wegen der Depression ihrer Mutter mußte Pamela für ihre jüngeren Geschwister sorgen, und als junge Frau kümmerte sie sich um den Vater. Selbst Kind zu sein, das war ihr weitgehend verwehrt worden, und in ihrem Leben als junge Erwachsene war sie ebenfalls Zwängen unterworfen gewesen. Ihre Schwestern leiden offensichtlich unter dem Mißbrauch durch den Vater und der Scheidung der Eltern. Pamelas Situation ist nicht einfach. Doch seit sie weiß, wie wichtig eine Aussöhnung mit ihren Schwestern ist, besteht auch bei ihr Aussicht, daß sich die Beziehungen normalisieren werden. Pamela macht sich viele Gedanken über ihre Familie. Sie kann sich nicht von ihr abwenden und mit dem Gefühl leben, die Überlegene zu sein.

Subtile Unterschiede der elterlichen Bevorzugungen

Meistens sind die Verschiedenheiten unter Schwestern nach außen hin nicht so ausgeprägt. Schwestern können denselben Lebensstil haben – sie sind verheiratet, haben Kinder, sind berufstätig, oder sie sind ledig, berufstätig und führen ein ausgefülltes Leben –, trotzdem tobt im geheimen, unbemerkt von der Außenwelt, ein subtiler Kampf zwischen den Schwestern, der seine Ursache in den verschiedenen Erfahrungen und Wahrnehmungen in der Kindheit hat. Wir haben bereits gesehen, wie unterschiedlich Schwestern die Bevorzugung durch die Eltern sehen und wie die Wahrnehmung der

Bevorzugung und die Bevorzugung selbst die Rollen in der Familie bestimmen. Mit der Zeit scheint das Thema der Bevorzugung keine Bedeutung mehr zu haben. Wenn die Schwestern älter werden, treten andere Probleme in den Vordergrund, wie zum Beispiel Kinder und Karriere. Doch tief in ihrem Inneren sind die Schwestern immer noch die zwei kleinen Mädchen, die sich mit den Augen der Eltern sehen – die eine ist die Gute, die andere die Böse, die eine die Verantwortungsbewußte, die andere die Leichtsinnige, die eine die Lustige, die andere die Melancholische, und beide wirbeln sie um ihre Eltern herum auf der Suche nach Liebe und Anerkennung.

Die Geschichte von Margaret und Phoebe

Margaret erzählt mir, daß die Beziehung zu ihrer jüngeren Schwester Phoebe »im Moment tückisch und heikel« ist – seltsame Worte, um das Verhältnis zweier Frauen Mitte Vierzig zu beschreiben, die behaupten, nur sich zu haben. Sie waren Anfang Zwanzig, als die Eltern starben und sie allein zurückblieben. Die Schwestern erlebten in der Kindheit unterschiedliche Bevorzugungen durch die Eltern, die auch deren Tod nicht verschwinden ließ.

Laut Margaret war der Zweite Weltkrieg der Auslöser für die Bevorzugungen. Ihr Vater kämpfte in Europa, als sie gerade zwei Monate alt war. Margaret: »Es ist faszinierend zu beobachten, was Kriege den Familien antun können. Mein Mann war in Vietnam. Ich kann deshalb das Verhalten meiner Mutter während der Abwesenheit meines Vater gut verstehen. In Kriegszeiten haben Mütter besonders enge Beziehungen zu ihren Kindern. Auch bei meiner Mutter und mir war es so. Für die heimkehrenden Väter ist es dann nicht einfach, in diesen engen Kreis von Frauen und Kindern einzudringen.« Eine Methode, das Problem zu lösen, war es, ein neues Kind zu bekommen. Phoebe wurde ein Jahr nach der Rückkehr meines Vaters geboren. Margaret war damals fünf Jahre alt. Bis zum heutigen Tag gehen die Verschiedenheiten der Schwestern darauf zurück, daß Margaret Mutters und Phoebe Vaters Kind war.

»Ich muß zu meinem Vater ursprünglich eine andere Beziehung gehabt haben, eine von Angst bestimmte Bindung zu einem Vater, der weit weg ist und von dem man nicht wußte, was er tut. Dann kam er zurück und hatte keine Beziehung zu seinem ersten Kind«, erzählt Margaret, indem sie plötzlich von sich in der unpersönlichen dritten Person spricht. »Zu dem zweiten Kind, das geboren wird, hat er eine Beziehung. Ich habe dies auch von anderen Familien gehört, und das hat mich beruhigt.«

Aber die Verschiedenheiten zwischen Margaret und Phoebe kann man nicht allein auf den Krieg schieben. »Wir entsprechen dem typischen Klischee der gegensätzlichen Schwestern. Unsere Eltern förderten dies und haben uns dadurch noch mehr voneinander entfernt. Ich war die vernünftige Große, die alles richtig macht; Phoebe war die jähzornige Kleine, deren Szenen das Haus zum Erzittern brachte. Einmal machte sie in einem Kaufhaus ein Riesentheater, weil sie unbedingt ein Paar rosa Damenstrümpfe wollte. Meine Mutter gab nach und kaufte sie ihr. Sie waren schrecklich teuer und nicht für Kinder geeignet. Es muß entsetzlich für Phoebe gewesen sein, so über meine Eltern herrschen zu können. Immer wenn sie einen Wutanfall hatte, bekam sie, was sie wollte.«

Margaret und ihre Schwester sind auch äußerlich sehr verschieden, ein wunder Punkt, der erst heute keine oder so gut wie keine Rolle mehr spielt. Laut Margarets hartem Urteil sah sie in der Schule aus »wie eine Schlampe«, mit strähnigem Blondhaar und Brille, während die kleine Phoebe »Elizabeth Taylor glich«.

»Wenn wir mit unseren Eltern unterwegs waren, bewunderten die Leute Phoebes Aussehen, um sich dann mir zuzuwenden mit der Bemerkung, ich wäre wohl die Kluge.« Margaret lacht und fährt fort: »Wir sind nie ganz darüber hinweggekommen, wir tappen immer wieder in die gleiche Falle. Objektiv gesehen war ich sehr gut in der Schule. Aber von Natur aus ist Phoebe die Intelligentere von uns beiden. Sie hat dies erst jetzt erkannt, es fehlt ihr enorm an Selbstvertrauen.« Auch Margaret weiß, daß sie heute viel attraktiver ist als früher. Sie sieht inzwischen genauso gut aus wie Phoebe. »Aber es ist schwer, sich aus diesem Muster zu lösen. Wir hätten als Erwachsene dieses Problem zusammen mit den Eltern aus der Welt schaffen müssen, aber das war ja nicht möglich – sie sind so früh gestorben.«

Bei unseren Gesprächen am Telefon oder bei Besuchen bemerkte ich, daß die Schwestern ihre Lockerheit verloren, sobald es um Erinnerungen an die Eltern und deren Verhalten ging. Margarets frühe Zeit mit der Mutter war glücklich, während Phoebe keine guten Erinnerungen an die Mutter hat. Beide sind sich darin einig, daß sie Alkoholikerin war, aber Margaret behauptet, daß es, anders als für Phoebe, in ihren frühen Kinderjahren kein Thema war. »Phoebe hatte das Gefühl, daß meine Mutter eifersüchtig auf sie war«, erklärt Margaret. »Aber ich glaube das nicht, sie war doch von Tausenden von Freunden umgeben; sie hatte diesen Südstaaten-Charme und war unheimlich redegewandt. In dieser Beziehung sind sich Phoebe und meine Mutter sehr ähnlich, obwohl die beiden dies wegen ihrer äußerlichen Verschiedenheit nie bemerkt haben. Phoebe ist mehr der rassige Typ mit schwarzen Haaren, während Mutter die typische Blondine war.«

Ich wies darauf hin, daß ihre Mutter vielleicht eifersüchtig war, weil der Vater Phoebe soviel Aufmerksamkeit schenkte. Aber Margaret ging nicht darauf ein und meinte nur, daß Phoebe aussah wie der Vater und sie wie die Mutter. »Vater neckte und foppte uns immer. Ich habe das gehaßt. Phoebe bewunderte ihn, aber ich glaube nicht, daß er so war, wie sie ihn im Gedächtnis hat. Für sie ist er ein Heiliger, dabei hatte er Probleme wie alle anderen auch. Wie Mutter war auch er allgemein beliebt, er war immer freundlich, immer gut gelaunt und sehr erfolgreich in seinem Beruf. Aber er hat eigentlich nie ernsthaft mit uns gesprochen, er hielt uns immer auf Distanz. Nur, Phoebe kann sich an all das nicht mehr erinnern.«

Ein wunder Punkt in der Beziehung der Schwestern ist die Frage, ob der Vater nun ein Alkoholproblem hatte oder nicht. Margaret glaubt, daß er wahrscheinlich ebenfalls alkoholabhängig war, während Phoebe nicht will, daß ihr Andenken an den Vater einen Kratzer bekommt. Die Schwestern vermeiden es möglichst, über dieses Thema zu sprechen.

Weniger konfliktgeladen sind ihre Erinnerungen an die High-School-Zeit, als sich beide um die Gunst der Jungen bemühten. Phoebe verabredete sich mit den älteren Jungen aus Margarets Klasse, was Margaret als »eine ständige Bedrohung« empfand. Margaret: »Für Phoebe galten auch nicht die gleichen Regeln wie für mich. Sie lehnte sich dagegen auf, ich nicht. Ich ließ mir an einem Wochenende, als ich mir ein Football-Spiel anschauen wollte, sogar eine Aufsichtsperson als Begleitung aufzwingen, nur weil ich die Staatsgrenze überqueren mußte. Phoebe dagegen reiste allein nach Florida, um einen jungen Mann zu besuchen, den meine Eltern nie zuvor gesehen hatten.«

Die »bitterste Pille« hatte Margaret zu schlucken, als die Eltern ihr mitteilten, daß sie es sich finanziell nicht leisten könnten, sie aufs College in eine andere Stadt zu schicken, und daß sie sich deshalb mit der Universität am Ort zu begnügen habe. »Ich wußte, daß es nicht am Geld lag. Der eigentliche Grund war, daß Mutter sich nicht von mir trennen konnte.« Wie üblich fügte sich Margaret. Ein Jahr später bekam Phoebe die Erlaubnis, von zu Hause auszuziehen, um in einer anderen Stadt zu studieren. Margaret wurde angeboten, sich ihr anzuschließen. Aber sie war so böse und verletzt, daß sie dies ablehnte mit der Begründung,

die von ihrer Schwester ausgesuchte Universität »könne ihr nicht genügend bieten«.
Inzwischen ist Margaret seit sechsundzwanzig Jahren verheiratet und hat zwei Kinder. Phoebe ist geschieden, wiederverheiratet und hat ein Kind. Der Beruf ihrer Männer brachte es mit sich, daß sie mehrere Male ihre Wohnorte wechselten. Sie hatten wenig Kontakt zueinander. »Es gab Zeiten, wo wir in derselben Stadt wohnten und nicht miteinander sprachen – einmal dauerte unser Schweigen sechs, einmal drei Monate.« Margaret ist erstaunt, daß sie nicht einmal mehr weiß, was der Grund dafür war. »Heute telefonieren wir einmal wöchentlich miteinander. Wir haben doch nur uns.«
Margaret empfindet ihre Beziehung immer noch als »tückisch und heikel«. Warum eigentlich? möchte ich von ihr wissen.
»Es ist diese andauernde Rivalität, aber es ist auch Liebe. Ich erinnere mich, daß wir als kleine Mädchen in dem großen Schrank unter der Treppe zu campieren pflegten. Wir verbrachten die Nacht dort, aßen und tranken bei Kerzenschein und empfanden ein wunderbares Gefühl der Zusammengehörigkeit.«
»Wenn meine Schwester heute zu mir auf Besuch kommt, fühle ich mich der Situation nie ganz gewachsen, und ihr geht es ebenso. Wir haben gute Momente zusammen, aber manchmal gehen wir uns auch auf die Nerven.
Ich höre immer noch die Leute sagen: ›Deine Schwester ist so hübsch, und du bist wohl die Kluge.‹ Wenn sie nicht da ist, fühle ich mich wohler.«

Die Welt der Schwestern mit ihren ausgeprägten Licht- und Schattenseiten zeigt uns erneut, wie unverwüstlich und stark Bindungen unter Frauen sind. Bei allen Beispielen großer Gegensätzlichkeit sehen wir, daß Verschiedenheiten keine Spannungen erzeugen, wenn diese nicht auf tieferen, früher geweckten Gefühlen von Neid und Ungleichheit beruhen. Marilyn haßt es, wenn die Schwester von ihren Liebhabern erzählt, nicht nur, weil sie selbst eine unglückliche Ehe führt, sondern weil sie schon als kleines Mädchen das Gefühl hatte, daß ihre Schwester über mehr Möglichkeiten und Freiheiten verfügt. Carey konnte es nur schwer ertragen, daß ihre Schwester so leicht schwanger wurde, weil sie dieses aus der Kinderzeit stammende Gefühl des Konkurrierens mit der Schwester noch nicht abgelegt hat. Pamela ist überfordert, aber sie hängt immer noch verzweifelt an der Rolle des bevorzugten Kindes. Viele Schwestern werden sich wahrscheinlich in den Schwestern Margaret und Phoebe wiedererkennen, bei denen die Gefühle der Ungleichheit nicht so offensichtlich sind und trotzdem in einer ambivalenten, emotional konfusen Zuneigung zum Ausdruck kommen.

Wenn wir die Vielschichtigkeit schwesterlicher Beziehungen wirklich verstehen und unsere Verbundenheit als Frauen schätzen wollen, müssen wir dem schwierig zu erfassenden Gefühl der Ungleichheit und des Neides unter Frauen als Schwestern und als Frauen auf die Spur kommen und uns damit auseinandersetzen.

4 Unser Konkurrenzdenken aufgeben

An einem heißen, stickigen Vormittag kam ein junges Paar in unseren Garten und erkundigte sich, ob es sich den Anbau, den wir vor einigen Jahren an unserem Haus angebracht hatten, anschauen dürfte. Mit dabei waren ihre zwei kleinen Töchter, Heather, drei, und Annie, zwei Jahre alt. Die beiden waren eine perfekte Studie für Gegensätzlichkeit. Heather, die ruhige, blieb nahe bei der Mutter stehen und schaute mit ernster Miene ihrer Schwester zu. Diese rannte zwischen unserem Basset-Hund und ihren Eltern hin und her. Es schien ihr riesigen Spaß zu machen, und mit ihrem fröhlichen Lachen und ihrer koketten Art zog sie unsere Aufmerksamkeit auf sich. Ein Blick hinüber zu meinem Mann genügte, um zu wissen, daß auch er dem gleichen nostalgischen Gedanken nachhing wie ich. Diese zwei kleinen Mädchen erinnerten uns sehr an unsere zwei ältesten Töchter, die ebenfalls ein Jahr auseinander und genauso verschieden im Temperament waren wie diese beiden, die jede auf ihre Art um die Aufmerksamkeit ihrer Eltern buhlten. Schließlich ging Annie zu der aufgespannten Hängematte, überprüfte ihre Funktionstüchtigkeit und legte dann ihr geliebtes Schmusetuch – eine schon ziemlich ramponierte Babydecke, die sie immer mit sich herumtrug – hinein, und zwar in die Ecke, wo sie es mit ihrem dicken Bäuchlein schützen konnte. Nun begann sie sachte, das nur in ihrer Phantasie existierende Baby hin und her zu schaukeln. Unbemerkt schlich sich Heather von hinten heran, riß die Decke an den äußeren Rand der Hängematte außerhalb Annies Reichweite und begann die Hängematte heftig hin und her zu bewegen, so daß das imaginäre Baby um sein Leben fürchten mußte. Annie brüllte vor Entsetzen, die Mutter eilte herbei, brachte die Hängematte zum Stillstand und legte das Schmusetuch wieder an einen sicheren Platz in Annies Nähe. Sie schalt Heather ein wenig, die sich beleidigt an den nächsten Baum zurückzog und Annie traurig und verbittert anstarrte, mit einem dieser Blicke, die alle Schwestern ab und zu austauschen.

Es kann gut sein, daß Annie und Heather sich als Erwachsene nicht mehr an die Szene mit der Hängematte und dem Schmusetuch erinnern. Aber dennoch hat diese Episode der Mißgunst ihre Spuren hinterlassen, da sie in den Erfahrungsschatz der beiden aufgenommen wurde. Sie wird zu einem Teil von Annie und Heather und baut sich allmählich zu einem Verhalten und einem Gefühl zwischen den beiden auf, das selten identisch, ja nicht einmal ähnlich ist.

»Nein, ich konkurriere nie mit meiner Schwester«

Zu Beginn meiner Interviews geriet ich mit meiner Frage »Konkurrieren Sie mit Ihrer Schwester?« jedesmal in eine Sackgasse. Mit schöner Gleichmäßigkeit antwortete man mir entweder mit einem überzeugten »Nein« oder »Niemals« oder, in Ausnahmefällen, mit einem »Das ist lange vorbei«. Ich hätte dies nun für bare Münze nehmen können, wenn die meisten Frauen mir später nicht von einer Kindheit voller Konkurrenzdenken und einem Erwachsenenleben voller verborgenen Neides berichtet hätten. Nachdem mir eine Frau gesagt hatte, »Nein, wir konkurrieren nicht«, zählte sie kurz darauf all die »Vorteile« ihrer Schwester auf, die sie auch gerne gehabt hätte, angefangen von der größeren

Beliebtheit bis hin zur besseren Schulbildung. Eine andere Frau behauptete, daß zwischen ihr und ihren drei Schwestern immer eitel Harmonie geherrscht hätte. Später erzählte sie mir dann, daß sie eine Schwester »blöde Kuh« nannten, weil »sie uns immer herumkommandierte«. Außerdem pflegten sie in den Schlafzimmern Grenzlinien zu ziehen.

Es wurde mir bald klar, daß Worte wie »Rivalität«, »Neid«, »Konkurrenzdenken« und »Eifersucht« auf Unreife und Unsicherheit hinweisen und daher tunlichst gemieden werden sollten. Schließlich »konkurrieren« intelligente, feinfühlige Frauen nicht mit ihren Schwestern, sie »verstehen« sich mit ihnen. Ich lernte meine Frage anders zu formulieren: »Wer ist die Klügere?«, »die Hübschere?«, »die Talentiertere?«, »Wer war Mutters Liebling?«, »wer Vaters Liebling?« Die Antworten ergaben einen anderen, ehrlichen Dialog über das Konkurrenzverhalten. Die meisten Frauen erzählten mir, daß es Zeiten in ihrer Kindheit oder Jugend gab, wo sie sich ihren Schwestern gegenüber minderwertig fühlten. Selbst die Frauen, die bestätigten, daß sie in ihrer Kindheit von den Eltern bevorzugt wurden oder bessere Noten hatten oder besser aussahen oder welcher Vorteil es auch immer gewesen sein mag, fühlten sich oft schuldig, weil sie im Wettbewerb der Schwestern die Überlegene waren.

Ein subtiler Konkurrenzkampf

Dr. Natalie Low vom Cambridge Hospital in Boston interviewte dreißig Frauen mit Schwestern für eine Studie über Schwesterbindungen. Im *Radcliffe Quarterly* berichtete sie dann, »daß überraschend wenig Frauen von Eifersucht zwischen Schwestern sprachen, während doch allgemein angenommen wird, daß Eifersucht bei Schwestern eine große Rolle spielt, ... es ist möglich, daß Rivalität unter Geschwistern mehr in der Kindheit

vorkommt, wenn Schwestern von ihrem geistigen Entwicklungsstand her noch nicht fähig sind, zu teilen, und wenn der Wettbewerb um die Gunst der Eltern das tägliche Leben bestimmt.«
Natalie Low beschreibt die Frauen in ihrer Studie als »hochgebildet, viele mit abgeschlossenem Hochschulstudium und zwischen dreißig und fünfzig Jahre alt.« Meiner Meinung nach könnte es jedoch so sein, daß der Verstand es diesen Frauen verbietet, sich zu Konkurrenzdenken und Eifersucht zu bekennen. Vielleicht haben sie aber ihr Konkurrenzdenken sublimiert und verlagert, so daß es sich nicht länger auf ihre Schwestern konzentriert, sondern mehr auf Kollegen am Arbeitsplatz, Freundinnen, möglicherweise sogar Ehemänner oder Liebhaber. Wie Natalie Low mir sagte, »weiß sie, daß Konkurrenzdenken vorhanden ist, denn ich habe Frauen darüber reden gehört«, doch als Psychologin, die sich für das weibliche Seelenleben interessiert, ist sie der Meinung, daß Männer das Klischee von den konkurrierenden Schwestern in die Welt gesetzt haben, da sie »die Zuneigung, die Frauen füreinander hegen, nicht wahrhaben wollen. Für sie gibt es nur das Konkurrieren.«
Bei meiner Umfrage habe ich einige Frauen kennengelernt, die jahrelang in Therapie waren oder selbst als Therapeutin arbeiteten oder sich so viele Kenntnisse in Psychologie angeeignet hatten, daß sie ihr Konkurrenzdenken intellektuell verarbeiten konnten.

Christine, heute Künstlerin, war früher Sozialarbeiterin in der Psychiatrie. Sie kümmert sich liebevoll um ihre kranke Mutter, während die jüngere Schwester Diane ihren Interessen nachgeht, ohne Rücksicht auf die Bedürfnisse der alten Eltern oder der Familie von Christine. Es war schwierig für mich, zu erkennen, ob Christine ihre Neidgefühle wegen der Ungebundenheit von Diane intellektuell verarbeitet oder ob sie ihre unterschiedliche Lebensauffassungen akzeptiert hat. Sie berichtete mir von Konflikten, die die meisten von uns in Wut und Eifersucht gestürzt hätten, doch Christine sprach nur verständnisvoll von ihrer Schwester. Als ich von ihr wissen wollte, warum sie keinen Ärger verspüre, sprach zuerst die Therapeutin aus ihr: »Ich will nicht verleugnen, daß ich zwiespältige Gefühle meiner Schwester gegenüber hatte, aber ich möchte nicht, daß wir uns entfremden.« Dann folgte ihre Antwort als Schwester: »Ich mag sie wirklich. Sie verkörpert offensichtlich den Teil von mir, den ich nie ausleben konnte – ›die Wanderlust‹. Sie ist eine außergewöhnliche Person, macht große Import-Export-Geschäfte. Sie kommt immer allein zurecht, und sei es im Dschungel von Burma. Außerdem anerkennt sie auch mein Talent und meine Arbeit als Künstlerin.«

Verborgenes Konkurrenzdenken

Christine scheint das Konkurrieren mit ihrer Schwester keine Probleme zu bereiten, ein beneidenswerter, aber von den meisten von uns nicht erreichter Zustand.
Drei Monate nachdem ich Margaret interviewt habe (siehe Kapitel drei), hörte ich wieder von ihr. Sie erzählte mir, daß sie mit ihrer Schwester Phoebe über ihr Konkurrieren gesprochen habe. Diese wäre sehr überrascht gewesen und hätte darauf bestanden, nie mit ihr konkurriert zu haben. »Ich war so durcheinander«, gestand mir Margaret, »daß ich zwei Freundinnen, die uns beide gut kennen, um ihre Meinung bat, und sie sagten mir beide, daß wir miteinander konkurriert haben und daß Konkurrieren eine von Phoebes hervorstechendsten Eigenschaften ist. Ich kann nicht glauben, daß Phoebe das nicht erkannt hat.«
Was Margaret mir erzählte, fand ich sehr interessant, war mir doch mit meiner Schwester Mary etwas Ähnliches passiert. Wir trafen uns zum Abendessen in einem Hotel, wo sie an einer

Konferenz teilnahm. Als ich bei unserem Gespräch das Thema »Konkurrieren zwischen uns beiden« anschnitt, behauptete Mary ebenfalls, daß sie nie mit mir konkurriert habe. »Ich bin stolz auf dich, aber ich konkurriere nicht mit dir«, waren exakt ihre Worte. Ich fühlte mich dabei wie eine Zweijährige, der man beruhigend über den Kopf streicht. Eine Stunde später stellte Mary mich einem gutaussehenden Mann vor, mit dem sie einst befreundet war. »Dies ist meine älteste Schwester«, meinte sie neckisch. Ich ärgerte mich gewaltig. Es war einen Tag vor meinem Geburtstag, und ich hatte Mary gerade anvertraut, daß mir das Älterwerden Probleme macht. Ihr Bekannter nahm es zum Glück mit Humor. »Stellt sie Sie immer so vor?« grinste er, »wie können Sie es nur mit ihr aushalten?« Ich sagte ihm, daß ich in meinem Buch darüber schreiben werde. Wir lachten alle, auch Mary. Ich weiß es, und alle in der Familie wissen es auch, daß Mary immer gern mit anderen konkurriert. Wir beide tun es, und das macht auch einen wichtigen Teil in unserer Beziehung aus. Warum nur ist es so schwierig für uns beide, dies zuzugeben?

Konkurrieren ist nichts Verwerfliches

Lillian B. Rubin sagt in *Just Friends:* »Es ist nicht so, daß Frauen kein Konkurrenzdenken kennen, sie haben nur mehr Schwierigkeiten, sich dazu zu bekennen und sich dann auch entsprechend zu verhalten.« Sie meint damit alle Frauen – Schwestern, Mütter, Tanten, Kusinen und Freundinnen. Im Gegensatz zu kleinen Jungen werden kleine Mädchen dazu angehalten, zu kooperieren und sich zu vertragen, manchmal auf Kosten der eigenen Individualität oder der Prinzipien. Die Annie-Heather-Szene wäre zwischen zwei kleinen Jungen wahrscheinlich anders verlaufen: Die

Mutter wäre nicht so schnell zu Hilfe geeilt, die beiden Jungen hätten unter den stolzen Blicken der Eltern ihren Konflikt wahrscheinlich auf dem Rasen ausgekämpft. Frauen wird von klein auf beigebracht, kooperativ und mitfühlend zu sein, und zwar nicht nur im Elternhaus, sondern auch von der Gesellschaft. Konkurrieren ist nichts Schlechtes, denn es beinhaltet die Kraft des Neides. Nancy Friday hat geschrieben, sie möchte, »daß Konkurrieren seinen schlechten Ruf verliert«. Ich teile ihre Meinung, denn Konkurrieren läßt uns aufstehen und sagen: »Ich bin genausogut wie du. Ich will das auch ausprobieren. Ich bin sicher, daß ich das kann. Vielleicht kann ich es sogar besser.«

In *Frauen unter sich* sagen die Psychologinnen Luise Eichenbaum und Susie Orbach: »Konkurrieren regt den Prozeß der Differenzierung an. Es ist ein Akt des Selbstseins.« Weil gesundes Konkurrieren meine Lebensgeister weckt, suche ich mir so kluge und anregende Frauen als Freundinnen, wie auch meine Schwestern kluge und anregende Frauen sind. Ich möchte von meinen Freundinnen lernen, und ich freue mich über ihren Erfolg. Doch ohne Frage, manchmal konkurriere ich auch mit ihnen auf eine stillschweigende Art. Ob es sich dabei um die Erziehung der Kinder, die Ausübung des Berufs oder um die Figur handelt, die Herausforderung ist da, und wenn ich mich dabei gut fühle, mag ich das.

»Neid hat etwas Trauriges und Beschämendes an sich«, sagte mir Martha Gallahue, »aber wenn man Neid, Eifersucht und Rivalität hinter sich gebracht hat, kann Konkurrieren Spaß machen. Menschen können sich durch Konkurrieren auch gegenseitig helfen.«

In dem Moment, wo wir unangenehme Konkurrenzgefühle unseren Schwestern gegenüber sublimieren, kann es sein, daß wir diese auf unsere Freundinnen, unsere Kinder oder Ehemänner übertragen, wenn wir bei ihnen ähnliche Verhaltensweisen zu erkennen glauben.

Es ist das meist verdeckte, krankhafte, aufreibende Konkurrieren, das vielversprechende Bindungen gefährdet oder nicht zuläßt. Lillian Rubin gibt dazu folgende Erklärung: »Gerade weil Frauen so lange Zeit über davon abgehalten wurden, ihr Konkurrenzdenken klar und deutlich zum Ausdruck zu bringen, zeigt es sich verzerrt in Form von kleinen Rivalitäten, Eifersüchteleien und Neid, die manchmal ihre Beziehungen untereinander vergiften.«

Die verschiedenen Arten des Konkurrierens

Die Verwirrung um das Konkurrieren zwischen Schwestern kann gemindert werden, wenn wir die verschiedenen Bezeichnungen für Rivalität definieren.

Neid ist, wenn eine Person das möchte, was die andere hat. Das kann gutes Aussehen, ein Kleidungsstück, der Job oder ein gewinnendes Wesen sein. Was immer es auch ist, man neidet dem anderen das, was er besitzt. Zum Beispiel: »Ich neide meiner Schwester ihr volles Haar.« – »Ich neide ihr ihren Job.« Gerade weil es für Frauen so schwierig ist, ein negatives Gefühl wie Neid offen auszusprechen, benutzen sie laut Eichenbaum und Orbach auch häufig »das psychologische Ventil der Selbstkritik«. Ich habe oft beobachtet, daß Frauen ihren Neid hinter Bemerkungen verstecken wie: »Meine Schwester kann so gut mit Menschen umgehen, ich könnte nie soviel Geduld aufbringen wie sie.«

Eifersucht entsteht, wenn ein Dritter in eine bestehende wichtige Zweierbeziehung einzudringen droht. Meistens beziehen wir Eifersucht auf Liebesbeziehungen, doch gibt es sie genauso in der Familie, im Beruf und bei Freundschaften. Beispiel: »Ich war eifersüchtig, als mein Chef den neuen Mitarbeiter in ein teures

Restaurant einlud.« – »Ich bin eifersüchtig, wenn Vater mehr Zeit mit meiner Schwester verbringt als mit mir.«

Konkurrieren ist das Verhalten, das aus Neid und Eifersucht entsteht. Es ist eine Reaktion, wenn wir uns anderen unterlegen fühlen oder etwas erreichen möchten, was andere bereits haben. Es gibt das geheime Konkurrieren, bei dem wir unser Bedürfnis, etwas so gut oder besser als die andere Person zu machen, nicht offen zugeben; wir fühlen aber schmerzhaft eine Minderwertigkeit und handeln dementsprechend. Heimliches (und daher negatives) Konkurrieren findet statt, wenn wir zum Beispiel über die Person, die wir beneiden oder auf die wir eifersüchtig sind, schlecht reden oder Gerüchte verbreiten. Beim offenen Konkurrieren sagen oder zeigen wir, daß wir gerne so – oder noch besser – aussehen, handeln oder uns fühlen möchten wie die andere Person. Gut oder schlecht, offen oder heimlich, man kann nicht konkurrieren, ohne Neid und Eifersucht zu empfinden, wenngleich die eigentliche Ursache von Neid und Eifersucht sich im Laufe der Zeit vielleicht ändert oder sublimiert wird.

Die Entstehung der Eifersucht

Es gibt mehrere Theorien über die frühe Entstehung des Neides – von Freud bis zur feministischen Psychologie. Alle diese Theorien – gleichgültig, wie unterschiedlich sie auch sein mögen – zeigen, daß Neid ursprünglich nichts mit unseren Schwestern zu tun hat. Die Wurzel des Neides liegt darin, daß das Kind das, was die Eltern haben, auch haben möchte (inklusive der vollen Aufmerksamkeit und Anerkennung der Eltern). Freud spricht vom Ödipus-Stadium (zweieinhalb bis sechs Jahre), in dem das Mädchen den »Penis-Neid« entwickelt, den es dann in den Wunsch,

Kinder zu bekommen, umwandelt. Das unbewußte Verlangen, die Mutter loszuwerden (die ihm keinen Penis gegeben hat) und ein Kind mit dem Vater zu haben (der einen Penis hat), ist nach Freud ein wichtiger Teil der kindlichen Entwicklung. Melanie Klein leitet Neid auf die Säuglingszeit zurück, wenn das Baby (Junge oder Mädchen) an der Brust gestillt wird und die Mutter um diese Fähigkeit »beneidet«. Eichenbaum und Orbach zeigen in einer »Neuinterpretation« der Theorien von Freud und Klein, daß Neid besser verstanden werden kann, wenn man ihn in Verbindung bringt »mit den frühen Stadien der Abhängigkeit und engen Bindung hin zur Ablösung und Eigenständigkeit«. Das heißt, das Kleinkind, das eigenständig zu sein versucht, muß immer gegen die Macht und Abhängigkeit von der Mutter ankämpfen.

Neid unter Schwestern: Vom ersten Tag an

In Anbetracht der Ursprünge des Neides zwischen einem Kind und seinen Eltern bestehen natürlich beste Voraussetzungen für Neid unter Schwestern. Es kann schon mit dem Tag beginnen, an dem die neugeborene Schwester nach Hause gebracht wird oder vielleicht sogar bereits in der Zeit der Schwangerschaft. Eine Frau erinnert sich: »Es kränkte mich, daß Mutter sich wegen ihres dicken Bauches nicht mehr zu mir herunterbeugen und mich hochheben konnte.« Nicht selten beklagen sich Frauen, daß sie zur Großmutter oder Tante »abgeschoben« wurden, als die Schwester auf die Welt kam, als ob die Schwester schuld an dieser Verbannung oder sie von Anfang an hintergangen hätte.

Valerie war 1963 fünf Jahre alt und lebte in Detroit, als ihre Mutter im fünften Monat der Schwangerschaft erfuhr, daß sie Zwillinge erwartete. Die Nachricht versetzte Valerie zuerst in freudige Erregung, doch dann wurde es für Valerie, die bis dahin der Mittelpunkt der Familie gewesen war, zu einem Problem. Da die Mutter besonders betreut werden mußte, entschied sie sich für die Zeit der Schwangerschaft, zu ihrer Mutter nach Alabama zu ziehen. Valerie sollte solange in der Obhut einer Tante in Detroit bleiben. Ihr Vater hätte sie gerne bei sich behalten, da er als Busfahrer jedoch Schichtarbeit machte, zog Valerie zu ihrer Tante, die den ganzen Tag zu Hause war. »Sie achtete darauf, daß ich jeden Tag zur Schule ging, und mein Vater kam mich täglich oder zumindest jeden zweiten Tag besuchen.« Valerie fühlte sich in den vier Monaten ohne ihre Mutter einsam, andererseits aber auch als etwas Besonderes, weil der Vater ihr soviel Aufmerksamkeit schenkte. Valerie erinnert sich noch lebhaft, wie ihr Vater, nachdem er von der Geburt der Zwillingsschwestern erfahren hatte, sie bei der Tante abholte, und beide sich mitten in der sternklaren Nacht auf den langen Weg nach Alabama machten. Stolz erzählt sie: »Ich durfte ihm den Weg weisen«. Von da an betrachtete sich Valerie als Vaters Lieblingstochter. Die Beziehung zu ihren Schwestern beschreibt sie »als von einem normalen Konkurrenzdenken geprägt«. Ihren bevorzugten Platz an Vaters Seite hat sie beibehalten.

Daddys kleine Mädchen

Nach der Freudschen Lehre wetteifert die Tochter mit der Mutter um die Gunst des Vaters. Wie ich im nächsten Kapitel zeigen werde, konkurrieren Schwestern vorwiegend um die Aufmerksamkeit der Mutter und als Erwachsene vorwiegend um die Aufmerksamkeit und Anerkennung anderer Frauen. Doch für manche Frauen – ich gehöre auch dazu – steht das Wetteifern um Vaters Liebe an erster Stelle im Konkurrenzkampf unter Schwestern. Eine Frau, Ende Fünfzig, erzählte mir, daß sie erst nach dem Tod des Vaters erkannt hat, daß sie praktisch ihr Leben lang »nach der Liebe suchte, die ihr der Vater nie gegeben hat«. Weil sie das Gefühl hatte, der Vater bevorzuge ihre ältere Schwester, verbrachte sie einen Großteil ihrer Kindheit damit, »herauszufinden, was ich tun könnte, damit mein Vater mich mehr liebte als meine Schwester«. Nachdem sie von ihrem ersten Ehemann verlassen worden war und auch in ihrer zweiten Ehe Probleme hatte, ist ihr klargeworden, daß die Eifersucht auf ihre Schwester und ihr Verlangen nach einem Vater ihre Beziehungen zu Männern beeinträchtigt hat.

Anne Frank – ein ergreifender Tagebucheintrag

Anne Frank war dreizehn Jahre alt, als sie 1942 in Amsterdam ein Tagebuch zu führen begann. Sie schrieb darin, was viele junge Mädchen zwar fühlen, aber nicht auszusprechen wagen. Sie tat es mit einer Offenheit und Ehrlichkeit, die eine ungewöhnliche emotionale Reife und einen ungewöhnlichen Scharfblick voraussetzten. Als Anne den folgenden Eintrag schrieb, war sie sehr aufgebracht, weil Vater und Mutter die Partei ihrer älteren Schwester Margot ergriffen hatten, die sie beschuldigte, eines ihrer Bücher angeblich ohne ihre Erlaubnis genommen zu haben. Nachdem sie ihrem Tagebuch anvertraut hatte, daß Streit zwischen ihr und ihrer Mutter nichts Ungewöhnliches ist, schreibt sie:

»Mit Vater ist das etwas ganz anderes. Wenn er Margot vorzieht, sie lobt, alles gut findet und zärtlich mit ihr ist, dann nagt etwas in mir. Denn Vater ist mein alles! Er ist mein leuchtendes Vorbild, und ich liebe ihn wie niemand auf der Welt. Er ist sich dessen nicht bewußt, daß er zu Margot anders ist als zu mir. Margot ist

nun einmal die Klügste, die Schönste und die Beste. Aber ich habe doch auch das Recht, ernstgenommen zu werden. Immer gelte ich als Clown und Taugenichts in der Familie und muß dann doppelt büßen – einmal, weil ich so viele Rüffel bekomme, und dann noch, weil ich mit mir selbst nicht recht fertigwerde. Die oberflächlichen Zärtlichkeiten befriedigen mich nicht mehr, nicht einmal die Gespräche, die sozusagen ernst gemeint sind. Ich erwarte von Vater etwas, was er mir gar nicht geben kann.
Ich bin nicht eifersüchtig auf Margot, bin es nie gewesen. Ich begehre weder ihre Klugheit noch ihre Schönheit. Was ich mir wünsche, ist Vaters echte, wahre Liebe, nicht nur als Kind, sondern als der Mensch ANNE. Ich klammere mich an Vater, weil ich vor Mutter immer weniger Achtung habe und er der einzige ist, der mein Familiengefühl noch hochhält.«

Arme Anne, in ihrer kindlichen Leidenschaft konnte sie erkennen, daß sie »etwas von Vater wollte, was dieser nicht zu geben imstande war«, aber sie konnte nicht zugeben, daß sie eifersüchtig auf Margot ist. Vielleicht hatte sie Angst, sich einzugestehen, daß Margot Macht über sie hatte. In dieser schwierigen Zeit des Heranwachsens ist es für sie viel einfacher, die Mutter zur Schuldigen zu erklären. Das Kind in ihr möchte sich ablösen, um zu einer eigenen Identität zu finden, und die junge Frau in ihr kann die Familie nicht völlig ablehnen, deshalb duldet sie die Schwester, verurteilt die Mutter und klammert sich an den Vater.

Vaters Brief – Beverly, Liz und Jenny

Als ich Beverly traf, eine intelligente, attraktive Frau, war sie frustriert und unter Zeitdruck, weil ihr Tagesplan durch eine Änderung im Fahrdienst ihrer Kinder durcheinandergebracht wurde. Sie sprach unglaublich schnell, begleitet von viel Gestik und Mimik, und wechselte ständig von einem Thema zum anderen. Ihre Gedankengänge blieben oft unvollendet, zugleich unterbrach sie sich immer wieder, um zu fragen, ob sie »nicht zuviel redete«.

Beverly ist die älteste von vier Schwestern und wuchs in einem gutbürgerlichen Vorort im Mittleren Westen auf. Ihr ganzes Leben konkurrierte sie hauptsächlich mit ihrer siebzehn Monate jüngeren Schwester Liz. Beide Mädchen waren sehr sportlich und wetteiferten miteinander auf dem Hockey- und Basketball-Feld. Sie stritten aber auch um ihre Zimmer, ihre Kleidung, ihre Haushaltspflichten und ihre Freunde. Als sie aufs College kamen, ließen ihre Streitereien nach, aber nun gab es offensichtlich Spannungen wegen ihres unterschiedlichen Lebensstils. Beverlys Begleiter waren Studenten der philosophischen Fakultät an einer kleinen liberalen Hochschule an der Ostküste, während Liz, die an einer der großen Universitäten der Westküste studierte, lieber mit »Jungs aus der Army« ausging. Es klang ein wenig snobistisch, als Beverly dies erzählte, aber ihre Gefühle scheinen ehrlich zu sein. Sie ist achtunddreißig Jahre alt, und das Konkurrieren mit ihrer Schwester hat nachgelassen, weil Liz mittlerweile Hilfe und Rat bei ihr sucht.

»Sie hat zwei kleine Kinder, und ihr Mann ist dabei, sich von ihr zu trennen«, erzählt Beverly. Der Ton ihrer Stimme und ihr Gesichtsausdruck lassen mich wissen, daß sie nie in so eine unangenehme Situation kommen könnte. »Sie schreibt mir so liebe Briefe, als ob ich die Mama wäre, die alles wieder ins Lot bringen kann. Sie schätzt mich jetzt viel mehr, vielleicht weil sie inzwischen mehr Lebenserfahrung hat und nicht mehr so egoistisch ist wie früher.« Als ich von ihr wissen will, ob sie und Liz je um die Anerkennung des Vaters konkurriert haben, bekomme ich von Beverly eine sarkastische Antwort: »Liz mußte sich einer Therapie unterziehen, nicht ich, und *ihrer* Erkenntnis nach war Vater ein wichtiges Element in unserem Konkurrenzkampf, aber ich war mir in diesem Alter dessen sicherlich nicht bewußt. Bis zum heutigen Tag ist er ein phantastischer Vater, auf den wir uns immer verlassen können. Aber er war damals nicht viel zu Hause. Er war sehr beschäftigt.«

Dann begann sie auf einmal von Jenny, ihrer jüngsten Schwester, zu erzählen. »Sie war die Schüchterne, Unsichere, Schöne.« Als Jenny an der Ostküste studierte, wurde sie zu Beverlys Lieblingsschwester und Vertrauten. Jenny hat aber auch Anlaß zu Neid gegeben, und in diesem Zusammenhang tritt der Vater wieder auf die Bildfläche.

»Es gab da eine Sache mit Jenny und meinem Vater, die mir sehr weh getan hat. Jenny war hier, und ich drängte sie, nach dem College mit Jura weiterzumachen. Sie bewarb sich an verschiedenen juristischen Fakultäten und wurde auf die Wartelisten gesetzt. Doch von der Fakultät, zu der sie eigentlich wollte, erhielt sie einen abschlägigen Bescheid. Sie rief dann dort an und bat um eine Unterredung. Dabei stellte sich heraus, daß ihr Gesprächspartner am selben College wie sie graduiert hatte!« Beverly schwieg daraufhin, aber man sah ihr an, daß sie sagen wollte: »Ihr gutes Aussehen hat ihr den Weg geebnet.« – »Sie hat einen eindeutig abschlägigen Bescheid gekriegt und ist dann doch genommen worden. Sie fing mit ihrem Studium dort an, als mein zweites Kind auf die Welt kam; es war der erste Enkelsohn. Er wurde im Mai geboren, kurz zuvor hatte ich meine Magisterarbeit abgeschlossen. Ich habe fünf Jahre hart dafür gearbeitet und die Prüfung eine Woche vor der Geburt abgelegt. Ich weiß nicht, ob meine Eltern das überhaupt mitgekriegt haben. Sicherlich, ein Magister in Englisch ist nicht so etwas Glorreiches wie ein Studium an einer der renommiertesten juristischen Fakultäten. Ich erinnere mich an das Telefonat mit meinem Vater nach der Geburt. Er sagte: ›Herzlichen Glückwunsch. Ein Enkelsohn, das ist ja großartig.‹ Das war alles schön und gut, aber dann fing er an zu schwärmen, wie toll es sei, daß Jenny es geschafft habe, an dieser Fakultät angenommen zu werden. In seiner Begeisterung konnte er gar nicht mehr aufhören, darüber zu reden. Ich war sehr gekränkt. Er hat ihr dann auch die Ausbildung bezahlt, während ich alles aus eigener Kraft geschafft habe. Als Jenny ihr Examen abgelegt hatte, kamen meine Eltern und gaben eine Party. Ich habe dann meinen ganzen Frust bei meiner Mutter abgeladen ...« Beverly hörte auf zu erzählen, weil sie, wie sie sagte, Angst hatte, sich nicht mehr beherrschen zu können. Zum ersten Mal saßen wir uns schweigend gegenüber.

»Meine Mutter muß mit meinem Vater gesprochen haben, denn er hat mir daraufhin einen schönen Brief geschrieben. Darin stand, wie stolz er auf mich ist und daß ich von ihm noch kein Geschenk für mein Examen bekommen hätte ... Und er schickte mir einen großzügigen Scheck ... Dabei hat Geld bei der Sache nie eine Rolle gespielt.« Beverly weinte hemmungslos. »Aber dieser Brief von ihm war einfach unglaublich, er erwähnte alles, was ich je getan habe.«

Beverlys Neid auf ihre Schwester hat eindeutig mit dem Konkurrieren um die Anerkennung des Vaters zu tun, obwohl sie es nicht zugibt. Als Kind wollte sie ihm mit sportlichen und als Erwachsene mit ihren intellektuellen Leistungen imponieren. Trotz ihres Erfolges versuchte Beverly ständig, sich und ihre Schwester herabzusetzen, um dann im gleichen Moment zu sagen, daß ihr Vater »wahrscheinlich die Leistungen ihrer Schwester Jenny am meisten schätzt«. Als Beverly von der Geburt ihres zweiten Kindes sprach, hat sie nie dessen Namen genannt, während des gesamten Interviews redete sie immer nur »vom ersten Enkelsohn«, der, wie sie mehrere Male wiederholte, kurz nach ihrem Examen auf die Welt gekommen war. Selbst dieses Kind, namenlos, aber ein Enkelsohn, ist ein Symbol ihrer unermüdlichen, unseligen Versuche, die Anerkennung und Liebe ihres Vaters zu erringen.

»Wehe der Schwester, die sich zwischen mich und meinen Liebhaber drängt«

Man kann das »Dreiecksverhältnis« zwischen Vater und Schwestern oft als Prototyp für unser eifersüchtiges Verhalten in unseren Liebesbeziehungen als Erwachsene sehen. Der Vater behält entweder seine Stellung in diesem »Dreiecksverhältnis«, oder er wird durch einen Ehemann oder Liebhaber ersetzt, genauso wie eine Schwester das »Dreieck« verlassen oder durch irgendeine Frau, die ihr ähnelt, ersetzt werden kann.
In Jane Smileys Roman *Tausend Morgen* ist Ginny, die älteste und vernünftigste von drei Schwestern, völlig außer sich, weil ihr die mittlere Schwester Rose den Liebhaber weggenommen hat. Sie plant insgeheim, ihre Schwester umzubringen. Das Leben der Schwestern ist eng miteinander verknüpft. Sie wohnen auf einer großen Farm, trinken morgens zusammen ihren Kaffee und sorgen für die Mahlzeiten des Vaters. Trotz dieses engen Beisammenseins reden sie nie miteinander über ihre unglücklichen Ehen und ihre Vergangenheit mit einem Vater, der sie sexuell mißbrauchte. Es ist kein Zufall, daß die Aufdeckung des Inzestes durch Rose und Ginnys widerstrebendes Eingeständnis von Vaters Verbrechen die zwei Frauen veranlaßt, zu ihrem Liebhaber auf Distanz zu gehen. Ginny und Rose verwechseln, jede auf ihre – leider entsetzliche – Weise, das frühere inzestuöse Dreiecksverhältnis mit ihrem aktuellen romantischen Dreiecksverhältnis. Von Eifersucht verzehrt, bereitet Ginny das vergiftete Essen zu, das sie ihrer Schwester geben will, ohne dabei irgendwelche Gewissensbisse zu verspüren. Eifersucht, gegen die niemand gefeit ist, kann Menschen zu schrecklichen Taten treiben.
Von Giftmorden oder auch nur versuchtem Mord hat man mir bei meiner Umfrage zum Glück nicht berichtet. Berichtet hat man mir aber von der schweren Kränkung und Wut, die entsteht, wenn eine Schwester mit dem Ehemann oder Freund der anderen

Schwester »mehr als nur flirtet«. Eine Frau Ende Zwanzig erzählte mir, wie sehr es sie geärgert hat, wenn ihr Exehemann in ihrer Gegenwart mit ihrer jüngeren Schwester »kokettierte«. Beide wußten, daß sie es nicht gern sah. Heute, wo sie geschieden ist, wirft ihr die jüngere Schwester vor, daß sie immer noch so »puritanisch« sei und ihr »aus Angst vor ihrer Reaktion« nichts über ihr Liebesleben erzähle.

Eine vierzigjährige Frau, die zuerst nicht interviewt werden wollte, erzählte mir später, daß ihre jüngere Schwester vor vielen Jahren versucht hatte, ihren Mann zu verführen, als sie erst kurz verheiratet gewesen war. Sie befürchtete, ihre Schwester könnte ihren Bericht in diesem Buch wiedererkennen. Sie hat das für sie schmerzliche Geschehen bis heute nicht vergessen, aber weder sie noch ihre Schwester haben je darüber gesprochen.

Es ist nicht möglich herauszufinden, wie häufig es diese Art von Rivalität zwischen Schwestern gibt. Daß sie existiert, weiß ich aus meinen Gesprächen. Für manche ist so eine Situation etwas Harmloses und längst Vergessenes, während andere ihrer Schwester Vorsätzlichkeit unterstellen und rasend eifersüchtig sind. Ich habe beide Reaktionen bei Schwestern aus ein und derselben Familie vorgefunden. »Als meine jüngere Schwester Kate und ich auf der High-School waren und beide etwas viel getrunken hatten, warf Kate mir vor, es auf ihren Freund abgesehen zu haben. Wir stritten fürchterlich miteinander«, erinnert sich die vierundvierzig Jahre alte Maggie, die noch zwei Schwestern und einen Bruder hat. Später schlief Kate mit dem Liebhaber ihrer ältesten Schwester Irene. Bis heute hat Irene ihr das nicht verziehen, während Maggie, die nicht direkt betroffen ist, dazu nur bemerkt: »Das ist eine Ewigkeit her, heute würde Kate so etwas nicht mehr tun.«

Wie alle wichtigen Themen ist Eifersucht in Liebesangelegenheiten eine Sache der Perspektive und Vorgeschichte. Eine verheiratete Schwester erinnert sich, daß sie vor fünf Jahren bei einer Hochzeitsfeier in der Familie ihren Mann beim Trinken und Flirten mit ihrer älteren, ledigen Schwester ertappte und dies als bedrohlich und ärgerlich empfand. Ihre Schwester erklärte, sie habe sich an dem Abend nur gut amüsiert, und damit war das Thema für beide erledigt. Nun erzählte mir die verheiratete Schwester, sie wäre kürzlich zufällig auf ein Foto gestoßen, das ihre Schwester und ihren Mann engumschlungen auf ebendieser Hochzeitsfeier zeigte. Dies habe ihren Verdacht bestätigt. Sie habe das Foto zerrissen, weil der Anblick für sie unerträglich war.

Ginger ist einundvierzig Jahre alt, ihre Schwester June fast drei Jahre jünger. Nach ihren Aussagen sind die Streitereien ihrer Kindheit vergessen, und sie empfänden nur noch Liebe und Fürsorglichkeit füreinander. Jede bedauert, daß sie neunhundert Meilen voneinander entfernt leben, und eher im Spaß behaupten beide, zusammenziehen zu wollen, wenn sie einmal alt und grau sein werden. Ein Überbleibsel aus der vergangenen Zeit des Konkurrierens zeigte sich jedoch während des Interviews mit Ginger, als sie davon erzählte, wie sie vom College nach Hause kam und entdecken mußte, daß ihre Schwester den Jungen, mit dem sie seit einiger Zeit ausging und Briefe wechselte, zum Freund hatte.

»Ich konnte es nicht fassen. Es hat mir unheimlich viel ausgemacht. Ich habe deswegen auch viel geweint.« Noch heute klingt Gingers Stimme traurig, wenn sie davon erzählt. »Ich habe June keine direkten Vorwürfe gemacht. Sie hatte damals Probleme, und für sie war es wohl eine gute Sache. Deshalb wußte ich auch nicht, wie ich mich verhalten sollte. Im nachhinein sieht es nach einer Lappalie aus, aber damals war es schrecklich.«

Als ich zu einem späteren Zeitpunkt June interviewte, klang die Geschichte ganz anders: »Der erste Junge, den ich wirklich liebte, war ein ehemaliger Freund meiner Schwester. Aber es war nicht problematisch, denn Ginger war damals mit jemand anderem verlobt.« Sie erzählte es leichthin und ging dann zum nächsten Thema über. Ich habe June nicht gesagt, wie anders die Sichtweise ihrer Schwester in dieser Angelegenheit ist. Da ich beide getrennt interviewte, empfand ich es als unfair, mir Anvertrautes weiterzugeben, deshalb wollte ich nur die verschiedenen Perspektiven in meinem Buch aufzeigen. Vier Monate später rief mich June an. Sie fragte, ob ich mich noch an sie erinnere, und wenn ja, wolle sie gern mit mir noch einmal über ihre Beziehung zu dem ehemaligen Freund ihrer Schwester sprechen.

June: »Ich habe nicht gewußt, daß Ginger es so tragisch genommen hat.« Ich wollte von ihr wissen, wie sie zu dieser neuen Erkenntnis gekommen sei. Ich bekam keine Antwort. »Haben Sie mit Ginger gesprochen«, fragte ich.

Sie bejahte und fuhr fort: »Ehrlich, ich hatte keine Ahnung, daß es für Ginger so schlimm gewesen war. Sie sagte mir, es wäre weniger mein Verhalten als das des Jungen gewesen, was sie so gekränkt habe.«

Ich glaube, June wußte, daß ihr Flirt Ginger sehr verletzt hat. Warum hätte sie sonst noch einmal bei mir angerufen, um mir ihre Sicht der Dinge darzulegen? Wie Anne Frank, die der Mutter die Schuld gab, erzählte Ginger ihrer Schwester, daß das Verhalten des Jungen sie sehr verletzt hat. Es ist für Schwestern oft einfacher, jemand anderen zu beschuldigen, als den Konflikt miteinander auszutragen.

Eine meiner Freundinnen – sie hat eine Schwester – glaubt, daß Flirts zwischen Schwestern und dem jeweiligen Partner der anderen häufig vorkommen, aber selten zugegeben werden. »Zwischen mir und dem Mann meiner Schwester gibt es so ein gewisses ›Knistern‹, obwohl ich mich sexuell nicht zu ihm hingezogen fühle. Aber es ist ein immerwährendes Spiel ohne Worte, vielleicht macht dieses absolute Verbot es erst interessant.«

Als ich an diesem Buch schrieb, waren im Fernsehen mehrere Komödien oder Dramen über Schwestern zu sehen, in denen es häufig amouröse Verwicklungen zwischen Schwestern und deren Männern gab, ohne jedoch das Verhältnis psychologisch glaubwürdig darzustellen. In einer nicht sehr glaubhaften Szene in *Sisters* schreibt Teddy ihrer jüngeren Schwester Frankie das Wort »Nutte« auf das Auto, als sie herausfindet, daß Frankie ein Verhältnis mit ihren Exehemann hat. Das ist jedoch erst der Anfang – es folgen noch viele hitzige Auseinandersetzungen zwischen den beiden Schwestern, die normalerweise Familien auseinanderbrechen lassen würden. Doch alles ist vergeben und vergessen – für den Moment wenigstens –, als sich herausstellt, daß der kleine Sohn von Georgie, einer anderen Schwester, an Leukämie erkrankt ist. Frankie und Teddy sind sofort ein Herz und eine Seele in der Sorge um die dritte Schwester.

Eine glaubhaftere Beschreibung von »Ehebruch unter Schwestern« gibt der Woody-Allen-Film *Hannah und ihre Schwestern,* bei dem eine Schwester mit dem Mann der anderen Schwester ins Bett geht. Das verabscheuenswerte Tun wird verheimlicht, löst aber quälende Schuldgefühle aus. Trotzdem kommt es nicht zur offenen Konfrontation. Die Schwestern vermeiden das Thema, indem sie sich über andere Dinge streiten. Das Happy-End – die Affäre ist beendet, alle haben daraus gelernt und keiner bleibt verletzt zurück – ist allerdings Fiktion.

Eifersucht hat ihren Ursprung in der Vergangenheit

Auch Schwestern, die Tausende von Meilen voneinander entfernt wohnen, können in der Partnerbeziehung Spuren hinterlassen. Wenn die in der Kindheit erlebte Eifersucht nicht verarbeitet wurde, ist es sehr gut möglich, wieder in dieselbe Eifersucht zu verfallen, sobald Frauen – ähnlich wie damals die Schwestern – als bedrohlich für die Liebesbeziehung empfunden werden.

Colleen gibt zu, ihren Ehemann Charlie immer der Untreue verdächtigt zu haben. Jedesmal wenn sie ausgingen und Charlie ein bißchen getrunken hatte, fing er mit der nächstbesten Frau, die ihm gefiel, zu flirten an. Colleen war dann für den Rest des Abends für ihn nicht mehr vorhanden. Später kam es meistens zu einer Auseinandersetzung, bei der Colleen weinte und er die Anschuldigungen empört von sich wies. Nach der Geburt ihres dritten Kindes entdeckte Colleen, daß Charlie sie seit zwei Jahren betrog. Zuerst war sie am Boden zerstört, doch dann begann sie sich selbst Vorwürfe zu machen. Hatte sie nicht durch ihre Eifersucht und ihren Argwohn der Sache Vorschub geleistet? Da sie emotional und auch finanziell von ihrem Mann abhängig war, schaffte sie es nicht, sich von ihm scheiden zu lassen, und verharrte in der zerrütteten Ehe. Aber dennoch gibt es einen Lichtblick. Colleen gelang es mit Hilfe einer Therapie, ihre Selbstachtung wieder aufzubauen und die Ursachen ihres Argwohns und ihrer Eifersucht zu verstehen.

»Ich sprach mit meiner Therapeutin immer wieder über meine Beziehung zu meinem Vater und meiner Mutter. Doch erst als ich anfing, mich zu erinnern, wie mein Vater meine kleine Schwester behandelte, konnte ich die Verbindung zu dem Argwohn meinem Mann gegenüber herstellen. Sogar dieses Gefühl im Magen, das ich hatte, als meine Schwester meinen Platz bei unserem Vater einnahm, stellte sich wieder ein.« Während Colleen dies erzählte, preßte sie ihre Hand auf den Magen und zuckte dabei zusammen. »Ich muß sie sehr gehaßt haben und konnte es niemandem erzählen. Wir wußten alle, daß Vater intelligente Frauen liebte, und meine Schwester wurde immer für intelligenter angesehen als ich. Wenn ich heute eine erfolgreiche Frau kennenlerne, erfaßt mich erst Neid und dann Wut, und mein Magen fängt an, sich bemerkbar zu machen. Ich kann immer genau sagen, welche Frau die Aufmerksamkeit meines Mannes erregen wird: Sie ist meistens sehr hübsch, sehr selbstbewußt und immer sehr intelligent – genau wie meine Schwester.«

Colleen, die inzwischen Mitte Vierzig ist, hat ihre Familiengeschichte erforscht und Dinge herausgefunden, die ihr bestätigen, daß sie Grund für ihr früheres Verhalten hatte. Ihr Vater war ein Schürzenjäger, der mehrere Affären hatte, was offensichtlich vor den beiden Schwestern geheimgehalten wurde, aber die Ehe der Eltern beträchtlich belastete. Das Gefühl, vom Vater betrogen zu werden, das sich durch Schmerzen im Magen ausdrückte, war wahrscheinlich das, was ihre Mutter fühlte und das von ihr aus Mitgefühl übernommen wurde.

Wie Colleen erfahren hat, war ihr Vater, als sie auf die Welt kam, nicht oft zu Hause, da ihn der Aufbau eines neuen Geschäftes sehr in Anspruch nahm. Nach der Geburt ihrer Schwester war die Mutter krank, und der Vater mußte ihr bei der Pflege des Babys beistehen. Diese frühe und ungewöhnliche Beziehung zwischen Vater und Tochter entwickelte sich zu einer Kameradschaft, so daß Colleen sich oft ausgeschlossen fühlte, wenn die beiden zusammen spazierengingen oder sonst etwas unternahmen.

Hätte Colleen mehr Selbstwertgefühl gehabt, hätte all dies sich nicht so tief eingeprägt und negativ ausgewirkt. Aber mit einem Vater, den seine Affären in Anspruch nahmen und dem seine Ehe gleichgültig war, und einer Mutter, die in ständigem Streit mit dem Vater lebte, konnte Colleen nicht viel Selbstwertgefühl aufbauen. Zur Zielscheibe wurde dann ihre Schwester; die schöne und intelligente Schwester verkörperte alle schönen und intelligenten Frauen, die anderen die Männer wegnahmen. Bei Charlie hatte sie sich in einen Mann verliebt, der ihrem Vater ähnelt, so daß sie sich in diesem Kreislauf der Eifersucht gefangen fühlte.

Colleen: »Ich kann mir die Eifersucht meinem Mann gegenüber nur abgewöhnen, wenn es mir gelingt, ein eigenes Leben aufzubauen und meine Selbstachtung zu steigern. Seit ich mehr über meinen Vater weiß, fühle ich mich besser, obwohl ich nicht sagen kann, warum. Seitdem mag ich sogar meine Schwester lieber.«

Auf das Aussehen kommt es an

Wenn wir wissen wollen, woher unser Konkurrenzdenken als Erwachsene kommt, genügt es gewöhnlich, uns zu überlegen, was in der Familie unserer Kindheit wichtig war. Bei kleinen Mädchen, wie intelligent und talentiert sie auch sein mögen, ist das Aussehen für ihr Selbstwertgefühl von großer Bedeutung. Simone de Beauvoir macht es sehr deutlich, vor welch schwieriger Aufgabe kleine Mädchen stehen: »Lob und Tadel, Bilder und Reden lassen sie den Sinn der Worte ›hübsch‹ und ›häßlich‹ entdecken. Sie weiß bald, daß man ›bildhübsch‹ sein muß, wenn man gefallen will. Sie sucht einem Bild zu gleichen, sie verkleidet sich, betrachtet sich im Spiegel, vergleicht sich mit Prinzessinnen und Feen im Märchen.«

Mehrere Frauen glaubten, daß in ihrer Kindheit und Jugend dem Aussehen zuviel Bedeutung beigemessen wurde. Bis heute hängt bei ihnen der Erfolg eines Abends davon ab, wie viele Komplimente sie erhalten – nicht unbedingt von Männern, sondern von

Frauen –, genauso wie sie einst hofften, ihren Müttern zu gefallen, wenn sie darauf achteten, daß die Haarschleifen nicht verrutschten und der Schlüpfer nicht zu sehen war.
Schwestern, die ihr Aussehen und ihre Garderobe vergleichen, können dies aber auch auf eine nette und freundschaftliche Art tun. Viele Frauen bestätigten mir, daß sie es lieben, mit ihrer Schwester einkaufen zu gehen. Sie richten sich gegenseitig das Haar, helfen sich beim Make-up, tauschen ihre Kleidung und ihren Schmuck und geben sich gegenseitig Ratschläge, wie sie ihr Aussehen verbessern könnten. »Wenn meine Schwester nicht gut aussieht, fühle ich mich schlecht«, meinte eine Frau, für die es ganz normal ist, mit ihrer Schwester Kleidung zu tauschen. Eine junge Frau sagte, sie kaufe auch Kleidung für ihre Schwester, wenn sie etwas Entsprechendes sieht. Eine andere Frau erzählte von ihrer Mutter, die sich absichtlich altmodisch anzieht, als Kontrast zu ihrer Schwester, die immer den »letzten Schrei« trägt. Die beiden Frauen treiben dieses Spiel der extremen Gegensätze nun schon über sechzig Jahre und scheinen einen Riesenspaß dabei zu haben.

Wie bei Geschwistern Konkurrenzdenken geweckt und aufrechterhalten wird

Geschwister sind sehr wohl in der Lage, untereinander Rivalität zu erzeugen und aufrechtzuerhalten, ohne daß die Eltern etwas damit zu tun haben.
Beverly gibt zu, daß es sie eifersüchtig macht, wenn zwei oder drei ihrer Schwestern ohne sie etwas unternehmen. »Ich bin nicht gern Außenseiterin. Ich habe dann das Gefühl, etwas zu verpassen. Ich bin dann sowohl traurig als auch gekränkt.«

Besonders schwierig ist es für Beverly, wenn die Schwestern, die nahe beieinander wohnen, mit ihren Ehemännern und Kindern gemeinsame Ferientage verbringen. Das einzige, was sie tun kann, um nicht gänzlich von dem fröhlichen, für sie jedoch fernen Treiben ausgeschlossen zu sein, ist, Ferngespräche zu führen. Anschließend fühlt sie sich dann aber oft einsam und traurig. »Wenn ich nur bei ihnen sein könnte«, seufzt sie wehmütig.

Claire, die älteste von drei Schwestern, sagte mir: »Es gibt Zeiten, wo wir uns sehr mögen, und Zeiten, wo wir uns nicht so mögen. Jetzt habe ich gerade wieder eine sehr enge Bindung zu beiden Schwestern. Das geht so weit, daß eifersüchtig darüber gewacht wird, mit welcher ich mehr Zeit verbringe oder bei welcher ich übernachte, wenn ich zu Besuch komme.«

In diesem Zusammenhang habe auch ich einmal etwas sehr Böses zu meiner Schwester Mary gesagt. Ich plante einen Besuch bei meiner Mutter, die im nördlichen Wisconsin wohnt. Dazu wollte ich nach Milwaukee fliegen, mich dort mit meiner Schwester Ruth treffen, um dann mit ihr zusammen mit dem Auto zu Mutter zu fahren. Janet, die in der Nähe von Mutter wohnt, wollte am zweiten Tag unseres Aufenthalts ebenfalls für einen Tag zu Besuch kommen. Eine Woche vor der geplanten Reise rief mich Mary an, die von Mutter von meinem bevorstehenden Besuch erfahren hatte, und machte mir folgenden Vorschlag: »Ich versuche meine Termine anders zu legen, damit ich nächste Woche auch bei euch sein kann.«

»Warum?« antwortete ich frostig.

»Wenn ihr alle zusammen seid, möchte ich auch kommen.«

»Was soll das, ich will doch nur Mutter besuchen und kein Schwesterntreffen veranstalten.«

Ich konnte in der folgenden Nacht nicht schlafen. Warum bin ich nicht netter zu ihr gewesen? Warum habe ich sie so abblitzen lassen? Warum ist immer noch diese heimliche Rivalität zwi-

schen uns beiden? Mir wurde klar, daß ich mich für das, was letztes Weihnachten vorgefallen ist, rächen wollte. Damals plante Mary ein Familientreffen, ohne mich zu benachrichtigen, weil sie (zu Recht) annahm, daß ich verhindert sein würde. Als ich gekränkt reagierte, hat sie sich bei mir entschuldigt.
Mit meinen anderen Schwestern komme ich nie in solche Situationen. Walter Toman sagt dazu: »Ein Kind kann das zweitjüngste oder drittjüngste Geschwister viel leichter akzeptieren als das Geschwister, das im Alter direkt nach ihm kommt. Beim Verteilen ihrer Affinität und Zuneigung … ziehen Geschwister manchmal die jüngeren Geschwister dem ihnen im Alter am nächsten stehenden Geschwister vor.« Mehrere Schwestern sagten, daß sich ihre Eifersucht auf die ihnen im Alter am nächsten stehende Schwester richtet. Oft hatte die ältere Schwester keine Probleme mit der jüngsten Schwester, weil sie sie bemuttern konnte, während es mit der mittleren Schwester zu Spannungen kam. Tomans Theorie wird durch die Tatsache bestätigt, daß fast alle mittleren Schwestern, mit denen ich gesprochen habe, Schwierigkeiten mit der jüngeren und nicht mit der älteren Schwester hatten. Die Schwester, die unseren Platz einnimmt, weckt in uns die Eifersucht.

Die positive Seite

Die frühen Formen des Konkurrierens zwischen Schwestern im Kleinkindalter weiten sich im Schulkind- und Jugendalter auf neue Bereiche aus, wie zum Beispiel Zensuren, Freundschaften, Sport und Aussehen. Als Erwachsene geben die unterschiedlichen Lebensstile (Berufswahl, Ehemänner, Kindererziehung) den Schwestern Anlaß zu Vergleich und Konkurrenzdenken. Nachdem ich so viele Geschichten über Konkurrieren in der Schule, beim Studium oder auch beim Verhalten hörte, war ich doch sehr überrascht, daß viele Frauen meiner Umfrage – selbst solche, die sehr eifersüchtig auf ihre Schwestern waren – offen ihren Stolz auf deren beruflichen oder sonstigen Erfolg zugaben. Das ist die positive Seite des Konkurrierens und auch eine Folge der postfeministischen Ära. Selbst Schwestern, die sich fremd geworden waren, waren stolz auf die beruflichen Erfolge der anderen. Eine achtunddreißigjährige Frau, die mit ihrer Schwester zuerst auf dem gleichen akademischen Gebiet wetteiferte, sich dann aber einer Berufslaufbahn in der Industrie zuwandte, gab unumwunden zu, daß die Schwester bei dem, was sie tut, »hervorragend« ist.

Gesundes Konkurrieren gedeiht in Familien, in denen den Kindern Liebe und Respekt entgegengebracht wird. Ein Kind, das sich von den Eltern unterstützt fühlt, wird durch talentierte, fröhliche Geschwister ermuntert, an seiner eigenen Entwicklung zu arbeiten. Meine gute Freundin Anne hat mir einmal erzählt, daß sie sich im Alter von neun Jahren nackt vor den Spiegel der Mutter stellte und laut sagte: »Du bist nicht so schön und nicht so intelligent wie deine Schwester Mary, darum sieh zu, daß du eine Persönlichkeit wirst.« Anne und Mary sind beides intelligente und attraktive Frauen, aber Anne war immer überzeugt, daß sie sich besonders anstrengen müsse, und das Ergebnis kann sich sicherlich sehen lassen.

Rosemary stammt aus einer talentierten Familie, in der drei der vier Schwestern Berufsmusikerinnen sind. Alle vier Schwestern – inzwischen sind sie in ihren Sechzigern und Siebzigern – sowie ihre Mutter sind Mitglieder von Phi Beta Kappa*. Rosemary und ihre Schwestern sind ein Beispiel für gesundes Konkurrieren in der Kindheit und später im Erwachsenenalter. In ihrer Jugend spielten die zwei ältesten Schwestern ihre Instrumente, um ihrem Vater, der Lehrer und auch Musiker war, eine Freude zu machen. Als Bea erkannte, daß sie nicht so talentiert wie ihre Schwestern war, entschied sie sich, ihre ganze Kraft auf die Schule zu

* Studentische Vereinigung hervorragender Akademiker (Anm. d. Übers.)

konzentrieren. »Sie war in der Schule sehr aktiv und wahrscheinlich die klügste von uns vier Schwestern«, meint Rosemary. »Aber wie sie mir sagte, war es nicht Mutter, die sie zum Lernen anspornte, sondern das Beispiel ihrer drei älteren Schwestern.«
Bei Rosemary glaubten die Eltern zuerst, sie hätte keine Begabung und auch kein Interesse für Musik. Rosemary: »Ich wünschte mir so sehr, wie meine Schwestern spielen zu können. Bevor ich Musikstunden erhielt, lag ich abends im Bett, die Tür einen Spalt offen, damit ich meinen Schwestern beim Üben zuhören konnte. Ich erinnere mich sogar noch an die Melodien.«
Am Ende bat die Großmutter, mit der sie sich sehr gut verstand, die Eltern, Rosemary doch dieselben Möglichkeiten zu bieten wie den Schwestern. Am nächsten Tag begann ihr Musikunterricht. Hätte ihre Großmutter nicht interveniert, wäre aus Rosemary nicht die Musikerin geworden, die sie heute ist.

Eine Familiengeschichte voller Neid: Marion, Pat und Lesli

Großmütter oder andere nahe Verwandte können unbewußt unser kindliches Konkurrieren verstärken oder beeinflussen. Doch nicht immer enden alle Geschichten so glücklich wie bei Rosemary.
Bei der vierundvierzig Jahre alten Marion war der Einfluß der Großmutter der Hauptgrund für das Konkurrieren zwischen ihr und ihren Schwestern Pat, neunundvierzig Jahre, und Lesli, achtunddreißig Jahre. Marion erzählte mir ihre Geschichte ohne jegliche Vorbehalte oder Rechtfertigungen. Ihr Verhältnis zu ihren Schwestern, insbesondere das zu Pat, wird von starkem Konkurrenzdenken bestimmt. Die Schwestern telefonieren nur zwei- oder dreimal jährlich miteinander und treffen sich einmal im Jahr in einem am Meer gelegenen Ferienhaus der Familie. Diese lockere Verbindung bedeutet aber nicht, daß sie nichts miteinander zu tun haben wollen. Im Gegenteil, Marion ist sich

ständig des gespannten Verhältnisses zu ihren Schwestern bewußt und redet, als ob sie immer noch in demselben Haus wohnen und sich täglich sehen würden. Sie ist auch überzeugt, daß die zwei anderen Schwestern über sie reden, wenn sie nicht da ist und sich nicht verteidigen kann.

Die Streitpunkte sind hauptsächlich Geld, Religion und Karriere kontra Kinder. Marion ist Rechtsanwältin. Sie teilt sich ihre Arbeit mit einer Kollegin, damit sie auch noch Zeit für ihre Kinder hat. Den beiden anderen Schwestern fehlt es an Geld, trotzdem vertreten sie die Meinung, daß eine Mutter zu Hause bei den Kindern bleiben soll. Marion ist in ihrer Gegenwart nie wirklich entspannt, denn »ich fühle mich schuldig, weil ich berufstätig bin, und ich habe das Gefühl, sie erwarten von mir, daß ich ihnen etwas von meinem Besitz abgebe. Ich sage ihnen nie, was mir an ihnen nicht paßt, genauso wie ich meinen Freundinnen auch nie sage, wenn ich mich über sie geärgert habe.«

Das größte Problem für Marion ist aber Pats Religion. Sie gehört den »wiedergeborenen Christen« an, und ihr Bekehrungseifer läßt keine fröhliche Stimmung bei ihren Treffen am Meer aufkommen. »Ich mag ihren Mann nicht, und ich kann diese religiöse Heuchelei nicht ausstehen. Wir sollen keinen Alkohol trinken, und er gießt ihn sich in eine Porzellantasse, damit man es nicht sieht.«

Die Probleme gehen aber weit über religiöse Bekehrungsversuche und Berufstätigkeit hinaus. Begonnen hat alles vor neunundvierzig Jahren in der Wohnung der Großmutter in New York, in die ihre Mutter und das Baby Pat zogen, als Pats Vater im Zweiten Weltkrieg in Europa kämpfte. Während der Kriegsjahre entwickelte sich zwischen Pat und ihrer Großmutter eine enge Beziehung. Nach der Rückkehr des Vater zog die Familie über den Flur in die gegenüberliegende Wohnung, wo zwei Jahre später Marion geboren wurde. »Ich habe im Gegensatz zu meiner Schwester eine sehr gute Beziehung zu meinem Vater«, erzählt

Marion mit offensichtlicher Genugtuung und fährt in ernsthafterem Ton fort: »Großmutter war für meine Schwester da, Vater für mich. Ich war eifersüchtig auf Pat. Großmutter nahm sie mit in die Ferien, mich nahm sie nie irgendwohin mit. Es war klar, daß sie sie mehr mochte. Meine Großmutter hat unbewußt unser Leben bestimmt.«
In der Grundschule, obwohl sie vier Klassen auseinander waren, verfolgte Marion alle Schritte von Pat. Sie erinnert sich noch gut an ihren zwanghaften Neid: »Ich bewahrte eines ihrer Zeugnisse auf und legte es unter das Löschblatt meines Schreibpultes. Meine Mutter war sehr aufgebracht darüber und sagte mir, ich sollte mich nicht immer mit Pat vergleichen. Aber ich war entschlossen, mindestens ebensogut zu sein wie sie. Und das war ich auch, aber ich glaube, Pat hat es mir übelgenommen. Meine kleine Schwester Lesli nahm nicht an unserem Wettbewerb teil, sie entwickelte sich anders. Ihre Persönlichkeit und ihr Witz machen sie weniger zu einer Bedrohung. Sie kann über sich selbst lachen und auch mal sagen: ›Wie dumm ich doch bin!‹ Wir lachen zusammen, besonders wenn wir am Meer sind. Meine Therapeutin meint, ich sollte mich mehr auf das Positive, sprich Lesli, konzentrieren und sie spüren lassen, daß ich sie mag. Ich arbeite daran.«

Mutters (und unser) fortwährender Wettstreit mit ihrer (unserer) Schwester

Wenn eine Mutter immerzu mit ihrer/ihren Schwester(n) im Wettstreit liegt, besteht die große Gefahr, daß am Ende auch ihre Kinder miteinbezogen werden. Im »Kampf der Kusinen«, wie eine Frau es lakonisch nannte, zeigt sich oft der Wettstreit zwi-

schen unseren Müttern und Tanten, der in unserer Kindheit und Jugend während einer relativ kurzen Zeit meist unangenehm oder unerträglich ist. Valery, die, wie Sie sich erinnern, nach der Geburt der Zwillingsschwestern dem Vater auf der Fahrt nach Alabama den Weg weisen durfte, erzählte mir, daß ihre Familie schließlich nach Philadelphia zog, wo die Schwester von Valerys Mutter mit ihren Kindern in derselben Straße wohnte. »Meine Mutter und meine Tante verglichen unsere Schulnoten und wie wir bei Musikwettbewerben abschnitten. Meine Kusinen waren klüger und bekamen immer die besseren Noten. Meine Schwestern und ich waren dann aber erfolgreicher im Berufsleben, so daß am Ende meine Mutter sich als die Siegerin fühlte.«
Amy Tan beschreibt in *Die Himmelstöchter* den ständigen Wettbewerb zwischen Tante Lin und Tante Suyuan (zwei unzertrennlichen Wahlschwestern) und die geheime Bewertung ihrer geliebten Töchter Waverly und June.

»Von frühester Babyzeit an«, beklagt sich June, »verglichen unsere Mütter die Form unseres Bauchnabels, unsere Ohrläppchen, wie schnell unsere Schürfwunden am Knie heilten, wie dick und dunkel unsere Haare waren, und später dann, wie gut Waverly Schach spielte, wie viele Preise sie letzten Monat gewonnen hatte, wie viele Zeitungen ihren Namen erwähnten. Als ich es nicht schaffte, Konzertpianistin zu werden oder wenigstens den Kirchenjugendchor zu begleiten, erklärte meine Mutter das damit, daß ich ein ›Spätzünder‹ wäre.«
Wenn unsere Mütter wegen ihren Kindern rivalisiert haben, werden wir diese Tradition möglicherweise weiterführen. Mehrere Frauen bestätigten mir, daß sie das Gefühl haben, ihre Schwestern konkurrieren mit ihnen über die Leistungen der Kinder. Das geht so weit, daß eine Schwester der anderen die guten Schulnoten ihres Kindes oder die Auszeichnungen im Sport verschweigt. »Es bringt zuviel Spannung in unser Verhältnis, deshalb sage ich lieber

nichts«, erzählte eine Frau, deren einzige Tochter besser in der Schule ist als die zwei Töchter ihrer Schwester. Eine andere Frau erzählte mir, daß sie nie mit ihrer Schwester konkurriert hat, »bis wir Kinder hatten«. Weil es mit dem Konkurrenzverhalten immer schlimmer wurde und die Schwestern ihr Verhältnis nicht aufs Spiel setzen wollten, entschlossen sie sich, gemeinsam eine kurze Therapie zu machen, um das Problem in den Griff zu bekommen. In dieser Hinsicht gibt es noch eine andere Form des Konkurrenzverhaltens zwischen Schwestern. So erzählten mir einige Frauen, daß sie entschlossen waren, »bei der Kindererziehung nicht die gleichen Fehler zu machen wie ihre Schwestern«. Eine zweiundsechzigjährige Frau mit drei Schwestern erinnert sich, daß sie ihre Kinder mit einem Blick auf die Erziehung der anderen Schwestern erzog. »Meine älteste Schwester konnte nie ›nein‹ zu ihren Kindern sagen; damit hat sie sich eine Menge Probleme eingehandelt; eine ihrer Töchter lebt als Erwachsene nun von der Hand in den Mund und scheint ihr viel Kummer zu machen. Die zweitälteste Schwester machte es daraufhin gerade umgekehrt und war sehr streng mit ihren Kindern. Meine jüngste Schwester und ich haben uns dann für den goldenen Mittelweg entschieden. Wir haben nie etwas angedroht, was wir nicht halten konnten, und ich war immer sehr offen mit meinen Kinder.«

Neid in Konkurrenz umwandeln

Wenn Schwestern erkannt haben, daß Neid zerstörerisch wirkt oder einfach sinnlos ist, sind sie eher gewillt, ihr Verhalten zu ändern. Nun ist es jedoch leider so, daß Neidgefühle tief in uns verwurzelt sind. Um sie zu überwinden, müssen wir bewußt an uns arbeiten, ein schwieriges Unterfangen, das mehr als eine gesunde Dosis Selbstachtung erfordert. Eine Frau erzählte mir, daß sie sich sehr bemüht, bei ihrer älteren Schwester die Ruhe zu bewahren, »doch immer wenn sie anfängt ›zu prahlen‹, steigt wieder diese alte Wut und Eifersucht in mir hoch«. Sie versucht dann, sich vorzustellen, ihre Schwester wäre eine ihrer Freundinnen, und das hilft ihr meistens, etwas weniger hitzig zu reagieren. Mehrere Frauen meinten, ihre Eifersucht den Schwestern gegenüber habe nachgelassen. Sie konnten nicht genau sagen, warum, glaubten aber alle, der Grund sei vermutlich, daß sie älter werden und lernen, sich eher zu akzeptieren. Ich würde sagen, daß es auch etwas mit ihrem gewachsenen Selbstwertgefühl zu tun hat. Wenn man mit sich zufrieden ist, können einem die Sticheleien, die unangenehme Seite des Konkurrierens, weniger anhaben.

»Ein liebevoller Konkurrenzkampf«: Joan und Alice

Obwohl Joan von diesem Gefühl, sich mit ihrer älteren Schwester Alice vergleichen zu müssen, nicht ganz loskommt, bezeichnet sie ihre Beziehung als »liebevoll und eng«. Der Mythos, daß Schwestern, die einige Jahre auseinander sind – Joan ist dreiundvierzig und Alice dreiundfünfzig –, nicht viel miteinander anzufangen wissen, wird von den beiden widerlegt. Sie beweisen außerdem, daß Konkurrieren unter Schwestern auch im guten Sinne funktionieren kann, selbst wenn es lange Zeit und viel Mühe braucht, um so weit zu kommen.

Joan und Alice wurden von gläubigen jüdischen Eltern erzogen. Ihr Vater war Juwelier und ihre Mutter Hausfrau, die nebenher Religion unterrichtete. Ihr Bruder Steve, achtundvierzig, führt ein »ungeregeltes Leben« und hat aus diesem Grund nur zu Joan ein engeres Verhältnis.

Joan: »Am lebhaftesten erinnere ich mich noch an die Zeit, als Alice siebzehn und ich sieben Jahre alt war. Ich saß auf dem

Rand der Badewanne und sah ihr zu, wie sie sich hübsch machte. Wenn es an der Tür klingelte, mußte ich mir erst den Jungen ansehen, um ihr dann zu sagen, was für eine Absatzhöhe sie tragen sollte. Und dann waren da auch noch diese Nächte im Camp, wenn Alice mich tröstete, weil ich Heimweh hatte.«

Als Joan zehn Jahre alt war, heiratete ihre Schwester. Von da an war Alice nur noch gegenwärtig durch die Mutter, die stets voller Bewunderung von ihr sprach und Joan immer daran erinnerte, was für eine außergewöhnliche Schwester sie hatte.

»Es gab niemanden, der Alice das Wasser reichen konnte. Für meine Mutter war Alice ein Wunder. Sie hat überall Preise gewonnen und war sehr beliebt. Ich entwickelte Alice gegenüber einen Minderwertigkeitskomplex. Meine Eltern erzählten mir immer, Alice hätte einen sehr starken Willen gehabt und wäre sehr intelligent und leistungsorientiert gewesen, und genauso ist sie auch heute noch.«

Nachdem Joan sich jahrelang mit dem Mythos ihrer Schwester, ihrem Lebensstil und ihrer Persönlichkeit auseinandergesetzt hat, betrachtet Joan ihre Schwester heute als krassen Gegensatz zu sich selbst. Alice ist eine zwanghafte Perfektionistin, die darauf besteht – selbst wenn sie krank ist –, Familienfeste ohne Hilfe auszurichten. Sie ist bei ihrer Familie und ihren Freunden dafür bekannt, daß alles minutiös geplant ist und perfekt abläuft. Sie genießt dann jede Minute ihres Arbeitspensums und des selbstauferlegten, gedrängten Zeitplans. »Ich bewundere ihre Energie und alles, was sie damit erreicht hat«, sagt Joan und meint damit mehr ihren beruflichen Erfolg als ihre Leistungen als Gastgeberin. Alice hatte ihre Ausbildung abgebrochen, als sie mit Zwanzig heiratete. Nach der Geburt ihrer beiden Mädchen ging sie auf den Rat der Mutter hin wieder auf die Universität und machte ihren Abschluß. Sie ist nun Direktorin einer großen Schule. Joan betreibt zu Hause ein kleines Werbebüro. Sie zieht eine freiberufliche Tätigkeit vor, da sie so ihre Arbeitszeit dem

Stundenplan ihrer Kinder anpassen kann. Joan: »Ich bin mehr der Typ, der den ganzen Sonntag im Morgenmantel herumsitzen kann.«
Zweimal im Monat telefonieren sie etwa eine Stunde lang miteinander. Dafür nehmen sie sich immer Zeit, gleichgültig, wie tief sie gerade in der Arbeit stecken. »Das ist billiger als eine Therapie«, meint Joan (eine Bemerkung, die ich oft von Schwestern gehört habe, wenn es um die Dauer ihrer Ferngespräche ging). Diese Telefongespräche führen aber nicht so weit, daß sich bei den gegenseitigen Besuchen ihre Verschiedenheit und ihr Konkurrieren nicht mehr bemerkbar macht. Alice möchte dann immer den Tagesablauf bestimmen, und Joan ärgert sich im stillen, wenn Alice sie von Museum zu Museum schleppt, obwohl sie lieber in Ruhe ein Buch lesen würde. Sie sagt aber nichts, denn »es ist der Mühe nicht wert«. Ein ernsteres Problem stellen ihre Eßgewohnheiten dar. Alice ißt wenig, weil sie immer mit ihrem Gewicht zu kämpfen hat, während Joan, die zierlich ist und auf ihren Blutzuckerspiegel achten muß, häufiger Mahlzeiten braucht. Erst bei ihrem letzten Besuch hat Joan es endlich fertiggebracht, mit Alice darüber zu reden, so daß sie jetzt öfter eine Pause machen und einen kleinen Imbiß zu sich nehmen.
Während Joan es liebt, zu analysieren und psychologische Selbsterkenntnis zu treiben, hält Alice nicht viel »von diesem therapeutischen Geschwätz«. Joan: »Alice und ich sind uns in den letzten zehn Jahren nähergekommen, seitdem ich begriffen habe, daß sie nicht so auf ihre Gefühle horcht, wie ich das tue. Ich glaube, ich habe ihr dabei ein wenig Nachhilfeunterricht gegeben. Wenn ich Probleme habe, wende ich mich an sie, aber ich bin nicht diejenige, an die sie sich als erste wendet. Eigentlich bin ich mir gar nicht sicher, ob sie sich überhaupt an jemanden wendet. Trotzdem habe ich festgestellt, daß sie in letzter Zeit mir gegenüber ein wenig offener geworden ist. Sie funktioniert wie eine Maschine, sie möchte keine Schwäche, keine Verwundbar-

keit zeigen. Der einzige Moment, wo sie für mich sichtbar an Schwung verliert, ist, wenn ihr im Wohnzimmer die Augen zufallen.«

* * *

Eine Mutter von zwei Jungen im Teenageralter schimpfte mit ihren Söhnen, weil sie sich ständig über die Schule, Mädchen und Basketball stritten.
»Ich sagte ihnen, sie sollen nicht so gemein zueinander sein, denn eines Tages würden sie ihren Bruder als Freund brauchen. Sie sahen mich an, als ob ich nicht ganz normal wäre.« Als ich mit dieser Frau Tage später über Schwestern sprach, wurde ihr klar, daß sie, als sie ihre Söhne vor der Gefahr des Kämpfens und Konkurrierens warnte, als Frau gedacht hatte und sich daher nicht zu wundern brauchte, daß die Söhne nicht darauf reagierten. Genau wie Jungen können auch Mädchen um die Anerkennung von Vater, Mutter oder Geschwistern konkurrieren, nur wird dieses Konkurrieren letzten Endes durch die den Frauen anerzogene Fürsorglichkeit verdrängt. Kommt zu verdrängtem Konkurrenzdenken noch ein instabiles Selbstwertgefühl, kann es in unserem Inneren rumoren und sich im Erwachsenenalter auf unsere Beziehungen zu unseren Schwestern, Töchtern, Freundinnen und Kolleginnen auswirken. Erfreulicherweise können wir »verdrängtes« Konkurrieren in »gesundes, offenes« Konkurrieren umwandeln. Als Joan den Mythos, den ihre Eltern aus ihrer Schwester Alice machten, realistisch betrachten konnte, war sie von ihrer langgehegten Eifersucht befreit und ist nun fähig, sich selbst und ihre Bedürfnisse der Schwester gegenüber zu behaupten. Als Colleen den Ursprung ihres Konkurrierens mit ihrer Schwester und die Untreue ihres Vaters der Mutter gegenüber erkannte, wurde sie in ihrer eigenen Ehe und auch anderen Frauen gegenüber selbstsicherer. In diesen Fällen führte nicht

eine Aussprache zwischen den Schwestern zur Lösung des Problems, sondern, daß es erkannt und aus der Verdrängung geholt wurde. Bei Colleen wie auch bei Joan war der starke Wunsch vorhanden, nicht mehr so streng über sich selbst zu urteilen. Wie wir im folgenden Kapitel sehen werden, betrachtet sich das junge Mädchen im Vergleich mit ihrer Schwester mit den Augen der Mutter. Doch andererseits wird sie durch die Mutter, mit der sie ihre Geschlechtszugehörigkeit teilt, auch angeregt, sich zu ändern und Bindungen herzustellen.

5 Schwestern – mit den Augen der Mutter gesehen

Für die Beziehung zwischen Schwestern ist die Mutter der weitaus stärkste Faktor. Sogar in Familien, wo eindeutig der Vater das Sagen hat, ist die Mutter diejenige, die das Verhältnis der Schwestern zueinander bestimmt. Ob älteste oder jüngste Tochter, ihr Denken, Handeln und Fühlen wird von der Mutter beeinflußt. Ob die Mutter im Kindbett stirbt oder ihre Töchter überlebt, sie ist allgegenwärtig. Ob liebevoll oder abweisend, sie hinterläßt einen bleibenden Eindruck bei ihren Töchtern, und zwar einen individuell verschiedenen und auch einen gemeinsamen. Denn die Mutter ist das Vorbild für die weibliche Identität der Schwestern. Doch wird sie selten von ihren Töchtern auf gleiche Art gesehen oder erlebt, noch wird sie in deren Rollen gleichartig wiedergegeben.

Terri Apter sagt uns in ihrem Werk *Altered loves*, das von heranwachsenden Töchtern und Müttern handelt: »Wie stark auch immer eine Schwester die andere Schwester beeinflußt, dieser Einfluß ist nicht allein ein Einfluß von Schwester zu Schwester, sondern auch von Mutter/Schwester zu Mutter/Schwester/Schwester. Das Mädchen wird nicht nur beeinflußt von dem, was die Schwester ist oder tut, sondern auch davon, wie die Mutter auf das Verhalten ihrer Schwester reagiert und wie sich diese Reaktion von den Reaktionen der Mutter ihr gegenüber unterscheidet.«

Um die Bedeutung der Mutter/Schwester/Schwester-Dynamik zu erkennen, müssen wir uns zuerst mit den Ursprüngen der Mutter/Tochter-Beziehung befassen und uns fragen, wie sich diese entwickelt und welchen Einfluß sie auf unser Leben als Erwachsene hat.

Magische Bande von Anfang an

Im frühen Säuglingsalter besteht zwischen einer Mutter und ihrem Kind, gleichgültig, ob Mädchen oder Junge, eine symbiotische Beziehung. Die Mutter verkörpert die Welt, und durch die Bindung an sie und den Wunsch, sich wieder von ihr zu lösen, wird das Kind später sich selbst und die Außenwelt entdecken. Nur wenige können sich an dieses Gefühl erinnern, »die Welt durch die Mutter zu begreifen«: an den Hautkontakt mit ihr, das liebevolle Gehaltenwerden, ihr Lächeln, ihr Stirnrunzeln, all das, was unser Sein ausmachte. Doch hat es uns nicht nur mit Freude und Wohlbehagen erfüllt, später fürchteten wir auch, man könnte es uns entziehen. Vom dritten bis vierundzwanzigsten Lebensmonat ist die Mutter weiterhin das »Liebesobjekt«. Mit drei Jahren entwickelt sich dann die sogenannte Objektkonstanz – das heißt, die Mutter wird als ganze, also sowohl gute wie böse Person erlebt. Die Gefühle ihr gegenüber sind ambivalent, also ebenfalls gut und böse. In dieser Zeit fühlt das Kind auch, daß es nicht genügend Liebe von der Mutter, dieser mächtigen Person, erhält. Diese frühe sogenannte präödipale Phase dauert bei Mädchen länger und ist intensiver als bei Jungen, weil die Mutter die Tochter weniger als eigenständiges Wesen betrachtet. Dagegen bereitet sie einen Jungen bereits jetzt auf seine kommende Autonomie und Unabhängigkeit vor.

Ödipale Phase und Geschlechtsidentität

Im Alter von zweieinhalb bis ungefähr sechs Jahren befindet sich das Kind in der ödipalen Phase, in der es sich zum andersgeschlechtlichen Elternteil hingezogen fühlt. Der gleichgeschlechtliche Elternteil wird dann als Rivale betrachtet und abgelehnt. (In Kapitel vier haben wir uns mit der ödipalen Phase und ihrem

Zusammenhang mit den Ursachen und der Entwicklung von Neidgefühlen befaßt. Die ödipale Phase, durch die alle Kinder gehen, auch wenn sie nicht unbedingt nach außen in Erscheinung treten muß, ist vielschichtig in ihren Auswirkungen auf das Kind: In unserem Fall müssen wir sie im Zusammenhang mit der Entwicklung unserer Geschlechtsidentität betrachten.)

Seit Freuds Konzeption des Ödipus-Komplexes reißt die Debatte darüber nicht ab, wieso Jungen und Mädchen sich unterschiedlich entwickeln, obwohl beide den gleichen Prozeß der Anziehung durch einen Elternteil durchleben. Entsprechend der traditionellen Sichtweise (nach Freud) fühlt sich der Junge zur Mutter hingezogen, gibt diese Liebe jedoch aus Angst vor seinem Vater auf (Kastrationskomplex), so daß er sich anders entwickelt und selbständiger wird. Das Mädchen dagegen ist zunächst böse auf die Mutter: Weil es von ihr keinen Penis erhielt, lehnt es sie ab und wendet sich dem Vater zu. Weil dieser seinen Penis nicht »teilen« kann, entwickelt es eine andere Vorstellung, nämlich die, ein Kind von ihm zu bekommen. Doch die Ablehnung der Mutter, ihrem Liebesobjekt, flößt ihr Angst ein, und so entschließt es sich, wie sie zu werden und sich mit ihr zu identifizieren. Nach Freud ersetzt die Identifikation mit der Mutter die Bindung an sie. Die kleine Tochter setzt sich an Mutters Stelle, wie sie es immer in ihren Spielen gemacht hat; sie versucht, bei ihrem Vater den Platz der Mutter einzunehmen und beginnt die Mutter, die sie einst liebte, zu hassen. Dies geschieht angeblich aus zwei Motiven: zum einen aus Eifersucht, zum anderen wegen der Kränkung darüber, daß ihr ein Penis verwehrt blieb.

Der Ödipuskomplex aus der Sicht einer Frau

Moderne Vertreterinnen der Psychologie der Weiblichkeit wie beispielsweise Nancy Chodorow stellen die traditionelle (Freudsche) Sichtweise in Frage, da sie die Psychologie der Frau unter männlichen Voraussetzungen (Penisneid) erklärt und annimmt, daß während des Entwicklungsprozesses die Tochter ihre Mutter radikal ablehnt. Nach Nancy Chodorow verläuft die Zeit der Zurückweisung und Verdrängung für die Tochter anders als für den Sohn, weil die symbiotische Verbindung zwischen Tochter und Mutter in der präödipalen Phase sehr eng und intensiv ist. Während das Mädchen sich seinem Vater zuwendet, »vergewissert« es sich weiterhin, ob die Mutter es immer noch liebt; gleichzeitig versichert es sich jedoch auch, ob es ihm gelungen ist, die Mutter zu verärgern. »Ein Mädchen gibt seine Mutter als inneres oder äußeres Objekt der Liebe nie auf... Immer wird die Liebe zum Vater und die Rivalität mit der Mutter gemildert durch die Liebe zur Mutter, selbst wenn dies gegen seinen/den eigenen Willen geschieht.« Ich stimme dieser Theorie zu, da sie mich bestärkt in dem, was ich und andere beim Erziehen von Töchtern beobachtet haben.

Ein Junge steht vor der Wahl, entweder seinen Penis aufzugeben oder sein Objekt der Liebe, die Mutter. In beiden Fällen, sagt Nancy Chodorow, überlegt er nicht lange. Meistens entscheidet er sich dafür, seinen Penis zu retten, das heißt, er entscheidet sich immer noch für seine Mutter und nicht für seinen Vater, unterdrückt jedoch seine Gefühle für die Mutter, um nicht vom Vater kastriert zu werden. Dagegen gibt es für das Mädchen weder einen einfachen ödipalen Modus noch eine schnelle Lösung oder einen radikalen »Wechsel des Objekts«.

Es ist nun aber nicht so, daß das Mädchen eine reine und stete Liebe für seine Mutter entwickelt. Seine Liebe ist weiterhin ambivalent wie in der Säuglingszeit, als es das Gefühl hatte, sich von dieser allgegenwärtigen Person, die ihm keine uneingeschränkte Liebe geben konnte, lösen zu müssen.

Eine ambivalente, »nachdenkliche« Liebe

So wie unsere weiblichen Qualitäten uns unlösbar mit unseren Müttern verbinden, verbinden sie uns auch mit unseren Schwestern. In den fünfundsiebzig Interviews erzählten die Frauen jedesmal unaufgefordert von ihrer und ihrer Schwester Beziehung zur Mutter, und wie sich diese Beziehung auf das Verhalten unter den Schwestern ausgewirkt hat. Väter und andere nahe Familienmitglieder wie Großeltern oder Brüder wurden weniger häufig erwähnt. Oft mußte ich die Frauen nach deren Einfluß auf das schwesterliche Verhältnis fragen, worauf sie meist weniger zu erzählen wußten als über ihre Mütter.
Selten brachten Schwestern aus einer Familie der Mutter genau die gleichen Gefühle entgegen. Doch ob nun Liebe, Bewunderung, Verständnis, Zorn, Frustration oder Traurigkeit die Gefühle bestimmten, immer gab es dieses starke Bedürfnis, sie im Zusammenhang mit dem Verhältnis zwischen den Schwestern zu sehen. »Meine Mutter und meine Schwester Dale sind das Team auf der einen Seite«, erklärte Melinda mit einer schwungvollen Handbewegung, »und ich stehe auf der anderen Seite. Sie sind beide sehr intelligent, aber sie sind anders als ich. Wenn Mutter wütend ist, zeigt sie es nicht. Sie spielt dann die Märtyrerin. Nein, das ist vielleicht nicht ganz fair, sie kann wütend werden, aber das geschieht nur sehr selten und nur dann, wenn man in der schwächeren Position ist. Dale ist genau wie Mutter, beide können eiskalt sein, man kommt dann nicht an sie heran.« Melindas

weitausladende Gesten zeigten symbolisch, wo sie ihren Platz bei Mutter und Schwester immer gesehen hat. »Dabei«, so verriet sie mir im Laufe des Gesprächs, »habe doch ich von Mutter den Mut und das Draufgängertum geerbt, eine Eigenschaft, die Dale nicht besitzt«. Sie war ihrer Mutter noch für andere positive Eigenschaften dankbar; die negativen hatte anscheinend Dale abbekommen. Es wunderte mich nicht, als sie mir erzählte, daß ihre Mutter krank und auf sich allein gestellt war, während sie mit Dale schwanger war, und nach der Geburt des Babys wenig Zeit für Melinda hatte.

Caroline bezeichnete sich als die Schwester, die Verantwortung übernahm. Sie wollte damit nicht nur sagen, daß sie im Charakter sehr ihrer Mutter ähnelt, sondern auch wie völlig anders ihre Schwester ist. »Mutter ist eine starke, selbstlose Frau, die sich für die Familie aufgeopfert hat. Es war manchmal nicht einfach, ihre Tochter zu sein, weil sie so anspruchsvoll und ich so eigensinnig war. Als Teenager muß ich wohl ziemlich unausstehlich gewesen sein. Das ist normal, aber es war keine schöne Zeit. Bei meiner Schwester Amanda war es anders. Sie sagte Mutter, daß sie ihre Haushaltspflichten erledigen würde, tat es dann aber nicht, und Mutter ließ es dabei bewenden. Als ich acht Jahre alt war, kochte ich das Abendessen für die Familie. Mutter kam um sechs Uhr nach Hause und erwartete, daß das Essen auf dem Tisch stand. Amanda mußte das erst machen, als sie auf die High-School ging.«

Immer wieder habe ich die altbekannte Klage gehört, daß die eine Schwester mehr im Haushalt helfen mußte als die andere. Es war üblich, von Töchtern zu erwarten, daß sie im Haushalt helfen, aber in der Küche hat nur eine begrenzte Anzahl Hausfrauen Platz. Wenn die älteste Tochter sich um die Mahlzeiten und das Baby kümmern sollte, ist es eigentlich klar, daß für die zweitälteste Tochter nicht mehr soviel zu tun übrigblieb (es sei denn, daß noch mehr kleine Geschwister geboren wurden) oder

daß sie Lehren als der kraftraubenden Aufopferung der Schwester zog. Diese frühe Pflichterfüllung ist manchmal auch selbst auferlegt. Mehrere Frauen erzählten, wie gern sie sich um das kleine Geschwisterchen gekümmert hätten und wie stolz sie darauf waren, die Schwester zu sein, die das Essen kochte oder das Baby im Kinderwagen spazierenfuhr. Meistens kamen die Klagen, weil die Situation zu erdrückend wurde oder weil von der Mutter nicht genügend Anerkennung erfolgte.
Nicht alle Schwestern sehen sich im Verhältnis zu der Mutter als Gegensatz zu ihren anderen Schwestern. Einige wenige Frauen sprachen von der Verbundenheit zwischen den Schwestern und der gemeinsamen Abneigung gegen die Mutter. Die Autorin Jane Howard sinnt in *A Different Woman* darüber nach, warum sie und ihre Schwester Anne ein so enges Verhältnis haben, während das Verhältnis zu ihrer Mutter eher distanziert ist.

»Freunde und Verwandte kannten Mutter nur fröhlich und guter Dinge. Zu mir und Anne war sie anders, und auch wir waren anders zu ihr. Eigentlich ist es komisch. In unseren Kreisen galten wir als witzig und amüsant und sie in den ihren. Doch leider haben wir selten zusammen gelacht. Wir haben nie eine enge Bindung entwickelt. Das gibt es doch, daß Mütter und Töchter eine enge Bindung haben, ich habe das schon gesehen. Aber in diesen Fällen haben die Töchter keine enge Bindung untereinander ... Ist das eine neue Lebensregel der menschlichen Natur oder steht irgendwo geschrieben, daß man entweder eine starke Zuneigung zu seinen Eltern oder zu seinen Geschwistern haben kann, aber nie beides gleichzeitig?«

Die Mutter mit der Schwester teilen: Frühe Erinnerungen

Cynthia Glauber zitiert ihre Schwester Adrienne Rich, die gesagt hat: »Als meine Schwester auf die Welt kam, bin ich aus dem Paradies vertrieben worden.« Diese Worte können von vielen der von mir interviewten Frauen bestätigt werden. Cary, von der wir bereits im dritten Kapitel gehört haben, sagte: »Meine Schwester Chris wurde an meinem dritten Geburtstag geboren. Es war ein Geschenk, über das ich mich nicht freute. Ich erinnere mich noch ganz genau. Ich hatte die Röteln, fieberte und fühlte mich miserabel, als ich am Morgen meines Geburtstages ins Schlafzimmer meiner Eltern ging, um nach meinem Geschenk zu fragen. Meine Mutter machte sich gerade fürs Krankenhaus fertig und sagte mir, mein Geschenk läge auf dem Küchentisch. Ich hatte Schwierigkeiten heranzukommen, aber schließlich schaffte ich es ... es war eine Babypuppe, die weinen konnte.« Die Art, wie sie betonte, daß sie sich ihr Geschenk selbst holen mußte und die Enttäuschung in ihrer Stimme, ließ in mir den Gedanken aufkommen, ob die weinende Babypuppe nicht eher sie selbst darstellte und nicht die kleine Schwester, wie es die Eltern beabsichtigten. Wie auch immer, die Voraussetzungen für einen lebenslangen Konkurrenzkampf waren geschaffen. Die zwei kleinen Mädchen teilten zwar, ohne zu klagen, ihren Geburtstag, aber nicht die Mutter. Cary ertrotzte sich Mutters Aufmerksamkeit durch ihr hitziges Temperament. Nach den lautstarken Auseinandersetzungen ließ sie dann ihren Zorn meistens an Chris aus, die sich nicht zu wehren wußte.

Eine andere Frau erinnerte sich, wie sie auf der Veranda die Rückkehr ihrer Mutter aus dem Krankenhaus erwartete. »Plötzlich bog ein großer weißer Krankenwagen um die Ecke und hielt vor unserem Haus.« (1940 wurden Wöchnerinnen in den USA noch routinemäßig mit dem Krankenwagen nach Hause gebracht.) Wie im Zeitlupentempo entstieg ihre Mutter dem Krankenwagen, auf dem Arm den mehrfach in eine rosa Decke gewickelten Säugling. In diesem feierlichen Augenblick erschien ihr die Mutter wie eine Königin, die eine Prinzessin auf dem Arm trug. »Von diesem Tag an war nichts mehr wie zuvor.«

Heidi war sechs Jahre alt, als sie unerwartet drei Schwestern – Drillinge – bekam. »Wie kann man da mithalten? Sie waren eine kleine Sensation in ihrem weißen Korbkinderwagen, der den ganzen Gehweg einnahm.« Heidi erzählt es mir auf ihre humorvolle Art, die ihr das Leben erleichtert hat. »Es war höllisch. Wenn eine krank war, waren es die anderen auch. Meine Mutter schrie viel mit mir, wenn es nicht so lief, wie sie wollte. Ich war ein lebhaftes, gescheites, interessiertes Kind, doch die drei nahmen ihre ganze Zeit in Anspruch.« Weil sie unbedingt eine eigene Identität haben wollte, begann Heidi ihren Namen zu verleugnen. »Ich erzählte meinen Freundinnen in der Schule und Nachbarschaft, ich wäre Gene Autrys Tochter, Elizabeth Marie Autry. Als meine Mutter es herausfand, mußte ich ihnen die Wahrheit sagen. Mein Traum war es, diesen Drillingen zu entkommen. Für alle Leute war ich ›die Schwester der Drillinge‹. Ich hatte keinen eigenen Namen mehr.«

Wenn auch mit zunehmendem Alter die Qualen der Eifersucht weniger offen gezeigt werden, buhlen wir weiterhin um Mutters Liebe, aber auf eine subtilere Art und Weise. Eine Tochter im Teenageralter, die ihre Mutter mit ihrer Schwester teilen muß, muß sich manchmal folgende Frage stellen: Und was ist mit mir? Bin ich nicht so wichtig? Warum glaubt Mutter nicht, daß auch ich dieses eine Mal verantwortungsbewußt handeln kann? Warum interessiert sie sich mehr für die schulischen Leistungen meiner Schwester als für meine? Eine Frau beklagte sich, weil ihre Mutter »immer mit der jüngeren Schwester scherzte und lachte und nicht mit mir. Ich mußte immer die Ernsthafte sein.«

Als Mädchen oder junge Frauen registrieren wir alles, was zwischen unseren Müttern und Schwestern vor sich geht. Wir suchen nach jedem noch so kleinen Hinweis, der uns in dieser konfusen Situation hilft, in der wir unsere Mütter lieben, uns aber gleichzeitig von ihnen zu lösen wünschen, sie aber andererseits auch nicht mit unseren Schwestern teilen wollen. Einige Frauen bemerkten, daß ihre Mütter mit ihnen »anders sprechen« als mit ihren Schwestern. »Meine Mutter redet mit mir, als ob ich noch ein Kind wäre, mit meiner Schwester redet sie nie so«, beklagte sich eine Frau, die sehr darunter litt, daß ihre Mutter die ältere Schwester »offensichtlich mehr liebt«.

Lily ist sechsundachtzig Jahre alt. Ihre drei Schwestern sind bereits gestorben. Sie lebt in einem Altersheim und leidet noch heute darunter, daß ihre Mutter ihre ältere Schwester Edith mehr mochte als sie. Alleingelassen mit ihren Erinnerungen, grübelt sie ständig über Begebenheiten in ihrer Kindheit nach. »Ediths Freundinnen durften immer bei uns übernachten. Bei mir hat nie jemand übernachtet. Ich hatte weder Musik noch Tanzunterricht, für mich gab's einfach nichts. Edith ging mit ihren Freundinnen immer zum Tennisspielen. Wenn sie heimkam, half sie nie im Haushalt. Ich tat es. Doch in den Augen meiner Mutter sprach nichts für mich, ihr gefiel weder mein Aussehen, noch sonst etwas an mir.«

Obwohl Edith Mutters bevorzugte Tochter war, kümmerte sich Lily um sie, als sie alt und hilfsbedürftig wurde. Edith löste sich schon früh vom Elternhaus und machte sich selbständig, während Lily, die sich immer nach Liebe und Anerkennung sehnte, es später als ihre Pflicht ansah, für die kränkelnde Mutter zu sorgen und ihre dauernden Nörgeleien und Ansprüche zu ertragen. Lily: »Komisch, ich habe nie verstanden, warum ich so an meiner Mutter hing, obwohl ich ihr doch so wenig bedeutet habe. Es war wohl eine Art Haßliebe. Ich verehrte meine Mutter und weiß nicht, warum.«

Schwestern als Versuchskaninchen

In *Altered Loves* erinnert sich Terri Apter, wie sie in ihrer Jugend lernte, mit der Mutter umzugehen, indem sie auf die Fehler der Schwester achtete: »Es entging mir nichts, und ich machte mir heimlich meine Gedanken. Auf diese Weise errang ich eine gewisse Überlegenheit, weil sie (meine Schwester) es war, die als Jugendliche so ungeschickt Auseinandersetzungen mit meiner Mutter provozierte. Ich lernte dabei meine Lektionen und ging meiner Mutter in manchem aus dem Weg. Ich lernte, Dinge für mich zu behalten, besonders auf sexuellem Gebiet oder wenn ich andere bewunderte, weil meiner Mutter es so gut verstand, diese Personen herunterzumachen.«

Viele Frauen erzählten mir, daß sie, anders als ihre Schwester, in ihrer Jugend gegen die Mutter rebelliert haben. Es wäre jedoch falsch, anzunehmen, daß es immer die älteste Schwester ist, die in der Jugend rebelliert, während sich die Jüngste brav und angepaßt verhält. Oft hat das Verantwortungsgefühl die Älteste vom Rebellieren abgehalten. »Ich war die brave Tochter«, sagte Marty, in deren Familie der Vater sehr dominierend und streitbar war. »Mein Vater war ein schwieriger Mensch, und ich wollte, daß wenigstens etwas Friede im Haus herrscht. Meine Schwester hingegen scheute die Auseinandersetzung mit ihm nicht.« Eine andere älteste Schwester äußerte sich so: »Ich war diejenige, die tat, was man von mir erwartete. Dabei beneidete ich meine Schwester, die alle Aufmerksamkeit auf sich zog. Allerdings – und darum habe ich sie nicht beneidet – hatte sie immer das Gefühl, daß meine Mutter sie nicht mochte.«

Die vielen Seiten einer Mutter

In ihrer Arbeit über das Verständnis der frühen Kindheit sagt Selma Fraiberg, daß das erste Nachahmen eines Elternteils »das Fundament für eine starke Identifikation mit diesem Elternteil bildet« und daß diese »gewissen Eigenschaften« allmählich übernommen und zu einem festen Bestandteil der Persönlichkeit des Kindes werden. Eltern erkennen in der drolligen Hartnäckigkeit ihrer Tochter oder an der Art, wie sie den Kopf senkt, wenn sie Zuwendung möchte, oder wie sie ihre Puppe an die Brust drückt, Züge der Mutter und freuen sich darüber. Unbewußt folgt das kleine Mädchen dem Beispiel der Mutter und integriert dieses Verhalten in die Entwicklung seines Selbstwertgefühls.

Wenn die Mutter das Vorbild ist, wie kann sie dann so unterschiedliche Töchter haben? In den vorhergehenden Kapiteln haben wir die Faktoren besprochen, die zu der Verschiedenheit der Geschwister beitragen können, und wir haben dabei gelernt, daß sich zahlreiche Einflüsse auf unsere Persönlichkeit auswirken. Jetzt sollten wir aber auch noch erkennen, welch unermeßlichen und nachhaltigen Einfluß das entwickelte und unentwickelte Selbst der Mutter auf die Töchter hat.

Emily, eine Englischlehrerin Anfang Sechzig, vergleicht ihre Erfahrungen mit ihrer Mutter und Schwester mit denen der Schwestern in Gail Godwins Roman *A Mother And Two Daughters*, wo die Mutter ihren zwei Töchtern die beiden Aspekte ihrer eigenen Persönlichkeit zuordnet – die Exzentrische und die Bürgerliche. »In dem Buch ist es beinah wie geplant, im voraus ausgedacht, Absicht, nichts ist sublimiert. Genauso war es auch in meiner Familie.«

Emily zufolge gehörte ihre Mutter in den zwanziger Jahren zu den freiheitsliebenden Mädchen, die sich in Verhalten und Kleidung über die Konventionen hinwegzusetzen versuchten. »Sie war unglücklich in ihrer Rolle als Hausfrau. Sie war eine Frau, die sich nicht verwirklichen konnte. Ihr Tod – sie starb als Alkoholikerin an Leberzirrhose –, war für mich symbolisch für ihre Unfähigkeit, ein selbständiges Leben zu führen. Und trotzdem hat sie sich dadurch, daß sie zwei verschiedene Frauen geschaffen hat, auf eine bestimmte Art doch selbst verwirklicht. Ich bin die Selbstbewußte, Bestimmende. Ich verkörpere Mutters leidenschaftliche, ungewöhnliche, draufgängerische Seite. Ich setze mich über Regeln hinweg, gehe Risiken ein und liebe Streß. Meine Schwester hat sich mehr Mutters angepaßtes, unterdrücktes, schwaches Wesen zu eigen gemacht. Sie ist später zur Alkoholikerin geworden.«

Im zwölften Kapitel werden wir erfahren, wie Emily und Bea sich nach dem Tod der Mutter und nach Beas Genesung nähergekommen sind.

Einer der Faktoren, der zu der Verschiedenheit bei Schwestern beiträgt, ist, daß Kinder die Wünsche und die Projektionen ihrer Mutter (und ihres Vaters) in sich aufnehmen. Das heißt, die Mutter erzieht ein Kind so, wie sie ist, ein anderes, so wie sie gerne sein möchte und noch ein anderes so, wie sie befürchtet, sein zu können. Beas Mutter mag sich in ihrer jüngeren Tochter wiedererkannt und ihre Unsicherheit im Umgang mit ihren Freunden und ihrem Ehemann auf sie übertragen haben. Bea behauptete mir gegenüber, ihre Kindheit wäre durch die enge Beziehung zu ihrer Mutter sehr glücklich gewesen. Die Ängste und Unsicherheiten ihrer Mutter, wie Emily sie beschrieben hat, sind Bea erst aufgefallen, als sie auf der High-School war. Das heißt nicht, daß sie vorher nicht vorhanden waren, sondern eher, daß sich Bea erst im Teenageralter darüber bewußt wurde.

Die Angst, so zu sein wie die Mutter

»Ich habe mir geschworen, mich nicht so aufzuopfern wie meine Mutter. Meine Schwester ist wie meine Mutter.«

Von frühester Jugend bis weit ins Erwachsenenalter hinein bemühen sich Frauen, nicht so zu sein wie ihre Mütter. Doch trotz dieser Anstrengungen und trotz der Beschwörungen unserer Mütter, ihre Fehler nicht zu wiederholen (»Versuche nie, alles so machen zu wollen wie ich.« – »Was immer du tust, denke zuerst an dich.«), finden wir in uns Spuren von Mutters unerwünschten Charakterzügen. Eine Frau, deren Mutter sehr bestimmend war, stellt fest, daß auch sie ihrem Mann, ihren Kindern und sogar ihren Freunden gegenüber sehr bestimmend ist. »Wie kommt das?« fragt sie sich entsetzt. »Ich habe das bei meiner Mutter doch so gehaßt.«

Ich behaupte, daß die verschiedenen Charakterzüge der Mutter – die gefürchteten und die bewunderten – nicht ausschließlich von einzelnen Töchtern angenommen werden, sondern sich zu einem gewissen Grad bei allen Töchtern wiederfinden. Hat zum Beispiel eine energische Mutter drei Töchter, so ist eine Tochter vielleicht auffallend energisch, während bei den beiden anderen dieser Charakterzug ebenfalls zu finden ist, aber nicht vorherrscht.

Wir sind keineswegs unbeteiligte Empfänger des Einflusses unserer Mütter. Die meisten suchen sich bewußt oder unbewußt das aus, was sie von ihrer Mutter gerne hätten oder was ihnen in der Zeit ihres Heranwachsens an ihr gefallen hat. Als Erwachsene ist es einfacher, zu erkennen, welche Charakterzüge unserer Mütter wir angenommen und welche wir abgelehnt haben. Oft sind wir erstaunt über das, was wir unbewußt übernommen haben – und noch erstaunter über die völlige andere Wahl unserer Schwestern. Viele Frauen, die ich kennengelernt habe, waren froh, daß sie sich Mutters Drang nach Unabhängigkeit und ihren Unternehmungsgeist zu eigen gemacht haben, obwohl es für die Mütter vielleicht nicht möglich war, ihr eigenes Potential voll auszuschöpfen. Die Kindheit und Jugend sowie die Familiengründung der Mütter der meisten Frauen spielten sich in den Zeiten vor der »Frauenbewegung« ab. Die Töchter bedauerten es, daß ihren Müttern eine gute Ausbildung und Karrieremöglichkeiten im Beruf versagt geblieben sind. Sie wußten aber um die Fähigkeiten ihrer Mütter und waren ihnen dankbar, daß sie für ihre Töchter mehr erreichen wollten.

»Meine Mutter setzte hohe Erwartungen in mich«, erzählte Elsie, die, anders als ihre zwei Schwestern, einen Hochschulabschluß und einen anspruchsvollen Beruf hat. »Sie hat mich nicht viel gelobt. Mutter war eine sehr wortkarge Person – das Norwegische schlug bei ihr mehr durch als das Irische –, aber sie erwartete stets von mir, daß ich mich noch mehr anstrengte. Meine jüngere Schwester war künstlerisch begabt, deshalb waren die Erwartungen meiner Mutter an sie anderer Art. Wahrscheinlich hat Mutter versucht, ihre nicht in Erfüllung gegangenen Wünsche auszuleben, indem sie mich antrieb. Ich habe dies erst nach ihrem Tod (sie war Ende Vierzig) realisiert, als mein Vater mir erzählte, daß Mutter nach eineinhalb Jahren das College abbrechen mußte, weil ihr Vater starb. Sie wollte, daß ich mehr erreichte.«

Susan, die erfolgreiche Herausgeberin wissenschaftlicher Zeitschriften, sagte: »Meine Mutter hat uns drei Töchter nicht auf die Ehe vorbereitet. Heiraten war für sie nicht wichtig, sie legte Wert darauf, daß wir selbst für uns sorgen konnten und unabhängig waren. Sie stand noch mit siebzig Jahren auf eigenen Füßen, immer bereit, anderen zu helfen.«

Wendys Mutter ist dreiundfünfzig Jahre alt und genießt ihr Leben in vollen Zügen. Ihre zwei Töchter sind stolz auf sie. Die Beziehung der Schwestern war immer gut, ganz besonders eng war sie in der Zeit der Ehescheidung der Eltern, als beide im Teenageralter waren. Wendy: »Meine Mutter ist als Einzelkind großgeworden, deshalb ist sie so selbständig und klammert sich nicht an uns. Sie hat ihr Leben immer gut gemeistert, ist immer aktiv gewesen. Als meine Schwester und ich nach Schweden und Polen reisten, freute sie sich über das gemeinsame Unternehmen, obwohl sie zu Hause bleiben mußte. Sie fand es auch gut, als meine Schwester zum Studium in den Senegal ging. Bei ihren Reisen nimmt sie abwechslungsweise einmal meine Schwester und einmal mich mit.«

»Mutter nennt mich ihre Zigeuner-Tochter«, erzählt Jo (siehe Kapitel drei), die ihre Arbeitsstellen und ihre Wohnorte schon mehr als ein Dutzendmal gewechselt hat. »Sie meint, durch mich lernt sie die Welt kennen. Sie besucht mich überall, wo ich bin. Sie sagt mir immer: ›Laß dir Zeit mit dem Heiraten.‹ Meine Mutter heiratete jung. Meine Großmutter sagte mir das gleiche ... es ist phantastisch.«

Zahlreiche Frauen erklärten, durch die Fehler und das Unglück ihrer Mütter gelernt zu haben. Diese Frauen beschrieben ihre Mütter als »gelangweilt« oder »unglücklich« und befürchteten, eines Tages wie sie zu werden. Sowohl bei der »Zigeuner-Tochter« als auch bei den vielen Töchtern, die nicht so ein langweiliges oder unglückliches Leben wie ihre Mütter führen wollten, war es interessant zu beobachten, daß ihre Schwestern nicht unbedingt gleichartig reagierten. Die Mutter kann zwar ihre Töchter entsprechend der einen oder anderen Seite in ihrem Wesen großziehen, diese können jedoch gerade entgegengesetzt reagieren. Solche unterschiedlichen Reaktionen sind jedoch auch eine Folge der Geburtenreihenfolge und des Einflusses der Eltern.

Die Rolle der Mutter übernehmen

Wie ich schon bei Melindas Fall gezeigt habe, war das am häufigsten erwähnte Phänomen in der Mutter/Schwester/Schwester-Dynamik, daß eine der Schwestern die Ersatzmutter war, die andere das fordernde Kind. Dies gab es sowohl in Familien, in denen die Mutter immer zu Hause war und lediglich zum Einkaufen und zum Kirchgang das Haus verließ, als auch in Familien, in denen die Mutter ganztägig einem Beruf außer Haus nachging. Die sichtbaren Gründe, warum ein Kind zur Ersatzmutter wurde, waren zahlreich: Die Mutter hatte mehr Kinder, als sie verkraften konnte; das letzte Baby war ein Nachzügler und die anderen Kinder waren schon so groß, daß sie sich um das Geschwister kümmern konnten; die Mutter konnte ihre Pflichten nicht erfüllen, weil sie depressiv, alkoholabhängig oder krank war; die Mutter hatte noch andere Pflichten, wie zum Beispiel die Pflege ihrer alten Mutter. Was auch immer der Grund war, ihre Töchter, gewöhnlich war es die Älteste, übernahmen die Aufgaben der Mutter so gut sie konnten, und die Geschwister akzeptierten dies bereitwillig.

Ronnys Mutter war drogenabhängig und kümmerte sich nicht um ihre drei Töchter. Die Schwestern sind heute in ihren Vierzigern und meistern ihr Leben recht gut. Ronny fühlt sich immer noch für ihr Glück verantwortlich.

»Von klein auf habe ich mich um meine Schwestern gekümmert«, erzählte Ronny als Erklärung, warum sie noch heute, sobald ihre jüngeren Schwestern nach ihr rufen, herbeigeeilt kommt. »Ich tue es, auch wenn es mir nicht paßt, weil es für mich der Beweis ist, daß sie mich immer noch brauchen.

Kürzlich habe ich einen Brief gefunden, den ich meinen Eltern schrieb, als ich mit meinen Schwestern eine Zugreise machte. Es hat mir die Tränen in die Augen getrieben, denn es war der Brief einer Mutter, obwohl ich damals gerade neun Jahre alt war. Ich hatte für meine Schwestern Essen eingepackt und machte mir große Sorgen, ob wir wohl an der richtigen Bahnstation aussteigen würden. Ich bin heute noch genauso wie damals. Ich liebe meine Schwestern, ich kümmere mich um sie, und ich bin stolz auf das, was sie aus ihrem Leben gemacht haben.

Können sie sich vorstellen, daß meine Mutter sich letzteres als ihren Verdienst anrechnet?«

Kein Kind, gleichgültig, wie reif es für sein Alter ist, kann die Rolle eines Elternteils voll ausfüllen. Deshalb sind Enttäuschungen wegen mangelnder Liebesbeweise in späteren Jahren nicht selten. Mehrere ältere Schwestern litten darunter, daß die von ihnen bemutterten jüngeren Schwestern sich später ihrer Zuwendung entzogen.

Vicky erzählt mit nicht ganz echt wirkender Überzeugung, warum sie nie heiraten und Kinder haben wollte.

»Ich habe gesehen, wie meine Mutter mit Mann und Kindern festsaß, und ich sagte mir, diesen Fehler werde ich nicht machen.« Vicky ist achtundvierzig Jahre alt, attraktiv, unverheiratet und hat eine anspruchsvolle Arbeitsstelle in Washington, D.C. Sie ist beruflich viel unterwegs, sowohl in den Staaten als auch in Europa, und das ist einer der Gründe, warum sie keine weiteren Verpflichtungen haben möchte. Ihre Geschichte ist eigentlich traurig, aber sie erzählte sie mit einem so herausfordernden Trotz in der Stimme, daß für Tränen kein Platz zu sein scheint. Ohne große Gemütsbewegung berichtete sie von ihrem jüngeren Bruder, der mit vierzehn Jahren Selbstmord beging. Sie war damals dreiundzwanzig und lebte nicht mehr zu Hause. Im selben Jahr starb auch ihr Vater an einem Herzinfarkt. Vicky: »Ein schreckliches Jahr, und weil meine Mutter der Situation nicht gewachsen war, kam ich nach Hause und übernahm wieder die Rolle der Mutter, so wie ich es schon mit drei Jahren gemacht habe, als ich mich für meine kleine Schwester verantwortlich fühlte.

Als ich geboren wurde, war meine Mutter gerade einundzwanzig und selbst noch ein halbes Kind. Ich kam mir manchmal erwachsener vor als sie. Weder meine Mutter noch ich liebten meinen Vater. Ich bemutterte meine beiden Schwestern. Jill ist zwei Jahre, Cindy fünf Jahre jünger als ich. Es waren süße Kinder, blond, pausbäckig, wirklich niedlich.« Obwohl sie ihre zwei kleinen Schwestern offensichtlich liebte, war sie mit ihrer Beaufsichtigung überfordert. »Einmal, als Jill drei Jahre alt war, war ich mit ihr auf der hinteren Veranda unseres Wohnblocks. Als der Milchmann mir sagte, ich solle auf sie aufpassen, damit sie nicht die Treppen herunterfalle, antwortete ich ihm: ›Sie wird nicht herunterfallen.‹ Sie fiel dann natürlich doch herunter und hatte eine große Wunde am Kopf, und überall war Blut. Ich fühlte mich schuldig. Es überstieg mein Vorstellungsvermögen, daß so etwas tatsächlich passieren konnte. Eigentlich verrückt von meiner Mutter, mich dort mit dem Kleinkind allein zu lassen. Zumindest hätte sie mich warnen müssen. Entweder war ich ein sehr vernünftiges Kind, oder sie hat mich in diese Rolle hineingezwungen.«

Ein anderes Mal, als Vicky sieben Jahre alt war, lag die zweijährige Cindy mit einer Grippe im Bett. »Ich las ihr gerade eine Geschichte vor, als Cindy am ganzen Leib zu zittern anfing. Ich holte meine Mutter, die durchdrehte und mich zu einer Nachbarin schickte, die Krankenschwester war. Als wir zurückkamen, war Cindy bewußtlos. Am nächsten Tag bat meine Mutter mich, allen Kindern in der Nachbarschaft zu sagen, sie sollen bitte leise sein, weil meine Schwester krank wäre. Es war mir so peinlich, meinen Freunden sagen zu müssen, sie sollten leise sein. Warum hat sie es nicht selbst gemacht?

Meine Mutter war zur Mutter nicht geeignet. Sie muß depressiv gewesen sein. Meine Eltern konnten auch nicht mit Geld umgehen. Wir hatten dauernd Schulden. Es gab ständig lautstarke Auseinandersetzungen, und meine Mutter brach dann immer in

Tränen aus. Mir war schon als Kind klar, daß ich später nicht so leben wollte wie meine Mutter. Deshalb bin ich auch keine Beziehungen eingegangen, die zu einer Ehe hätten führen können. Meine Schwestern teilten meine Überzeugung nicht, aber sie mußten auch nicht in so jungen Jahren die Mutterrolle übernehmen.«

Vicky ist enttäuscht, daß sie zu ihren jüngeren Schwestern keine engere Beziehung hat. Beide sind glücklich verheiratet, und beide haben zwei kleine Kinder. Sie leben nicht weit voneinander entfernt an der Westküste und stehen sich sehr nahe, während ihr Verhältnis zu Vicky eher distanziert ist. Selbst wenn sie alle in derselben Stadt wohnen würden, wäre es für die zwei jüngeren Schwestern schwierig, mit Vicky das vertraute Verhältnis zu haben, das sie sich wünscht und vermißt. Vicky mußte die Mutterrolle übernehmen, als sie dafür noch nicht reif war und noch selbst die Fürsorge ihrer Mutter gebraucht hätte. Den Ansprüchen, die ihre Schwestern an sie als Ersatzmutter stellten, konnte sie nicht vollständig genügen, weshalb sie von ihr enttäuscht oder ihr sogar böse sind.

Mütter haben eine Vergangenheit

Simone de Beauvoir spricht von der Bürde, die eine Mutter zwangsläufig mitbringt und auf ihre Kinder überträgt: »Das Verhältnis der Mutter zu ihren Kindern wird durch die Gesamtform ihres Lebens bestimmt. Es hängt von ihren Beziehungen zu ihrem Mann, zu ihrer Vergangenheit, zu ihren Beschäftigungen, zu sich selbst ab.« Die gesamte Dynamik der Mutter/Tochter-Beziehung ist nicht auf sich selbst und auch nicht auf eine Generation begrenzt. Die Mutter hat eine Vergangenheit, sie denkt und handelt

in Reaktion auf ihr jetziges und früheres Umfeld, denn sie ist eine Frau, die von früher Kindheit an emotionale Beziehungen zu anderen hatte. Ohne Zweifel überträgt sie ihre eigene Geschichte auf ihre Töchter, die wiederum untereinander darauf reagieren.
Eine Frau, deren Mutter sich an die eigene Kindheit klammert, während sie ihre Kinder großzog, hat ein gespanntes Verhältnis zu ihrer jüngeren Schwester, mit der sie die Mutter nie teilen wollte. »Meine Mutter war die jüngste von zwölf Geschwistern und wuchs in Großbritannien auf, wo sie immer Dienstboten hatten. Sie ist eine nervöse, ängstliche Person. Sie und ihre Mutter waren enge Freundinnen. Sie trafen sich praktisch täglich in einem Lokal zum Mittagessen. Ich erinnere mich noch, wie ich weinte, wenn sie mich mit dem Kindermädchen allein ließ.«

Die Geschichte von Nora und Judith

»Jede Mutter führt ein Stück ihrer ›unbewältigten Vergangenheit‹ mit sich«, schreibt Alice Miller. Mütter tragen in der Beziehung zu ihren Töchtern ihre eigene Lebensgeschichte wie »unsichtbare Fesseln« mit sich herum.
Eine der faszinierendsten »Mutter-Geschichten«, die ich zu hören bekam, stammte von zwei Schwestern, mit denen ich mich einzeln getroffen habe. Nora, zweiundfünfzig Jahre alt, ist Familientherapeutin. Sie berichtete ruhig und objektiv über das, was in ihrer Familie vorgegangen ist. Mehr Intuition und Sinn für Dramatik zeigte ihre Schwester Judith, als sie von der besonderen Beziehung Noras zu der Mutter erzählte. Judith, fünfundvierzig Jahre alt, ist Sängerin und Lehrerin.
Ihre Geschichte beginnt, lang bevor die beiden geboren wurden und bevor ihre Mutter Carolyn ihrem Vater Peter begegnete. Peter, ein gutaussehender, sportlicher junger Mann, war ein vielversprechender Musiker und Rektor einer Knabenschule, als er

sich in Nora, eine sehr schöne Frau, verliebte und sie heiratete. Ein Jahr nach der Hochzeit starb Nora bei der Geburt von Zwillingen, die ebenfalls nicht überlebten. Es war Noras Mutter, die ihren trauernden Schwiegersohn Noras bester Freundin seit Kindertagen, Carolyn, vorstellte, eine hochgewachsene, schlanke, dunkelhaarige junge Frau, die bei Schulaufführungen immer »die Hosenrollen« zu spielen hatte. Mit dem Segen von Noras Eltern heirateten Carolyn und Peter. Zwei Söhne wurden geboren, gefolgt von einer Tochter, die nach der ersten Frau Nora genannt wurde. Sieben Jahre später kam Judith auf die Welt und danach noch ein Junge. Wie Nora und Judith es ausdrückten, waren – und sind sie – eine lebendige Familie mit ehrgeizigen und intelligenten Kindern, die viele Jahre mit dem »Mythos von der verstorbenen ersten Frau« lebten.

Nora erklärt dies so: »Meine Mutter war eifersüchtig auf die erste Frau, und ich wurde von deren Eltern als Enkeltochter ›adoptiert‹. Ich, meine Mutter und die verstorbene Frau, das gehörte immer irgendwie zusammen. Mutter erlaubte es Vater, mir ihren Namen zu geben. Ihre Gefühle waren zwiespältig, schließlich waren sie und Nora zusammen zur Schule gegangen und gemeinsam aufgewachsen. Aber Nora war die perfekte Frau. Es war schwer für meine Mutter, in ihrem Schatten zu leben. Vater hatte immer ein Bild von Nora neben seinem Bett stehen.«

Als Judith geboren wurde, freute sich Carolyn über diese zweite Tochter, die sie nicht ständig an die Vergangenheit erinnerte. Es kam, wie nicht anders zu erwarten, zu einem Dreiecksverhältnis zwischen den beiden Töchtern und der Mutter. »Aber es weitete sich nie zu einem Konflikt aus«, sagte Nora, deren potentielle Eifersucht aufgefangen wurde durch die liebevolle Zuwendung von Vater und Großeltern. »Meine Mutter interessierte sich für alles, was ich tat, und doch mußte sie bei mir stets gegen diese andere Identität ankämpfen. Erst in den letzten Jahren habe ich mich als ihre Tochter gefühlt.«

Judith hat sich immer als Mutters Tochter gefühlt. Besonders eng war ihre Bindung in den letzten fünfzehn Jahren, in denen die Mutter sich nach dem Tod des Vaters in eine willensstarke, unabhängige Frau verwandelte, die die ganze Welt bereiste und ihre Liebe für die Musik entdeckte. Judith voller Stolz: »Sie war immer eine flexible Frau, aber mit achtzig war sie es mehr als mit dreißig. Sie spielte Violine. Eigentlich war sie musikalischer als mein Vater. Wir veranstalteten großartige Familien-Singstunden, mit Madrigalen und allem, was dazugehört.«

Obwohl ihre Mutter sich zu ihrem Vorteil verändert hat, findet man in Judith noch Spuren der früheren Unsicherheiten ihrer Mutter: »Als Kind sagte ich mir immer: Wenn ich das Kind von Vater und seiner ersten Frau gewesen wäre, hätte ich dünne Beine und würde perfekt aussehen. Meine Mutter war eigentlich sehr schön, aber sie sah sich selbst nicht so, und deshalb taten es auch die anderen nicht. Alle Bewunderung galt der ersten Frau und meinem Vater, der gut aussah und ein guter Sportler war. Auf den Fotos kann man sehen, daß Mutter hübsch war. Ich glaube, Mutter dachte Vater eine Art Geschenk zu machen, als sie ihm gestattete, meine Schwester nach seiner ersten Frau zu nennen. Sie war damals nicht selbstsicher genug, um zu sagen: ›Nein, das geht mir zu weit.‹«

Wie kam es, daß mit all diesen Spannungen zwischen Mutter und Töchtern Nora und Judith keine »sich zerfleischenden« Schwestern wurden? Judith: »Dafür gibt es verschiedene Gründe. So verrückt die ganze Geschichte war, meine Eltern versuchten keine Vorlieben zu zeigen. Sie erlaubten uns beiden, uns zu eigenständigen Personen zu entwickeln. Außerdem hatte jede ihren Lieblingsbruder, das hat auch viel Spannung weggenommen.« Ein wichtiger Grund war auch, daß Nora schon sehr früh Ratgeberin und Erzieherin von Judith wurde. Judith: »Ich habe nicht viele frühen Erinnerungen an meine Schwester. Ich kann auch nicht mehr sagen, ob sie mich viel herumkommandierte. Ich

weiß, sie behauptet das heute, und es hat wahrscheinlich unsere damalige Beziehung beeinflußt. Sie ärgert mich immer noch ab und zu, aber heute kann ich mich gut gegen sie behaupten. Ich war ein schwieriges Kind. Meine Eltern hatten es nicht leicht mit mir. Da meine Mutter mit den anderen Kindern beschäftigt war, hat sie Nora gebeten, mich in die Schranken zu weisen. Unsere Beziehung ist immer noch ein wenig so, aber nicht mehr oft. Für mich ist sie jemand – und das kommt sicherlich teilweise auch von ihrem Beruf –, den man um Rat bitten kann. In diesem Fall hat sie natürlich immer noch den Status der großen Schwester.«
Falls es je Reibereien zwischen den Schwestern gegeben hat, alles war vergeben und vergessen, als Judith eine nervenaufreibende Scheidung durchzustehen hatte und bei Nora Rat und Hilfe suchte. Nora ihrerseits arbeitete jahrelang daran, die nicht ganz normale Beziehung zu ihrer Mutter ins Lot zu bringen. Dabei hat sie erkannt und akzeptiert, daß der Mythos der verstorbenen ersten Frau eine große Rolle spielte. Nicht ganz ein Jahr vor meiner Bekanntschaft mit Nora und Judith haben sie gemeinsam ihre sterbende Mutter betreut, ein Erlebnis, das sie einander noch nähergebracht hat. Nora: »Meine Mutter besuchte meinen Onkel in Kalifornien, als sie eine akute Hirnhautentzündung bekam und das Bewußtsein nicht mehr wiedererlangte. Sie lebte noch fünf Tage. Wir flogen alle von unseren Wohnorten an der Ostküste nach Kalifornien und verbrachten die letzten Tage bei ihr. Wir achteten darauf, daß alle auch einmal allein mit ihr sein konnte. Wenn wir gemeinsam bei ihr waren, sangen wir Choräle und lasen Gedichte. Jeder sprach zu ihr und verabschiedete sich von ihr, aber ohne dabei irgendwie zu konkurrieren. Meine Schwester und ich haben sozusagen dafür gesorgt, daß es ein schönes Abschiednehmen wird. Daß wir dazu fähig waren, verdanken wir unserer Mutter, sie hat uns die Musik und die Poesie nahegebracht. Am Ende mußten wir unsere Zustimmung geben, damit die lebenserhaltenden Apparate abgeschaltet werden

konnten. Wenn sie gestorben wäre, als ich zwanzig Jahre war, wäre es für mich viel schlimmer gewesen, ich hätte mich mit ihr nicht so verbunden gefühlt wie heute.«
Nora und Judith – letztere ist inzwischen wieder verheiratet – leben in verschiedenen Staaten. Sie telefonieren wöchentlich miteinander und versuchen, Feiertage und Ferien (mit Männern und Kindern) gemeinsam zu verbringen. »Am Erntedankfest hatten wir ein großes Familientreffen«, erzählte Judith. »Es hat unheimlich viel Spaß gemacht. Dieses Jahr wird Mutter zum ersten Mal an Weihnachten nicht da sein. Das wird hart für mich werden. Gleichwohl ist es schön, zu wissen, daß die Dinge auch ohne unsere Eltern weiterlaufen. Ich fühle mich meiner Schwester sehr viel näher als in meiner Kinderzeit. Wir können uns glücklich schätzen, in vielen Familien gibt es das nicht.«

Zusammen könnten wir überleben

Judith hat recht, in vielen Familien gibt es das nicht. Und doch war ich erstaunt, wie viele Schwestern, die in zerrütteten Familienverhältnissen aufwuchsen, eine gute Beziehung zueinander haben. Bei meiner Umfrage hat sich sogar gezeigt, daß in Familien, in denen die Mutter starke Probleme hatte, die Schwestern oft besonders eng zusammenhalten, um sich gegenseitig zu stützen. Eine Therapeutin erzählte mir, daß zwei ihrer Patientinnen – es waren Schwestern, in deren Familie es Gewalt und Alkoholmißbrauch gab – sich während der Sitzungen an den Händen hielten. Und doch ist ein gutes schwesterliches Verhältnis inmitten einer zerrütteten Familie nicht selbstverständlich. Eine Frau sagte mir, daß sie erst zwanzig Jahre, nachdem sie von zu Hause weggegangen war, merkte, daß ihr die zwei Schwestern etwas bedeuteten. »Meine Eltern waren Alkoholiker, aber es wurde nie darüber gesprochen. Nach dem College ging jede von uns ihrer eigenen Wege. Es gab keine Feindseligkeiten, ja nicht einmal Groll zwischen uns, aber wir hatten kaum Kontakt zueinander. Doch als zwei von uns Probleme in ihren Ehen bekamen, fingen wir alle drei an, jeden Samstag miteinander zu telefonieren. Es entwickelte sich ganz allmählich, aber nun danke ich Gott, daß ich sie habe.«

Die Geschichte von Gretchen und Olga

Gretchens Kindheit könnte einem Grimmschen Schauermärchen entnommen sein, doch es war leider Wirklichkeit. Sie, ihre ältere Schwester Olga und ihr älterer Bruder wurden in Deutschland geboren und großgezogen. Ihre Mutter, eine Amerikanerin, war mit einem deutschen Soldaten verheiratet, der später für Straftaten, die er während der Nazizeit in seiner Stadt begangen hatte, ins Gefängnis kam. Gretchen, die seit dreißig Jahren in den Staaten lebt, zuletzt in Kalifornien, spricht noch immer mit einem deutschen Akzent und hat manchmal Schwierigkeiten, einen Satz in das richtige Umgangsamerikanisch zu bringen. »Ich habe nur zwei Jahre mit meinem Vater verbracht, im Alter zwischen sieben und neun Jahren. Ich erinnere mich nur noch, daß er mich viel bestrafte und daß meine Mutter, als er verhaftet wurde, zum Gefängnis radelte und versuchte, Nahrungsmittel über die Mauer zu werfen. Ich möchte diese Erinnerungen aus meinem Gedächtnis streichen.« Nicht aus ihrem Gedächtnis streichen kann Gretchen die Erinnerung an den Liebhaber ihrer Mutter, ebenfalls ein Soldat, der Gretchen viel lieber mochte als Olga. »Er strafte Olga, indem er sie ins Badezimmer einschloß oder ihr nachts, wenn sie schlief, die Haare abschnitt. Olga hat mir das kürzlich erzählt. Sie hat mir auch erzählt, daß unsere

Mutter Alkoholikerin war, was ich nicht gewußt habe. Olga dachte, ich wüßte es und war mir deshalb böse. Wir waren beide böse aufeinander, weil wir nicht verstehen konnten, was um uns herum vor sich ging. Seit ich weiß, daß Mutter Alkoholikerin war, verstehe ich auch, warum sie uns schlecht behandelte. Nun kann ich das erste Mal in meinem Leben zu meiner Schwester sagen: Ich liebe dich.

Meine Schwester ist von meiner Mutter nie sehr geliebt worden. Sie hat immer sehr um ihre Liebe gebuhlt, ist aber von ihr nur schlecht behandelt worden. Dabei hat sie alles für meine Mutter getan.« Gretchen spricht von Olga, der Erwachsenen, und Olga, dem Kind.

Nach ihrer Scheidung nahm die Mutter die Kinder mit nach Amerika. Sie kümmerte sich aber wenig um sie, da ihre Liebhaber, zwei weitere gescheiterte Ehen und ihr Alkoholismus sie in Anspruch nahmen. Die ganze Zeit über war Olga stets zur Stelle, wann immer die Mutter etwas brauchte. »Olga hat meine Mutter betrunken erlebt und trotzdem alles liegen und stehen lassen, um ihr zu helfen. Ich habe immer weit weg gewohnt und deshalb nicht dazugehört. Ich weiß nicht, ob Olga je von Mutter die gewünschte Liebe und Anerkennung bekommen hat. Ich jedenfalls liebe meine Mutter nicht.« Gretchen hat zwar nach ihrer Hochzeit versucht, sich der Mutter zu nähern, sie sogar auf eine Reise nach Europa mitgenommen, »wie gute Töchter das tun«, und sie zu Familienfesten eingeladen.

Der entscheidende Schlag kam, als Gretchens zwölfjährige Tochter bei einer Routineoperation allergisch auf das Narkosemittel reagierte und starb. Ihre Mutter kam erst drei Monate später, um Gretchen ihr Beileid auszudrücken, obwohl sie nur drei Autostunden entfernt wohnte. Ein Jahr danach starb Gretchens Mann an einem Gehirntumor. Dieses Mal kam die Mutter erst nach sechs Monaten. Inzwischen sind sieben Jahre vergangen. Heute telefoniert Gretchen so ein- bis zweimal im Monat

mit ihrer Mutter, mehr aus Pflichtgefühl, aber auch in der Hoffnung, vielleicht eine Versöhnung einzuleiten.
»Meine Schwester sagt: ›Versuch deine Mutter zu lieben; nimm sie, wie sie ist; du kannst sie nicht mehr ändern; vielleicht hat der Krieg sie zur Alkoholikerin gemacht.‹ Vielleicht bin ich zu hart. Aber ich glaube, daß wir unser Leben bis zu einem gewissen Grad selbst bestimmen können. Ich hätte nach dem Tod meiner Tochter auch zum Alkohol greifen können, tat es aber nicht. Warum war meine Mutter nicht stark genug, dem Alkohol zu widerstehen, und warum hat sie sich mit so vielen Männern eingelassen? Wie gerne wäre ich von ihr geliebt worden, aber weil das nicht möglich ist, ziehe ich es vor, sie nicht zu sehen.«
Mit zunehmendem Alter wächst Gretchens Verständnis für ihre Schwester, und sie möchte sie öfter sehen. »Olga hat gerade zum vierten Mal geheiratet. Ich war nur einmal verheiratet. Als junges Mädchen hing Olga mit Fabrikarbeitern herum, während ich meine Freunde mehr oder weniger alle vom College her kannte. Das führte zu einer unterschiedlichen Lebensauffassung. Durch meine Heirat bekam ich Zugang zu den schönen Seiten des Lebens, und ich konnte mir Dinge leisten, die für Olga unerreichbar waren. Sie hat zum Beispiel nie das Verlangen, in die Oper zu gehen. Ich sage das nicht gern, aber ich fühle mich privilegierter als sie. Mein Mann hat in Harvard studiert, und meine Schwester arbeitet als Putzfrau. Mit siebzehn Jahren war sie Köchin in einer reichen Familie, ich war damals dreizehn und konnte noch zur Schule gehen. Olga ist intelligent, und ich bewundere das, aber sie war nie an Bildung interessiert. Meine Kinder und meine Schwiegermutter glauben, daß Olga eifersüchtig auf mich ist, weil ich das bessere Leben hatte als sie. Nach dem Tod meiner Tochter und meines Mannes habe ich ihr einen langen Brief geschrieben. Ich versuchte ihr darzulegen, daß das Leben nicht gerecht ist und für jeden anders verläuft. Ich verfüge über mehr

Geld, habe aber zwei geliebte Menschen verloren. Mit dem Brief wollte ich Olga näherkommen.«
Ohne daß ich irgendwie nachgeholfen habe, stellte sich Gretchen die Frage: »Warum liegt mir daran? – Weil sie meine Schwester ist. Wäre ich in Not und würde sie um Hilfe bitten, sie würde die drei Stunden Fahrt sofort auf sich nehmen. Sie sagt mir immer wieder: ›Ich liebe dich, ich liebe dich.‹ Nun habe ich es auch gesagt. Ich glaube nicht, daß sie weiß, wie schwer es für mich war und was es mir bedeutet.«

Wiederannäherung an die Mutter

Seit Nancy Friday 1977 das Buch *Wie meine Mutter* geschrieben hat, findet eine breite Diskussion unter Frauen über das Bedürfnis statt, sich als Erwachsene von der Mutter zu lösen, um das wahre Selbst zu entdecken. Wenn wir das Mutter-Tochter-Verhältnis aus einer realistischeren und weiblicheren Sicht betrachten wollen, sollten wir uns, der Therapeutin Marianne Walters zufolge, von Fridays gefährlichen Folgerungen und der Gewohnheit, den Müttern die Schuld zu geben, lösen. Die Tochter verhält sich intelligenter und einfühlsamer, wenn sie sich nicht vollständig von der Mutter abwendet. Sie sollte sich lediglich so weit von ihr abgrenzen, daß sie eine eigene Identität entwickeln kann. Im selben Prozeß sollte sie lernen, ihre Mutter so zu akzeptieren, wie sie ist.
Emily Hancock sagt uns: »Ein Wendepunkt in der Entwicklung der eigenen Persönlichkeit einer Frau ist die ›Wiederannäherung‹ an ihre Mutter. Für manche ist es eine ›schmerzhafte Konfrontation‹, für andere ein subtiler psychologischer Prozeß.«
Mir gefällt diese Idee der »Wiederannäherung«. Genau das ist

beziehungsweise sollte der Mutter/Schwester/Schwester-Prozeß sein. Es bringt Frauen nicht weiter, wenn sie ihre Mütter nur beschuldigen und gegen sie aufbegehren. Selbst diejenigen, die emotionale Schäden davontrugen, weil Mütter ihrer Aufgabe nicht gerecht wurden, bringt das Beschuldigen der Mütter nicht weiter. Erik Erikson beschwört uns: »Im Erwachsenenalter stellt sich uns die Frage, wie wir diejenigen behandeln, denen wir uns verpflichtet fühlen, nachdem wir unsere Identität gefunden haben, und denen wir unsere Identität verdanken.« Feministinnen würden noch hinzufügen, daß das Konzept der Abwendung von der Mutter auf männlichen Prinzipien beruht. Jill Barber und Rita Watson, Autorinnen von *Frau gegen Frau* schreiben, »daß Frauen, die sich gegen ihre Mütter auflehnen, vielleicht das Gefühl haben, eine bessere Welt zu schaffen. Dabei ist diese Welt oft einfach nur anders, mit anderen Problemen, gegen die ihre Töchter sich wiederum auflehnen werden.« Der Prozeß der Wiederannäherung an unsere Mütter wird durch den Beistand unserer Schwestern sowohl erschwert als auch erleichtert. Obwohl Schwestern durch ihre gemeinsame Familiengeschichte verbunden sind, gestaltet sich die Versöhnung mit der Mutter und das Verständnis für sie bei jeder Schwester je nach deren Bedürfnissen anders. Doch ich weiß aus meiner persönlichen Erfahrung und aus diesen Interviews, daß eine Frau mit Schwestern ihre Beziehung zu ihrer Mutter nicht analysieren und ins reine bringen kann, ohne den Teil, den die Schwestern in der Geschichte spielen, zu beachten. Wenn wir unsere Erfahrungen mit unserer Mutter zu isolieren versuchen und die Erfahrungen und Perspektiven unserer Schwestern ignorieren, bringen wir uns um das vollständige Verständnis.

Wenn erwachsene Schwestern in die Phase der Wiederannäherung an die Mutter kommen – meistens geschieht dies bei Frauen im Alter zwischen vierzig und fünfzig oder noch häufiger zwischen fünfzig und sechzig Jahren –, ist die Unterstützung und

Bestätigung durch die Schwestern hilfreich. Mehrere Frauen gaben zu, kein Telefongespräch mit ihrer Schwester führen zu können, ohne über die Mutter zu sprechen. Sie reden über ihre Sorge, ihren Ärger oder ihre Verwirrung wegen etwas, das Mutter sagte oder tat beziehungsweise nicht sagte oder tat. Es ist tröstlich zu wissen, daß man bei der Schwester die Gefühle für die Mutter nicht genau erklären muß. Oft genügen ein Blick, einige Stichworte oder unvollendete Sätze, und beide lachen oder regen sich auf über die Frau, die ihnen soviel bedeutet. Und es ist ebenfalls tröstlich zu wissen, daß die Schwester da sein wird, wenn die Mutter Hilfe braucht. Nora und Judith sangen der sterbenden Mutter ihre Lieblingschoräle vor und sind sich dabei sehr nahe gekommen. Sie haben heute eine engere Beziehung, nicht nur, weil sie gemeinsam um die tote Mutter trauern, sondern auch, weil sie gelernt haben, die Mutter zu verstehen und zu akzeptieren.

6 Eine Geheimsprache

In jeder Familie haben Schwestern eine eigene Art, sich gegenseitig zu verständigen. Seit dem Tag, wo eine Schwester ihrer Baby-Schwester übers Gesicht strich oder die beiden sich im Sandkasten umwarfen, können Schwestern sich ohne Worte, nur mit Blicken, Gesten oder einer Bewegung des Kopfes alles sagen. Gleichgültig, wie groß der Altersunterschied oder wie eng das Verhältnis ist, Schwestern haben ein spezielles Kommunikationssystem, bei dem sie alle Nuancen und Gefühle, die sich hinter den Worten oder der Mimik verstecken, kennen.

Das Lachen, das beredte Schweigen, die geheimen Signale, die vertraute Stimme, das weinerliche Bitten, das Schreien und Flüstern unter Schwestern bezeichnen ihre symbiotische Verbindung, ihr weibliches Zusammengehörigkeitsgefühl. Schwestern sind in einem solchen Maße aufeinander eingestimmt, daß Außenstehende sich nur wundern können.

Eine Achtzehnjährige berichtet mir, daß sie ihrer Schwester unter dem Tisch jedesmal einen sanften Tritt versetzt hat, wenn ihr Vater beim Abendessen etwas Unwahres erzählte. »Wir brauchten uns nicht darüber zu unterhalten, wir wußten beide, daß er log.«

* * *

Eine kleine Gruppe älterer Damen plaudert bei einem Hochzeitsempfang im Vorraum der Damentoilette mit der jungen Braut und ihrer »kleinen Schwester«. Plötzlich werfen sich die Schwestern einen Blick zu, nehmen sich gegenseitig bei der Hand, murmeln eine Entschuldigung und verlassen den Raum. Die zurückbleibenden Damen können nicht anders, als die beiden um ihre Verständigung ohne Worte zu beneiden.

Fünf Schwestern im Alter von fünf bis fünfzehn Jahre sitzen nach der Schule um den Eßtisch und nehmen einen kleinen Imbiß zu sich. Seit einer halben Stunde erzählen sie mir, wie es ist, so viele Schwestern zu haben, und welche von ihnen die Streitlustigste ist und Aufregung in die sonst so harmonische Familie bringt. Wie sie so schwatzen, kichern und sich gegenseitig necken, fällt mir die älteste Schwester auf, die ruhig dabeisitzt und stolz und liebevoll ihre jüngeren Schwestern beobachtet. Ich muß mich abwenden, denn ich spüre Tränen in mir aufsteigen. Das Ganze erinnert mich so sehr daran, wieviel mir meine zwei jüngeren Schwestern, als ich sie noch bemuttern konnte, bedeutet haben.

Ich frage zwei Schwestern – sie sind beide zwischen sechzig und siebzig Jahre –, welche von beiden mir schildern möchte, wie es war, als der Vater sie verlassen hat. Sie sitzen nebeneinander auf einem kleinen Sofa. Auf meine Frage hin sehen sie sich ungefähr zehn oder fünfzehn Sekunden lang an (mir kommt es vor wie fünf Minuten). Ich schaue ganz genau hin, kann aber kein geheime Zeichen zwischen den beiden entdecken, kein Wort, keine Bewegung der Lippen. Als die Ältere sich mir zuwendet und zu erzählen beginnt, während die andere sich entspannt zurücklehnt, wird mir klar, daß sie sich irgendwie gegenseitig geeinigt haben müssen, wer das Wort ergreifen soll – mir jedenfalls ist dieser Dialog entgangen.

Schwesterlicher »Gleichklang«

So wie Schwestern verschiedene Charaktereigenschaften haben, können auch ihre Stimmen von unterschiedlichem Klang und Sprachrhythmus sein. Viele Frauen haben mir jedoch gesagt, daß sie und ihre Schwestern »ähnliche Stimmen« haben und am Telefon häufig verwechselt werden. Eine Frau erzählte, daß ihr Sohn, als er noch klein war, in Maine im Ferienlager war und dort von ihrer Schwester, die in der Nähe wohnte, besucht wurde. »Mein Sohn brach in Tränen aus, als sie sich mit ihm unterhalten wollte. Später sagte er mir, daß er damals großes Heimweh hatte und daß die Stimme meiner Schwester, die mir sonst überhaupt nicht ähnlich sieht, ihn an mich erinnert hätte.«
Nicht immer freuen sich Schwestern über diese Ähnlichkeit der Stimmen. Eine Frau weigerte sich zu glauben, daß sie sich anhört wie ihre ältere Schwester, zu der sie kein gutes Verhältnis hat. »Wir gingen in unserer Kindheit und Jugend getrennte Wege, warum sollten wir die gleiche Art zu sprechen haben?«, fragt sie mich in genau demselben schleppenden Tonfall wie ihre Schwester.

Miteinander reden und miteinander lachen

Wieviel (nicht unbedingt wie bedeutungsvoll) Schwestern miteinander sprechen, hängt von ihrer Persönlichkeit, dem Grad der Vertrautheit und den Umständen ab. Eine mitteilsame Frau, die gerade in einer Scheidung steckt, muß einfach mindestens einmal, manchmal auch zweimal am Tag mit ihrer Schwester sprechen. Eine Vierundzwanzigjährige, die eine neue Stelle in einer fremden Stadt angetreten hat, ruft ihre ältere Schwester an, weil sie Beistand nötig hat. Dabei erfährt sie, daß diese kommen und ihren Urlaub bei ihr verbringen wird, »damit wir alles bereden können«. Einige Frauen meinten, sie hätten mehr mit ihren Schwestern geredet, als die Kinder noch klein waren und sie Rat und Hilfe brauchten. Andererseits behaupten Schwestern im Alter zwischen fünfzig und siebzig Jahren, daß sie häufigeren Kontakt zu ihren Schwestern hätten als in früheren Jahren (dieses Phänomen werden wir später in diesem Buch noch genauer betrachten).

Wiederholt sprachen Frauen von den langen Ferngesprächen, die sie mit ihren Schwestern führten. So sagte eine Frau, wenn sie sich am Samstag in ihr Schlafzimmer einschließe, wisse die ganze Familie, daß sie jetzt mit ihrer Schwester telefonieren will. Einige wenige meinten auch, ihre Männer würden diese langen und regelmäßigen Telefongespräche nicht gerne sehen. »Er fühlt sich dann ausgeschlossen«, sagte die Frau, die zwei- oder dreimal im Monat etwa eine Stunde mit ihrer Schwester telefoniert. »Er denkt wohl, ich rede mit ihr über unsere Ehe. Er mag es nicht, wenn ich ihr soviel erzähle, aber ich ignoriere das einfach.«

Viele Frauen erzählten mir, daß sie mit ihren Schwestern herzlicher lachen können als mit ihren Freundinnen. Die Schwestern fühlen sich dann wieder in ihre Kindheit zurückversetzt, als die Erwachsenen keine Ahnung hatten, warum sie am Eßtisch oder hinter der geschlossenen Schlafzimmertüre soviel zu lachen hatten. Diese Witze, die nur ihnen verständlich waren, brachten die Schwestern auf eine gemeinsame Ebene. Das Lachen der Schwestern war auch ein gutes Mittel, Spannungen innerhalb der Familie abzubauen. »Meine Schwester und ich haben lieber gelacht als geweint«, sagte die älteste von drei Schwestern, deren Kindheit durch den Tod eines Bruders im Teenageralter getrübt war. Eine Frau, die noch zwei ältere und eine jüngere Schwester hat, erzählte, daß bei einem Treffen mit ihren Schwestern alle durcheinanderreden und lachen. »Mein Mann versteht das nicht, er

denkt, wir hören nicht, was die anderen sagen, dabei hören wir es gut.«
Eine andere Frau, die ihre vier Schwestern als großes Glück empfindet, erzählte, daß sie und ihre Schwestern oft so lachen müssen, daß ihnen die Tränen kommen und sie die Sätze nicht zu Ende bringen können. »Niemand weiß, was so lustig ist und warum wir uns nicht mehr beherrschen können. Mein Mann mag es nicht, wenn wir in diesen Zustand geraten.«

»Erzähl mir von deinem Liebesleben«

Reden Schwestern miteinander über ihr Liebesleben? Was die Frauen meiner Umfrage, mich selbst und meine Freundinnen anbelangt, lautet meine Antwort: Weniger, als man eigentlich annehmen würde. Es hängt auch hier von der Art der Persönlichkeit ab und dem Grad der Vertrautheit, der bereits vorher zwischen den Schwestern herrschte. Ein weiteres Kriterium ist, wie die Schwestern mit ihrem Konkurrenzverhalten umgehen können und inwieweit sie Angst vor Verurteilung und Kritik haben. Frauen zwischen Zwanzig und Vierzig sprechen mit ihren Schwestern über das Aussehen und den Charakter ihrer Liebhaber oder über Auseinandersetzungen und besondere Ereignisse, aber ihr eigentliches Sexualleben behalten sie für sich. Eine Fünfundzwanzigjährige drückte es so aus: »Wenn meine Schwester von einer Verabredung nach Hause kommt, frage ich sie nie, was sie mit ihrem Freund gemacht hat – so wie auch sie mich nie fragt, was ich mit meinem Freund gemacht habe.«
Ältere Schwestern, Ende Vierzig und mehr, gehen ebenfalls nicht ins Detail, was ihr Liebesleben betrifft, oder sie machen Anspielungen, ohne allzu genau zu werden. Eine Frau meinte, sie

versuche Anhaltspunkte über das Liebesleben ihrer Schwester zu erhaschen. Der Grund, warum sie es nicht wagt, sie direkt danach zu fragen, ist ihre Angst, die Schwester könnte ein befriedigenderes Sexualleben haben als sie. Eine Freundin von mir hat ihren Schwestern nie anvertraut, daß sie eine außereheliche Affäre hatte, aus Angst, von ihnen kritisiert und verurteilt zu werden. »Einerseits habe ich das Gefühl, nicht ehrlich zu ihnen zu sein, weil ich es nicht erzähle, andererseits habe ich aber auch Angst, von ihnen verletzt zu werden.«

Ehe und Partnerbeziehungen als Gesprächsstoff

Abgesehen vom Sex, der ein heikles Thema sein kann aber nicht sein muß, reden viele Frauen aus meiner Umfrage mit ihren Schwestern über alle Aspekte ihres Ehe- und Familienlebens. Voraussetzung ist natürlich ein gewisses Maß an Vertrautheit. Interessanterweise sind Frauen anfänglich eher bereit, mit einer Freundin Vertraulichkeiten über ihre Ehe auszutauschen. Dies mag jedoch auch geographische Gründe haben, da Freundinnen gewöhnlich in der Nähe wohnen und daher besser erreichbar sind als Schwestern.

Wie Lillian Rubin sagt, gründen Frauenfreundschaften im allgemeinen auf dem Austausch von Vertraulichkeiten, Selbstenthüllungen, Fürsorglichkeiten und emotionaler Unterstützung. Sie sagt ferner, daß Frauen leicht Bindungen zu anderen Frauen aufnehmen können, da es »eine Fortsetzung ihrer frühen Erfahrung« der Bindung an die Mutter ist und auf eine gewisse Art auch ein Prozeß der Selbstfindung oder der eigenen Individuation.

Wenn dem so ist, warum zögern wir dann, unseren Schwestern

gegenüber vollkommen offen zu sein? Die Antwort liegt in der Vielschichtigkeit dieser Beziehung begründet. Einerseits halten wir uns zurück wegen unseres Konkurrierens und ungeklärter strittiger Punkte oder aus Angst, unsere Verwundbarkeit zu zeigen, andererseits wenden wir uns aber auch an die Schwestern in Krisensituationen oder wenn wir den Prozeß der Individuation abgeschlossen und erkannt haben, daß unsere Schwestern keine Gefahr sind, sondern zur Erfüllung unseres Lebens beitragen. Wenn wir die Wurzeln unseres Konkurrenzverhaltens erkannt haben oder wenn wir in großer Bedrängnis sind – sei es durch eine Brustkrebsdiagnose, den Verlust des Arbeitsplatzes oder schlicht Altersbeschwerden –, wenden wir uns unseren Schwestern zu, die Teil unserer eigenen Identität sind. Wir können Vertrautheit von unseren Müttern lernen, aber nur wenige Frauen haben ein allumfassendes Vertrauensverhältnis zu ihnen. Das gleiche gilt auch für Schwestern. Allerdings ist bei Schwestern, da sie derselben Generation angehören und dadurch ähnliche Erfahrungen machen, das Potential für gegenseitige Vertraulichkeit in einem gewissen Stadium ihrer Entwicklung größer (falls dies von den Schwestern überhaupt gewünscht wird).

Wahres und Unwahres über schwesterliche Kommunikation

Es ist wohl ein Mythos, und zwar einer der ärgerlichsten, der über Schwestern kursiert, daß diese sich ihren Ärger gegenseitig offen sagen können. Das Klischee von der Schwester, die der anderen gegenüber kein Blatt vor den Mund nimmt, bedeutet nicht, daß die Schwestern auf diese Weise ihre Differenzen beilegen, sondern vielmehr, daß sie so ihren Kampfgeist aufrechterhalten, wie damals, als sie kleine Mädchen waren und sich an den Haaren rissen oder sich bei der Mutter anschwärzten. In den gegenwärtig gezeigten Fernsehserien über Schwestern werden diese als reizbare, unverblümt ihre Meinung sagende, raffinierte Frauen dargestellt, die über alles, was ihnen gerade in den Sinn kommt, das Gespräch mit ihren Schwestern suchen, gleichgültig wie gefühllos und verletzend dies ist. Wäre dies im wirklichen Leben auch so, würde meiner Meinung nach das schwesterliche Verhältnis darunter sehr leiden. Um ein der Wahrheit gemäßeres Bild über Kommunikation unter Schwestern zu erhalten, sollten wir zum einen überprüfen, wie Schwestern mit Ärger umgehen, und zum anderen, wie sie heikle Themen anfassen – beides ist gleich wichtig in der direkten und indirekten Kommunikation zwischen Schwestern.

Die meisten der von mir interviewten Frauen erklärten, sie könnten ihren Ärger der Schwester nicht direkt ins Gesicht sagen.

Eine Frau sagte stellvertretend für viele andere: »Als wir klein waren, stritten wir miteinander, heute sagen wir uns unseren Ärger nie mehr offen ins Gesicht.«

Im allgemeinen behaupteten die Frauen aus meiner Umfrage, ihren Unmut der Schwester gegenüber zurückzuhalten, und zwar unabhängig davon, wie eng die schwesterliche Bindung ist. Dieselbe Meinung herrscht auch bei meinen Freundinnen vor, und auch in meiner eigenen Familie lassen sich Konfrontationen zwischen Erwachsenen an einer Hand abzählen. Und wenn es doch einmal geschehen ist, erinnern wir uns bis in die kleinsten Einzelheiten daran.

Natürlich bin ich bei meiner Umfrage auch auf Ausnahmen gestoßen. Meistens waren es jüngere Schwestern im Alter zwischen Zwanzig und Dreißig, die kaum oder überhaupt keine Hemmungen hatten, ihren Schwestern unverblümt die Meinung zu sagen. Da ihre Duldsamkeit den Schwestern gegenüber nur gering ist, kommt es immer wieder zu Streit über alles mögliche

(von den Männern, mit denen sie ausgehen, bis hin zur Wahl der Arbeitsstelle). Wie in der Adoleszenz behaupteten sie, Dampf ablassen zu müssen. Sie beschuldigten sich gegenseitig der Faulheit und des Egoismus, bezeichneten sich als Nervensäge oder beklagten sich, von der anderen von manchen Dingen ausgeschlossen zu werden. Ihre Streitereien, oft ein Überbleibsel aus der Kindheit, dauerten meistens nicht lang, oft hatten sie sich Minuten danach wieder beruhigt und waren erneut ein Herz und eine Seele. Eine Mutter von zwei Töchtern Mitte Zwanzig erzählte, daß sie das Zimmer verlassen muß, wenn die zwei aufeinander losgehen. Kommt sie dann zwanzig Minuten später wieder zurück, ist es, als ob nichts gewesen wäre. »Die beiden reden und lachen wieder miteinander wie zuvor.«
Bei den meisten Frauen meiner Umfrage kommen Auseinandersetzungen und Versöhnungen jedoch so gut wie nie vor.

»Wir sind fast nie böse aufeinander. Passiert es doch einmal, ist sie es, die böse auf mich ist. Von Anfang an, als sie zwei und ich ein Jahr alt war, hat sie auf mich aufgepaßt.«
(Vierundzwanzigjährige, die zweite von drei Töchtern, über ihre älteste Schwester.)

»Ich weiß nicht, warum ich ihr meinen Ärger nicht zeigen kann. Ich kann es bei meinem Mann, meinen Kindern und meinen Freundinnen, aber nicht bei meiner Schwester. Ich kann meiner Mutter sagen, was ich fühle, ohne Angst haben zu müssen, ihre Liebe zu verlieren. Doch zu meiner Schwester kann ich nie sagen: ›Du Fiesling. Du bist ohne Grund abgehauen, als es in der Familie Probleme gab. Hättest du nicht wiederkommen können?‹ Ich habe das nie gesagt, aber ich bin mir sicher, sie weiß, daß ich so denke.«
(Fünfundvierzigjährige ältere Schwester, die sich allein um die kränkelnde Mutter kümmert.)

»Es braucht viel, bis ich meine Beherrschung verliere. Bei meinen Schwestern ist es mir erst ein- oder zweimal passiert. Manchmal ist Leonas Selbstbewußtsein so gering, daß ich überhaupt nicht mit Kritik kommen darf. Ich schwäche dann alles ab.«
(Dreiunddreißigjährige über ihre jüngeren Zwillingsschwestern.)

»Ich bin diejenige, die die Risiken eingeht, trotzdem zeige ich ihr nie, daß ich mich über sie ärgere.«
(Einundvierzigjährige, die ältere von zwei Schwestern.)

In Anbetracht dessen, was wir über die Psychologie der Frau wissen, sind diese Äußerungen nicht ungewöhnlich. In Studien wurde nur allzuoft nachgewiesen, daß Frauen Schwierigkeiten haben, ihren Ärger auszudrücken. Brave Mädchen verlieren ihre Beherrschung nicht, weil ihnen sonst die Liebe von Mama oder Papa entzogen werden könnte, und da Autonomie in ihrer Erziehung keine große Rolle gespielt hat, empfinden sie diese Möglichkeit als viel zu beängstigend.
Diese Theorie hat ihre Berechtigung im Dreiecksverhältnis Kind/Erwachsene. Jüngere Geschwister finden jedoch Gelegenheiten, wo sie sich gehenlassen und ihren Ärger in Worten und/oder Taten zum Ausdruck bringen können. Raufereien oder lautstarke Auseinandersetzungen zwischen jüngeren Schwestern werden meist als unschicklich angesehen und vielleicht sogar bestraft, aber sie unterliegen nicht der unbewußten Bedrohung, dadurch die elterliche Liebe zu verlieren. Zweifellos kann die Konkurrenz zwischen jüngeren Schwestern stärker und leidenschaftlicher sein als die Angst vor Liebesentzug. Für einige kleine Mädchen jedoch – insbesondere diejenigen, denen die Mißbilligung der Eltern sehr zu Herzen geht – sind Auseinandersetzungen mit einer Schwester etwas viel zu Bedrohliches, um es überhaupt in Erwägung zu ziehen. In meiner Umfrage haben sich viele der erstgeborenen Schwestern oder der Schwestern, die sich

selbst als »Friedensstifterin« in der Familie sehen, nie oder selten erlaubt, ihrem Zorn auf die Schwestern Luft zu machen. Gleichgültig, ob dies nun Teil ihrer Rolle als Ersatzmutter war oder ihrem Wunsch nach Frieden in der Familie entsprach oder ihrem Bedürfnis, die Anerkennung der Eltern nicht zu verlieren, gewöhnlich haben sie es ein wenig bedauert, daß sie eine Kindheit ohne die Neckereien und Spötteleien der anderen Schwestern verbracht haben.

Wie bereits erwähnt, habe ich keine Kämpfe mit meinen Geschwistern ausgetragen, die sich ihrerseits sehr wohl ihre Schlachten geliefert haben. Doch als ich neun Jahre alt war, hatte auch ich meine leidenschaftlichen Erlebnisse, wenngleich aus zweiter Hand. Ich liebte es, an Samstagvormittagen auf dem Bett meiner Freundin Diane zu sitzen und sie bei ihren Auseinandersetzungen mit ihrer ein Jahr älteren Schwester Marilyn zu beobachten. Die Mutter der beiden war Witwe, eine etwas unheimliche Frau, die auf ein tadellos sauberes und »ruhiges« Haus achtete. Während der Woche arbeitete sie für eine Versicherungsfirma, und an den Wochenenden und Abenden gab sie Klavierunterricht. Sie hatte wenig Zeit oder auch Geduld für Dianes und Marilyns »Mumpitz«, wie sie deren Streitereien verächtlich abtat. Im Schlafzimmer der beiden spielten sich an den Wochenenden die herrlichsten Szenen ab, während ihre Mutter eine Etage tiefer Klavierunterricht gab. Mit dem Schlittschuhwalzer als Hintergrundmusik packten sie sich an den Handgelenken und hinterließen dort die Spuren ihrer Fingernägel, oder sie schrien sich wüste Drohungen zu. Bei einem ihrer besten Kämpfen zerriß Diane den Ärmel von Marilyns weißer Bluse. Beide haben die Kämpfe überlebt, und ihre Mutter hat nie etwas mitbekommen – zumindest glaubte ich das damals. *(Diese zwei Schwestern sind heute die besten Freundinnen. Sie leben zweihundert Meilen voneinander entfernt und kümmern sich gemeinsam um ihre Mutter und Tante, die in einem Altersheim wohnen.)*

Den meisten Frauen machte es Spaß, über ihre »frühen Kampfzeiten« zu berichten. Ohne Zweifel können süße kleine Mädchen üble Spuren hinterlassen wie Beulen, blaue Flecken, blaues Auge und Bißabdrücke an Hals und Armen. Bei mehreren Frauen war die erste Erinnerung an ihre Schwester mit einer körperlichen Verletzung verbunden. So erinnerte sich eine Frau, wie sie vom Klavierstuhl gestoßen wurde, und eine andere, wie ihre ältere Schwester und deren Freundin sie bei der Jagd auf Jungen so ungeduldig mitzogen, daß ihre Knie und Schienbeine aufschürften.

»Ich habe eine Narbe am Kopf, weil meine Schwester mir einen Schlag mit der Schaufel versetzte«, erzählte eine siebenundvierzigjährige Frau, und in ihrer Stimme schwang sogar so etwas wie Stolz mit. »Keine Ahnung, warum sie das gemacht hat. Und ich weiß auch noch, daß eine von uns der anderen einen Stuhl auf den Kopf geschlagen hat, wahrscheinlich war ich das.«

Anne, eine meiner liebsten Freundinnen, ist bekannt dafür, daß sie schwierige Situationen stets mit Gelassenheit und Diplomatie in den Griff zu bekommen versucht. Wie sie mir gestand, hat sie im Alter von acht Jahren ihre ältere Schwester so vom Bett gestoßen, daß diese sich dabei das Schlüsselbein brach. »Wir stritten uns wegen einer Puppe«, erklärte sie mir ruhig und mit einem Anflug von Stolz.

Auch wenn Schwestern im Kindesalter keine körperliche Gewalt anwenden, können sie einander doch ärgern, anschwärzen oder nach allen Regeln der Kunst überlisten. Ohne mit der Wimper zu zucken, schließen sie die andere in die Besenkammer ein, »vergessen« wichtige Nachrichten vom Freund weiterzugeben, klauen sich gegenseitig ihre Kleider, machen einander in der Öffentlichkeit lächerlich und planen oder drohen, die andere zu »verlieren«, zum Beispiel im Kaufhaus oder beim Picknick der Kirchengemeinde. »Schwestern können ganz schön boshaft und

gehässig sein«, meinte eine junge Frau, die sich noch sehr gut an die Zänkereien ihrer Kindheit mit ihren zwei Schwestern erinnert.
Eine Frau erzählte, wie sie und ihre andere Schwester sich an der jüngsten Schwester, die Papas Liebling war, rächten, indem sie ihr während Autofahrten ihre »Schmusedecke« wegnahmen und zum Rückfenster des Kombiwagens hinaushängten. Wenn die kleine Schwester daraufhin entsetzt zu brüllen begann und der Vater nach kurzer Zeit »Was ist denn los da hinten«, schrie, behaupteten die zwei kleinen Biester, keine Ahnung zu haben, warum die Jüngste sich so aufführte.

Legitimer Terror

Man sagt, psychischer Terror und physische Mißhandlung unter Geschwistern sei genauso schädlich wie Mißhandlungen durch die Eltern. Ich habe bei der Sichtung für dieses Buch nicht speziell nach solchen Vorkommnissen Ausschau gehalten. Doch zwei Frauen sind bei ihren Interviews darauf zu sprechen gekommen. Beide erzählten von der Angst vor ihren Schwestern und deren Macht über sie. Eine der Frauen behauptete, ihre Schwester hätte sie so verhöhnt und verspottet, daß sie unfähig war, Freundschaften zu schließen und ein vertrauensvolles Verhältnis zu ihrer Mutter zu entwickeln. Alles spielte sich anscheinend hinter dem Rücken der Mutter ab, die der Meinung war, die ältere Tochter würde die jüngere, die sehr schüchtern war, beschützen. Die andere Frau, deren vollständige Geschichte im elften Kapitel erzählt wird, wurde von ihrer älteren Schwester physisch mißhandelt. Die beiden Mädchen wuchsen in den vierziger Jahren in einer Familie auf, in der körperliche Züchtigung an der Tagesordnung war. Bei ihren Eltern – europäischen Immigranten – galten Schläge und Stöße als normale Erziehungsmethoden. Dennoch ahnte diese Frau, daß etwas nicht stimmte, denn sie versteckte instinktiv ihre von der Schwester zerkratzten Hände aus Angst, die Mutter könnte sie beide dafür bestrafen.

Eine willkommene Veränderung im Verhalten

Zum Glück sind Mißhandlungen unter Schwestern selten. Meistens ist es so, daß Schwestern, sobald sie ins Erwachsenenalter kommen, friedfertiger werden. Wenn die Schwestern das elterliche Nest verlassen, sei es, um zu studieren oder um auswärts berufstätig zu werden, beginnen sie, einander als eigenständige Persönlichkeiten zu sehen und nicht mehr als Feindinnen, die um die Gunst der Eltern wetteifern. Reste ihres Konkurrenzdenkens mögen zwar immer noch vorhanden sein, aber viele Frauen erklärten, sich im frühen Erwachsenenalter mit ihren Schwestern wieder besser verstanden zu haben. Zwei Schwestern, die die ganze Schulzeit über miteinander gestritten hatten, gaben viel Geld für Ferngespräche aus, während sie an verschiedenen Colleges studierten: »Sie erzählte mir von ihren Problemen, ich ihr von meinen.«

Ein anderer Faktor, der fast immer zum Tragen kommt, ist der Lernprozeß, der Mädchen allmählich dazu bringt, anderen gegenüber einfühlsamer zu sein. Dieses wachsende weibliche Bewußtsein von Schwestern reduziert die offene Rivalität und das offene Ausleben von Ärger; das trifft übrigens auch auf ihre Beziehungen Freundinnen und Kolleginnen gegenüber zu.

Schwestern halten sich zurück, sobald sie erkennen, was persönliche Beleidigungen (durch Schreien, Beschuldigen und Verspotten) anrichten können.

Harriet Lerner, die ausführlich über Frauen und Ärger geschrieben hat, glaubt, daß dieses Zurückhalten von Ärger nicht unbedingt etwas Schlechtes sein muß. Schwestern sollten sich deswegen keine Gedanken machen oder Gewissensbisse haben. Es ist tatsächlich oft die vernünftigere, angemessenere, feinfühligere Art, mit anderen umzugehen. Wie mir Harriet Lerner am Telefon erklärte, ist es teilweise auch einfach nur eine Frage der Entfernung: »Meine Schwester lebt zum Beispiel in Cambridge. Da ich sie nur ein- oder zweimal im Jahr sehe, überlege ich mir genau, was ich bei meinen kurzen Besuchen zur Sprache bringen will.«

Als ich mit Natalie Low am Cambridge Hospital über dieses Thema diskutierte, nannte ich ihr als Beispiel eine Frau, die das Gefühl hat, nicht ehrlich zu ihrer jüngeren Schwester zu sein, weil sie diese nie wegen ihrer zahlreichen Liebhaber zur Rede stellt, obwohl sie das sehr ärgert. »Warum sollte sie mit ihr darüber sprechen?« fragte mich daraufhin Natalie Low. »Die jüngere Schwester ist doch nicht dumm, sie weiß sicherlich, daß ihrer Schwester das nicht gefällt. Die ältere Schwester ist einfach nur taktvoll. Wenn ihr die Beziehung wichtiger ist als das Ärgernis, ist es weiser, sich zurückzuhalten.«

Harriet Lerner zufolge ist es keine gute Tat, wenn wir unseren Ärger immer aussprechen, da die absichtlich herbeigeführte Konfrontation nur noch mehr Ärger schafft. »Es besteht ein großer Unterschied zwischen ›seinem Ärger freie Bahn lassen‹ und strittige Themen ansprechen. Seit ich älter werde, sage ich nicht mehr: ›Ich bin wirklich stocksauer auf dich.‹ Ich glaube, Schwestern sollten strittige Themen zwar ansprechen, dabei aber nicht Dampf ablassen wollen. Wenn Schwestern eine enge Beziehung haben, sich täglich sehen und flexibel sind, kann es sein, daß sie ohne Probleme mit strittigen Themen fertigwerden.« Harriet Lerner fügte dann aber noch hinzu, daß im allgemeinen strittigen Themen eine beträchtliche Sprengkraft innewohnt, da Schwestern meistens kein so vertrautes Verhältnis miteinander haben.

Wie mit strittigen Themen umgegangen wird

»Ich bringe strittige Themen bei meiner Schwester nie zur Sprache. Sie regt sich so schnell auf und fängt dann schnell an zu weinen.«
(Siebenundvierzigjährige über ihre jüngere Schwester.)

Ärger zwischen Schwestern hat seinen Ursprung im Konkurrieren innerhalb der Dreiecksbeziehung mit einem Elternteil. Wie wir gesehen haben, wird im Laufe der Jahre dieses Konkurrieren ersetzt oder verschleiert durch andere Konflikte. Strittige Punkte gibt es viele, und sie spielen eine große Rolle im schwesterlichen Verhältnis.

Wie gehen Schwestern typischerweise mit ihrer Kritik und ihrem Ärger um? Wie zeigen sie es? Jede Familie hat ihre eigene Art der Reaktion und ihre eigene Art der Verständigung. Eine Frau beschreibt, was passiert, wenn sie ihre Schwester trifft, um über den Familiennachlaß zu sprechen: »Meine Schwester wird dann immer sehr bestimmend, und ich schmolle.« Ihr zufolge ist diese Reaktion inzwischen »über vierzig Jahre alt«. Als sie klein waren und sich stritten – über ein Spielzeug oder über die Frage, wer im Auto auf dem Vordersitz neben Vater Platz nehmen durfte –, verhielten sie sich genauso:

Eine Schwester behauptete sich, während die andere still vor sich hin schmollte.
Strittige Themen unter Schwestern werden im allgemeinen auf folgende fünf Arten angegangen: Auf Distanz gehen; strittige Themen umgehen; sarkastisch reagieren; sich bei einer dritten Person beklagen; Entschlossenheit, die Angelegenheit zu bereinigen. Die ersten vier Methoden können interagieren.

Gesunde und ungesunde Distanz

Frauen, die sich von ihren Schwestern distanzieren, wollen im allgemeinen dem unangenehmen Eingeständnis ihrer Gefühle und Rivalitäten aus dem Wege gehen. Manchmal wird dies auch als ambivalentes Stadium bezeichnet – das heißt, Schwestern können sich nicht entscheiden, welchen Standpunkt sie einnehmen sollen. Sie halten sich deshalb voneinander fern, telefonieren selten oder verharren ganz einfach in ihren unterschiedlichen Welten. Im neunten Kapitel werden wir sehen, daß diese zwei Welten unweigerlich zusammenkommen, wenn im Leben eine Krise oder eine Veränderung eintritt.
»Auf Distanz gehen« hat sowohl eine gesunde als auch eine ungesunde Seite. Ungesund daran ist, daß man dadurch nichts gewinnt. Wer seine Schwester nur einmal im Jahr sieht oder nur zu Weihnachten mit ihr telefoniert, bringt sich selbst und die Schwester um eine potentiell schöne und bereichernde menschliche Beziehung. Je länger beide auf Distanz bleiben und je länger sie die Lösung ihrer Probleme hinausschieben, um so schwieriger wird eine Verständigung. Viele Frauen sagten mir, daß sie sich bei auftretenden Problemen in Freundschaften mit Frauen ähnlich verhalten. Statt über die Probleme zu diskutieren oder die Freundschaft zu beenden, ziehen sie sich einfach nur von der Freundin zurück, ohne eine Erklärung dafür abzugeben.

Andererseits – und das ist die gesunde Seite bei Distanzierung – kann es für den Moment das einzig richtige Verhalten sein. Wir alle distanzieren uns von Zeit zu Zeit, sowohl in unserer Ehe als auch von unseren Kindern. Es ist, als ob wir eine Atempause bräuchten, um uns über unseren weiteren Weg klarzuwerden; in dieser Zeit erholen wir uns von dem emotionalen Druck der Intimität. Frauen, die mehrere Schwestern haben, geht es in dieser Hinsicht besser. Sie können sich von der einen Schwester distanzieren, gleichzeitig aber mit einer anderen Schwester in engem Kontakt bleiben. Dadurch treten weniger intensive Verluste oder Schuldgefühle auf. Eine Frau spricht von einem »unangenehmen Gefühl«, das entstand, als sie drei Tage Urlaub mit ihrer älteren Schwester gemacht hatte. »Es war wunderschön, aber nach einer Weile wurde mir bewußt, daß ich seit drei Monaten nicht mehr mit meiner jüngeren Schwester telefoniert habe. Sie hat Probleme in ihrer Ehe, über die sie aber nicht mit mir sprechen will. Wahrscheinlich hat sie Angst, ich könnte ihr raten, den Kerl zu verlassen. Und genau das würde ich ihr auch sagen.«

Vermeidung strittiger Themen – eine Art weiblicher Diplomatie

Eine Frau Anfang Dreißig hat einer jüngeren Schwester vor einigen Jahren eine stattliche Summe Geld geliehen. Bis heute hat sie noch nichts von dem Geld zurückbekommen. Wenn die beiden Kontakt miteinander haben, was mehrmals im Monat der Fall ist, vermeiden beide das Thema. »Ich will mich deswegen nicht ärgern«, sagt die ältere Schwester und redet mit der Schwester lieber über Musik als über ihre Finanzen. Für sie ist die Vermeidung des Themas keine große Angelegenheit, da sie das Geld im Moment nicht braucht und auf diese Weise eine gute

Beziehung zu ihrer Schwester pflegen kann. Ihr ist aber bewußt, daß es in dem Moment zu einem Problem werden kann, wo sich das Thema nicht mehr vermeiden läßt.
Eine andere Frau meinte, die Spannungen zwischen ihr und ihrer Schwester kämen deshalb nicht zum Ausbruch, weil sie sich nur treffen, um zusammen einzukaufen. »Wir tun das beide wahnsinnig gern, wir sind dann beschäftigt und haben keine Zeit für andere Themen. Sie weiß es genauso wie ich ... es ist kein Problem.«

Sarkasmus

Aggie kann sich nicht damit abfinden, daß ihre Schwester Liz nicht wie sie täglich von neun bis fünf Uhr arbeitet und daß Liz' Ehemann mehr verdient als ihr Mann. Sie zeigt dies aber nicht offen, sondern versteckt es hinter sarkastischen Bemerkungen, die Liz aber mehr treffen als körperliche Schläge. Als Liz Aggie zum Beispiel erzählte, daß sie sich Sorgen mache, weil ihr studierender Sohn einen Job in der Innenstadt angenommen habe, wo die Kriminalitätsrate hoch sei, gab ihr diese zur Antwort: »Das ist nur ein Problem für Jugendliche, die mit der eigentlichen Welt noch nie in Berührung gekommen sind, für die das Leben immer nur Sonnenseiten hatte.« Verblüfft und verletzt schwor sich Liz, wie so oft schon zuvor, Aggie nichts mehr über ihr Familienleben zu erzählen.

Paula Marantz Cohen, achtunddreißig, ist Literaturkritikerin. Ihr Interesse gilt Familien und deren Strukturen, besonders während des 19. Jahrhunderts, dem viktorianischen Zeitalter, in dem auch die Schwestern Austen und Brontë lebten. Teile ihrer Arbeit befassen sich mit der Rolle, die sarkastische Bemerkungen zwischen Schwestern spielen. Wie Paula Cohen mir erklärte, »ist es eine Art moderaten Rivalisierens, indem man nichts zu nahe an sich herankommen läßt. Sarkastische Bemerkungen gab es zwischen Jane Austen und ihrer Schwester Cassandra genauso wie zwischen mir und meiner jüngeren Schwester. Rivalität fördert den Sarkasmus und wird dadurch gleichzeitig parodiert. Die Schwester wandelt Rivalität in Sarkasmus um und kann sie auf diese Weise ausleben.«

Cassandra, die immer brav vor der Veröffentlichung die Manuskripte ihrer Schwester las, war einmal in der peinlichen Situation, ihre Schwester um eine zweite Kopie von *Erste Eindrücke* (ursprünglicher Titel von *Stolz und Vorurteil*) bitten zu müssen, da sie die erste Kopie, die sie längst gelesen haben sollte, nicht mehr finden konnte. Jane sandte ihr daraufhin eine zweite Kopie des Originalmanuskripts und schrieb dazu folgende sarkastische Bemerkung: »Mich wundert nicht, daß du *Erste Eindrücke* noch einmal lesen möchtest, hast du dich doch erst wenig damit beschäftigt, und das bereits vor recht langer Zeit.«

Nach dieser spitzen Bemerkung hatte Cassandra keine andere Wahl, als den Text noch einmal Wort für Wort zu lesen. Als ich Paula Cohen gegenüber bemerkte, daß man den feinen Sarkasmus von Jane Austen auch passiv-aggressives Verhalten nennen könnte, verneinte sie dies (im Gegensatz zu anderen Kritikern). Wir einigten uns dann aber darauf, daß sich die viktorianischen Lebensumstände hervorragend für sarkastisches Geplänkel eigneten. Die Austens wohnten und arbeiteten, wie viele andere Schwestern damals, bis weit ins Erwachsenenalter im selben Haus. Es war im viktorianischen Zeitalter durchaus üblich, daß die ledige Schwester bei der verheirateten Schwester lebte. Dadurch wurden Haushaltskosten gespart, und die verheiratete Schwester hatte jemanden, dem sie ihre Sorgen anvertrauen konnte. »Allein durch diese Nähe waren Spannungen bei den Austens nicht zu vermeiden«, sagte Paula Cohen. »Jane und Cassandra waren Sentimentalitäten unangenehm. So geht es mir auch mit meiner Schwester. Sarkasmus liegt uns mehr als Sentimentalität. Wir haben das Gefühl, uns durch Sentimentalität in eine falsche Übereinstimmung zu flüchten.«

Sich über andere beklagen – ein natürliches Laster

Sich bei anderen über jemanden beklagen – wer von uns hat das nicht schon ab und zu getan? Wir beklagen uns über eine Schwester bei der anderen Schwester, der Mutter, anderen Familienmitgliedern oder Freundinnen. »Sich bei anderen über jemanden beklagen, ist ein vollkommen normales, menschliches Verhalten«, belehrte mich Harriet Lerner. »Es ist eine Art Naturgesetz, wir tun es einfach.« Harriet Lerner zufolge »haben wir eine Veranlagung für Dreiecksverhältnisse«. Werden die Spannungen zwischen zwei Menschen zu stark, wird eine dritte Person miteinbezogen. In dieser vorübergehenden Phase wendet man sich dann an eine Schwester, um sich bei ihr über eine andere Schwester zu beklagen. Die Schwester kann, nachdem sie sich alles angehört hat, vorschlagen, sich an die betreffende Schwester zu wenden und die Probleme mit ihr zu besprechen. Oder sie kann – und das verschlimmert alles nur noch – in die Beschuldigungen mit einstimmen, oder, als dritte Möglichkeit, die beiden beginnen, sich regelmäßig anzurufen, um über die Schwester herzuziehen. Daß Spannungen dadurch nicht abgebaut werden, versteht sich von selbst.
Wenn man sich in harmloser Form über die andere Schwester ausspricht, kann dies Spannungen mildern und die verunsicherte Schwester beruhigen. Eine Aussprache schafft eine Gemeinsamkeit mit der Person, der man sich anvertraut. Es entsteht eine Bindung, die einem zu einer momentanen Befriedigung verhilft. »Natürlich reden wir über diejenige, die nicht anwesend ist!«

verkündete die vierundsechzigjährige Rosemary, zweitjüngste der vier musisch begabten Schwestern aus dem vierten Kapitel. »Aber wir tun es auf liebevolle Art und Weise. Kürzlich mußte ich über Stella lachen. Esther hat ihr geblümte Bettwäsche geschenkt, obwohl Stella grundsätzlich nur weiße Bettwäsche benutzt. Jede hat mir ihre eigene Interpretation des Geschenks erzählt. Wir können über die anderen reden, weil wir wissen, daß wir uns alle lieben.«

Wie die Soziolinguistikerin Deborah Tannen sagt, neigen Mädchen zum Tratschen, weil sie Gleichaltrige gern kritisieren, wenn diese anders sind oder besser als andere zu sein scheinen. Ich möchte dem noch hinzufügen, daß bei Schulmädchen der Wunsch oder das Bedürfnis zum Tratsch das Bedürfnis fördert, bei anderen über ihre Schwestern zu reden oder sich über sie zu beklagen. Viele der Frauen aus meiner Umfrage erinnerten sich, daß sie sich bei guten Freundinnen über ihre Schwestern beklagt haben oder wie sie es einfach nicht glauben konnten, daß ihre netten Freundinnen mit so »schrecklichen« Schwestern geschlagen waren.

Gefährlich wird es, wenn erwachsene Schwestern ständig hinter dem Rücken einer Schwester über sie herziehen, ohne daß die Angelegenheit einmal von Angesicht zu Angesicht geklärt wird. Dies ist – Harriet Lerner zufolge – sinnlos und schädlich; genauso, wenn wir dauernd bei Freundinnen kritisch über unsere Schwester reden. Sich über die Schwester zu beklagen, ist eine Gewohnheit, die nur schwierig abzulegen ist, wenn Schwestern sich nicht regelmäßig sehen oder eine ambivalente Beziehung haben oder sich in einer Situation befinden, der sie sich nicht mehr gewachsen fühlen.

Elsie, einunddreißig Jahre alt, redet mit ihrer Schwester Eileen, sechsundzwanzig Jahre alt, viel über ihre Schwester Chrissy, neunundzwanzig Jahre alt. »Chrissy war immer die am wenigsten ehrgeizige von uns Schwestern, sie hat sich nie Gedanken über sich und ihre Fähigkeiten gemacht. Ich sage also zu Eileen: ›Was ist bloß los mit Chrissy? Sie reist nicht gern, sie sitzt immer nur in diesem Nest.‹ Es ärgert mich, weil sie gerade wieder geheiratet hat und zwar, wie ich glaube, nur aus finanziellen Gründen. Es ist doch ein Jammer. Sie wäre auf Dauer glücklicher, wenn sie versucht hätte, sich ein eigenes Leben zu schaffen. Für sie war dies einfach der bequemere Weg.«

Wenn Elsie mit Eileen darüber spricht, kommen sie unweigerlich zu dem Schluß, daß sie an Chrissys Lebensweise nichts ändern können.

Elsie fügt dann noch hinzu: »Ich habe allerdings auch kein fünfjähriges Kind wie Chrissy und weiß nicht, wie das ist.«

»Mama, ich will nichts darüber hören«

Sich über andere zu beklagen, das kann speziell zwischen Schwestern und Müttern gefährlich werden. Dabei handelt es sich im Grunde genommen auch hier um etwas ganz Natürliches, das praktisch in jeder Familie vorkommt. Zu einem Problem wird es immer dann, wenn Schwestern sozusagen zum Resonanzboden der Mutter (und umgekehrt) werden oder wenn Schwestern nur über ihre Mütter miteinander kommunizieren. Es ist vollkommen verständlich, wenn zum Beispiel eine Schwester der Mutter sagt, die Gesundheit der jüngeren Schwester bereite ihr Sorgen, oder wenn eine Mutter seufzt, die ewigen Widerreden ihrer Schwester gingen ihr auf die Nerven. Gefährlich wird es in dem Moment, wo die Mutter und die Schwestern die Informationen dazu benutzen, die eine gegen die andere auszuspielen.

Die Schwestern, mit denen ich gesprochen habe und die selbst Mütter waren, berichteten, daß sie sich hauptsächlich dann bei anderen über ihre Töchter beklagten oder mit einer Tochter über die andere gesprochen haben, wenn sie selbst in schlechter Verfassung waren, zum Beispiel während einer Scheidung oder bei gesundheitlichen oder beruflichen Problemen. Anstatt das Gespräch mit der Tochter zu suchen, über die man enttäuscht oder verärgert ist, beklagt sich die Mutter über sie bei einer anderen Tochter oder versteckt ihren Ärger hinter Bemerkungen wie: »Ich mache mir Sorgen über deine Schwester. Bei ihr ist es in letzter Zeit abends immer sehr spät geworden.«

Jenna, achtundzwanzig, hat vier Schwestern und einen Bruder. Ihre Eltern sind geschieden. Sie sieht es als ihre Pflicht an, bei Streitereien in der Familie zu schlichten. Dies ist keine leichte Aufgabe, da ihre Mutter, der die Scheidung immer noch zu schaffen macht, ihre Kinder ständig manipuliert.

»Mutter hat es verstanden, uns gegeneinander auszuspielen. Sie tut es, wenn es ihr schlecht geht, immer noch. Eine Schwester wird dann zum Sündenbock gemacht, und Mutter redet hinter ihrem Rücken über sie. Ich habe das schnell durchschaut. Als meine jüngere Schwester Meg geschieden wurde und während dieser Zeit Rückhalt bei ihrem Vater fand, rief Mutter bei mir oder bei meinen Geschwistern an, um über Meg herzuziehen. Oder sie war im selben Zimmer wie Meg und behandelte sie wie Luft.«

Wenn Mütter und Töchter sich hinter dem Rücken der anderen über diese beklagen, kann dies durchaus harmlos sein, solange diejenige, bei der man sich beklagt, neutral bleibt oder nicht überreagiert.

Die neunundzwanzigjährige Carolyn sagt über ihre jüngere Schwester Amanda: »Ihr einziger Fehler ist ihre schreckliche Unzuverlässigkeit ... sie schwebt immer in den Wolken, hat tausend Eisen im Feuer, kommt grundsätzlich zwanzig Minuten zu spät und sucht dauernd ihre Autoschlüssel. Mutter dagegen ist hyperorganisiert, sie weiß immer, wo alles ist. Manchmal, wenn ich mit Mutter telefoniere, sagt sie: ›Deine Schwester macht mich wahnsinnig.‹ Ich versuche sie dann zu beruhigen, indem ich ihr rate: ›Nimm sie, wie sie ist. Sie kann nicht anders.‹ Ich nehme alles nicht so ernst, weil ich nicht in der Nähe wohne. Wenn ich mit meiner Schwester zusammenleben müßte, ginge sie mir mit der Zeit genauso auf die Nerven.«

Carolyns Art, mit der Mutter über die Schwester zu reden, birgt keine Gefahren, da sie es versteht, eine neutrale Haltung zu wahren. Dazu kommt, daß der Kontakt zwischen den beiden Schwestern nie abgebrochen ist, sie haben immer miteinander und auch mit der Mutter reden können, das heißt, die Kommunikation funktioniert im allgemeinen problemlos. Anders wäre die Situation, wenn Carolyn und Amanda um die Aufmerksamkeit der Mutter konkurrieren würden oder wenn die Mutter eifersüchtig auf die eine oder andere Tochter wäre. In diesem Fall könnte die Mutter ihre Informationen dazu benutzen, eine Schwester gegen die andere auszuspielen, oder die Tochter könnte in die Klagen der Mutter miteinstimmen, um so ihre Gunst zu erringen.

»Ich liebe meine Mutter, aber ich muß lernen, nicht auf ihre dummen Angewohnheiten hereinzufallen«, sagt eine einundvierzigjährige Frau, die ein gutes Verhältnis zu ihrer jüngeren Schwester hat. Ihre Mutter hat immer versucht, die zwei Schwestern mit Hilfe ihrer »Wehwehchen« zu manipulieren. Lädt zum Beispiel die Jüngere die Mutter zum Besuch ein, ruft die Mutter bei der Älteren an, um zu klagen: »Deine Schwester möchte, daß ich komme und auf die Kinder aufpasse, und ich habe doch immer diese Schwindelanfälle.« Damit will sie einerseits der Älteren einen Wink geben, der Jüngeren zu sagen, die Mutter nicht zu überfordern, andererseits ist es aber auch eine subtile Art, die eine Schwester bei der anderen anzuschwärzen.

»Ich muß sehr aufpassen, was ich meiner Mutter erzähle«, erklärt eine vierzigjährige Frau, deren Schwester zehn Jahre älter ist. »Mutter kann es nicht mehr richtig einordnen. Wenn ich ihr etwas

sage, verdreht sie den Sinn, und ich kriege es dann an den Kopf geschmissen. Meine Mutter konnte noch nie Probleme lösen, sie macht schon immer aus einer Mücke einen Elefanten. Sie ist nie sachlich geblieben. Wenn sie über meine Schwester spricht, höre ich ihr zu, mache mir meine Gedanken und sage nichts.«
Man kann das Verhalten dieser Frau als weitgehend vernünftig bezeichnen. Ihre alternde Mutter wird ihre Gewohnheiten nicht mehr ändern. Sie nimmt das, was die Mutter über ihre Schwester sagt, nicht allzu ernst und benutzt es auch nicht, um selbst bei der Mutter besser dazustehen.
Über andere zu reden ist harmlos, wenn diejenigen, bei denen man sich beklagt, eine neutrale Position einnehmen oder wenn es, wie Rosemary es zuvor beschrieben hat, auf eine liebevolle Art und Weise geschieht.

In welchem Ausmaß sollen wir über unsere Gefühle sprechen?

»In meiner Familie werden Gefühle nicht gezeigt. Als meine Mutter starb, haben wir nie darüber gesprochen. Wir sprechen nie über Gefühle.«
(Einunddreißigjährige, älteste von drei Schwestern)

»Jahrelang hat meine Schwester am Telefon Theater gespielt, alles war immer nur Fassade ... Ich habe ihr mein Herz über meine Ehe ausgeschüttet, und alles, was von ihr kam, waren diese üblichen Mitleidsfloskeln. Von einem echten, vertraulichen Gespräch keine Rede.«
(Achtundfünfzigjährige über die Beziehung zu ihrer jüngeren Schwester während ihrer Scheidung)

»Meine Schwester und ich haben ein sehr gutes Verhältnis; wir würden alles füreinander tun, aber ich glaube, ich bin nicht so vertraut mit ihr wie mit meinen Freundinnen.«
(Einundvierzigjährige über ihre neununddreißigjährige Schwester)

»Ich erzähle meiner Schwester alles. Es gibt nichts, was wir nicht voneinander wissen.«
(Achtunddreißigjährige über ihre einundvierzigjährige Schwester, mit der sie sich »nie gestritten hat«)

Es wird allgemein angenommen (und zwar sowohl von Frauen als auch von Männern), daß Schwestern vollkommen offen miteinander umgehen. »Zwei Schwestern, die sich gut verstehen, vertrauen sich ihre innersten Gefühle und Geheimnisse an«, sagte eine Frau, die keine Schwestern hat. Sie – und mit ihr viele Frauen ohne Schwestern – glaubt, Schwestern könnten sich alles erzählen, ohne befürchten zu müssen, daß es noch eine andere Person erfährt. Diese Vorstellung ist in meinen Interviews jedoch nicht bestätigt worden. Oft hörte ich Zwiespältiges oder Widersprüchliches, wenn es darum ging, ob Schwestern offen miteinander über ihre Angelegenheiten und Sorgen, sei es in der Ehe, mit den Kindern oder im Beruf, sprechen können.
Frauen möchten sich vielleicht ihrer Schwester anvertrauen, aber oft lassen das die Umstände nicht zu, das heißt, das emotionale Klima stimmt nicht, es fehlt ein gewisses Ausmaß an Verläßlichkeit und Intimität. Man muß sicher sein, daß die Schwester nichts an die Mutter oder den Vater oder ein Geschwister weitererzählt. Vor allen Dingen muß man über ein gewisses Maß an Selbstsicherheit verfügen, um sich Kritik auszusetzen.
Schwestern reden eher über ihre Probleme, wenn sie das Konkurrenzverhalten unter Kontrolle haben oder es nur latent oder kaum vorhanden ist. Bei den interviewten Frauen mit mehreren Schwe-

stern fiel mir auf, daß sie der jüngeren Schwester mehr anvertrauten als der Schwester, die ihnen im Alter am nächsten ist und mit der sie immer im Wettstreit standen.

Wenn einige oder mehrere dieser Faktoren nicht vorhanden sind, vertrauen Frauen ihre tiefsten Gefühle eher ihren Freundinnen als ihren Schwestern an. Ich habe auch mit Frauen gesprochen, die andere Frauen zu ihren »Wahlschwestern« ernannten. Diesen »idealen Schwestern« konnten sie dann alles anvertrauen, ohne sich vor ihrer Reaktion fürchten zu müssen. Es war dieselbe ideale Beziehung, die Frauen ohne Schwestern mit ihren besten Freundinnen pflegen.

Das heißt nun aber nicht, daß schwesterliche Beziehungen weniger wert sind als sonstige Frauenfreundschaften. Es zeigt vielmehr, daß unsere Schwestern Vorbild sind, wenn wir bestimmen, was wir in unseren Frauenfreundschaften gewinnen oder vermeiden möchten. Es beweist ferner, wie kraftvoll die Dynamik der schwesterlichen Beziehungen ist: Ob es nun richtig oder falsch ist, eine Frau hält sich bei ihrer Schwester zurück, weil sie Angst hat vor Zurückweisung, Verurteilung oder, noch schlimmer, Verlust ihrer Zuneigung, wenn sie diese einmal dringend benötigen wird.

Ein anderer Grund, warum Schwestern kein enges Vertrauensverhältnis haben, kann schlicht und einfach auch an der geographischen Situation liegen. Wenn die Freundinnen in der Nähe wohnen oder es nur eines Ortsgespräches bedarf, um sich mit ihnen in Verbindung zu setzen, ist es verständlich, daß man sich mit seinen Sorgen an sie wendet. Bei einem Ferngespräch mit der weit entfernt wohnenden Schwester fehlen die Zeit und die Nähe, um über das Ende einer Liebesaffäre oder die Probleme bei der Arbeit zu reden.

Eine dreißigjährige, unverheiratete Frau, die in Washington, D.C., wohnt und zwei jüngere Schwestern in Kalifornien hat, meinte: »Wenn ich Trost brauche, wende ich mich zuerst an

meine Freundinnen hier in der Stadt. Wenn ich aber erfahren würde, daß ich an einer tödlichen Krankheit leide, würde ich meine Sachen packen und zu meinen Schwestern nach Kalifornien gehen.«
Eine meiner Freundinnen, die gerade einen gemeinsamen Urlaub mit ihrer älteren Schwester plant, sagte mir: »Ich würde gern offener mit meiner Schwester sein, aber ich habe Angst, wie sie darauf reagiert. Wenn ich nur wüßte, wie ich mich verhalten soll.«
Ich habe festgestellt, daß es vielen Frauen zwischen Vierzig und Sechzig ähnlich geht. In diesem Alter findet oft eine Veränderung oder Annäherung in der Beziehung der Schwestern statt. Ich kenne solche Gefühle, besonders in der Beziehung zu meiner jüngsten Schwester Janet. Weil uns so viele Jahre und auch so viele Kilometer trennen und weil wir auch ein wenig stolz beziehungsweise traurig über unser Leben sind, können wir nicht vollkommen offen miteinander sein. Ich hoffe, daß mit zunehmendem Alter und häufigeren Besuchen diese Reserviertheit abgebaut wird.

Das unausgewogene Vertrauensverhältnis

Das unausgewogene Vertrauensverhältnis ist ein weiteres Phänomen in der schwesterlichen Beziehung. Es entsteht, wenn eine Schwester mitteilsam ist und von ihren Problemen erzählt, während die andere sich zurückhält und die Rolle der Überlegenen oder der Ratgeberin spielt. Dies geht so lange gut, bis die Schwester, die sich mitteilt, das Gefühl bekommt, sie wäre die einzige, die Probleme hat. Das gleiche läßt sich auch bei Freundinnen sagen. In dem Moment, wo die Ungleichheit im Vertrauensverhältnis spürbar wird, wird sie hierarchisch und schädigt die Beziehung. Wenn Sie das Gefühl haben, daß immer nur Sie der Freundin von ihren Problemen erzählen, wird die Freundin zur Überlegenen, zur Zuhörerin, zur Ratgeberin. Irgendwann – es sei denn, Sie bringen die Angelegenheit zur Sprache oder fordern die Freundin auf, sich ebenfalls mitzuteilen – wird sich die Freundschaft aufgrund dieses einseitigen Vertrauensverhältnisses verändern. Schwestern sind bei solchen Strukturen vielleicht toleranter als Freundinnen, was auch etwas mit der Rollenverteilung in der Familie zu tun hat. Wir haben es möglicherweise akzeptiert, daß eine Schwester zuhört, die andere sich beklagt und eine dritte dafür bekannt ist, daß sie mit ihren Problemen allein fertig wird.

Es hilft, wenn man die Gründe kennt, warum Sie und Ihre Schwestern mit Intimität verschieden umgehen. Joan (siehe Kapitel vier) erklärte, daß sie es ist, die zu ihrer älteren Schwester geht (der zwanghaften perfekten High-School-Rektorin), wenn sie Probleme hat, denn sie ist »besonnener und hat den analytischeren Verstand«. Joan erklärte weiter: »Aber ich bin nicht diejenige, an die sich meine Schwester als erste wenden würde, wenn sie Probleme hat. Ich bin mir nicht sicher, ob sie sich überhaupt an jemanden wenden würde. Aber ich habe festgestellt, daß sie in letzter Zeit öfter anruft.« Diese Unausgewogenheit hält Joan nicht davon ab, weiterhin ihre Probleme mit ihrer Schwester zu besprechen. Sie hat Verständnis für deren zwanghaftes Verhalten. »Sie ist wie eine Maschine, sie möchte keine Schwäche oder Verwundbarkeit zeigen.«

Würden Telefongesellschaften eine Studie über Kommunikationstrends anfertigen, könnten sie höchstwahrscheinlich feststellen, daß Telefongespräche zwischen Schwestern einen großen Anteil an ihrem Geschäft ausmachen. Wie mir Frauen erzählten, plaudern sie auch bei Ferngesprächen mit ihren

Schwestern, als ob ihnen diese am Küchentisch gegenübersäßen.

Schwestern haben eine ganz besondere Art, miteinander zu reden. Sie müssen keine Erklärungen abgeben, ja sie brauchen oft nicht einmal ihre Sätze zu beenden, vieles versteht sich von selbst. Es entbehrt nicht einer gewissen Ironie, daß sie oft unfähig sind, ihre Gefühle und ihren Ärger in dem ganzen Ausmaß zu zeigen. Schwestern in ihrer Ambivalenz und Liebe schätzen ihre Beziehung oder sind sich bewußt, daß sie sie schätzen sollten. Dies allein ist ein guter Grund manchmal, Worte zurückzuhalten, die die andere verletzen könnten.

7 Eine erdrückende Liebe

Frauen mit Schwestern werden oft gefragt. »Haben Sie eine enge Beziehung zu ihrer Schwester?« Könnte es eventuell sein, daß wir, wenn wir anderen Frauen diese Frage stellen, uns vergewissern möchten, ob unsere eigene schlechte Beziehung zu unserer Schwester »normal« ist? Immer wenn ich Frauen mit dieser Frage konfrontiere, bemerke ich, daß viele zögern, bevor sie mir antworten. Es ist, als ob sie sich nicht sicher wären, was eine enge Beziehung ist, welcher Grad von Vertrautheit damit gemeint ist. Die Antworten beinhalten dann oft irgendwelche Einschränkungen.

»Im Moment haben wir keine sehr enge Beziehung, vor ein paar Jahren war es anders.«

»Wir haben eine enge Beziehung, wenn wir einander brauchen.«

»Ich finde, wir haben eine enge Beziehung, auch wenn andere das vielleicht nicht so sehen.«

Die meisten von uns sehnen sich nach einer engen Beziehung zu ihren Schwestern, insbesondere diejenigen, die in ihrer Beziehung eine Phase der Ambivalenz und Gleichgültigkeit durchlaufen. Wir wissen, daß die Beziehung besser sein könnte, und hoffen, daß uns irgendwann magische Anziehungskräfte einander wieder näherbringen.

Es gibt jedoch auch Schwestern, deren Bindung extrem eng ist und die ihre tyrannische Liebe so in Anspruch nimmt, daß sie die übrige Welt vernachlässigen. Dieses Kapitel handelt also nicht von schwesterlichen Beziehungen, in denen gegenseitiges Einfühlungsvermögen und gegenseitige Akzeptanz herrschen (damit werden wir uns in den beiden letzten Kapiteln beschäftigen), sondern von Schwestern, deren Liebe und Treue über das normale Maß hinausgehen und für die es schwierig oder gar unmöglich ist, sich zu trennen. Es handelt ferner von Schwestern, die besessen sind von der Idee einer unzertrennlichen Verbindung, und von Schwestern, die bereit sind, loszulassen.

Der Ursprung einer solch bedingungslosen Ergebenheit liegt in unserer frühen Kindheit. Laut den Psychologen Stephen Bank und Michael Kahn ist es bei emotional verschlossenen Eltern sehr wahrscheinlich, daß »dieser Verschmelzungsprozeß sich verlängert, wenn die Geschwister das gleiche Geschlecht haben und kein großer Altersunterschied zwischen ihnen besteht«. Verschmelzung ist ein Ausdruck, der sowohl das innere als auch das äußere Verhalten beschreibt, bei dem ein Familienmitglied nicht zwischen Denken und Fühlen oder zwischen sich selbst und einem anderen Familienmitglied unterscheiden kann. Dieses Phänomen nennt man in der traditionellen Psychologie auch Nichtdifferenzierung, und es wird als ein Problem der Trennung, Individuation gesehen, in der die Person abhängig von ihrem Liebesobjekt bleibt. Verschmelzung oder Nichtdifferenzierung kann nicht als normale Geschwisterbindung bezeichnet werden; es ist eine ungesunde, zu enge Bindung, wo ein Geschwister im anderen aufgeht. Der Psychotherapeut und Autor Michael Nichols nennt Verschmelzung auch »emotionales Zusammenkleben« und beschreibt einen Menschen, auf den dies zutrifft, als jemanden, »der emotional auf die Befehle von Familienmitgliedern reagiert und den Instinkt und nicht überlegtes Denken widersprechen oder einwilligen läßt.«

Eine der am besten erforschten Schwesternbeziehungen ist die zwischen Vanessa Bell und Virginia Woolf. Ihre uneingeschränkte Liebe ist ein klassisches Beispiel für eine extrem enge Beziehung, entstanden aus dem Bedürfnis, die Liebe und Zuwendung von Eltern zu ersetzen, die anderweitig stark in Anspruch genommen waren. Ihre Mutter, eine hochherzige Frau, die nicht nur gewissenhaft ihre sieben Kinder aus zwei Ehen erzog, sondern sich auch um bedürftige Kranke in den Hospitälern Londons kümmerte, war nicht in der Lage, ihren zwei Töchtern die Zeit und Aufmerksamkeit zu schenken, die beide gebraucht hätten. Als die Mutter im Alter von neunundvierzig Jahren an Erschöpfung starb, übernahm Vanessa die Verantwortung für ihre Geschwister. Sie kümmerte sich ganz besonders um Virginia, die den Tod der Mutter erst als Erwachsene überwand.

Vor und nach dem Tod der Mutter waren die Schwestern in jeder wachen Minute zusammen – im Kinderzimmer zusammen mit den anderen Geschwistern, während des häuslichen Unterrichts und selbst nachts, als die kleine Virginia sich weigerte einzuschlafen, bevor Vanessa schlief. Sie stritten sich wie alle Geschwister, die so eng aufeinandersitzen, aber ihre Liebe füreinander ließ diese Zankereien nicht lange andauern. Diese besitzergreifende Liebe erzeugte natürlich auch Eifersucht. Die Biographin Jane Dunn erzählt: »Als Kind pflegte Virginia die Halskette von Vanessa zu nehmen, um die Perlen einzeln durch die Finger gleiten zu lassen und bei jeder Perle den Namen einer Person zu nennen, für die die Schwester eine Vorliebe hatte. Eine solche Anbetung verleiht sehr viel Kraft, eine Kraft, die sich nicht nur in Liebe äußert, sondern auch in einem versteckten starken Konkurrieren.«

Schon früh erkannten die Schwestern, daß beide über außergewöhnliche Talente verfügten. »Ich kann mich nicht erinnern, daß es eine Zeit gab, wo Virginia nicht Schriftstellerin und ich nicht Malerin werden wollten«, schreibt Vanessa in ihren Memoiren. Sie verfolgten mit Stolz, aber auch Neid das immer stärker werdende Talent der anderen. Obwohl sie sich ihrer Rivalität bewußt waren, achteten sie darauf, es nicht zu zeigen. Besonders zurückhaltend war Vanessa, die immer das Gefühl hatte, in Virginias Schatten zu stehen. Virginia war zweifellos die redegewandtere, intelligentere und ganz allgemein auch erfolgreichere der beiden (im frühen 19. Jahrhundert war der Beruf des Schriftstellers anerkannter und vielversprechender als derjenige des Kunstmalers, speziell bei Frauen). Obwohl Vanessa glückliche Mutter einer eigenen Familie wurde, hatte sie ihr Leben lang das Gefühl, daß ihre Arbeit nicht so gut wie die ihrer Schwester war. Virginia wiederum hatte von frühester Kindheit an eine »subtile, absurde« Art zurückzuschlagen, wenn sie glaubte, die Schwester hätte das größere Talent. Jane Dunn schreibt: »Als jemand die Bemerkung machte, daß es für Vanessa mühsamer wäre, ihre Kunst auszuüben, da sie doch den ganzen Tag an ihrer Staffelei stehen müßte, verlangte Virginia prompt nach einem höheren Pult, an dem sie stehend schreiben konnte.«

Interessanterweise förderte ihre Rivalität auch ihr unstillbares Bedürfnis nach der Nähe der anderen, und die Arbeit der einen inspirierte die der anderen. Doch Vanessas und Virginias enge Bindung erwies sich als hinderlich bei ihrer sozialen und emotionalen Entwicklung. Im Erwachsenenalter fühlten sich Schriftsteller, Künstler und Kritiker zu den beiden talentierten Schwestern hingezogen, aber niemand, nicht einmal ihre Ehemänner und Kinder, waren ihnen so wichtig wie ihre Beziehung zueinander. Liebe und Treue zwischen den beiden erstaunlichen Frauen entpuppte sich als emotionales Gefängnis.

»Immer loyal der Schwester gegenüber« – Jesse und Gwen

Jesse war fünf Jahre alt, als ihre Mutter an einem Gehirnschlag starb. »In einem Monat wäre ich sechs geworden«, sagte Jesse bedeutungsvoll, als ob das Erreichen des »Alters der Vernunft« bei ihrer Geschichte von Bedeutung wäre. Ihre dreizehn Monate ältere Schwester Gwen war in der Schule zwei Klassen über ihr. Ein Jahr vor dem Tod der Mutter hatten ihre Eltern sich nach einer turbulenten Ehe, an deren Zerrüttung der Alkoholismus des Vaters maßgeblich schuld war, scheiden lassen. Doch Jesse, die heute achtzehn Jahre alt ist, hat nur gute Erinnerungen an ihre frühe Kindheit.

»Die wenigen Erinnerungen, die ich an meine Mutter habe, sind alle angenehm. Sie war nett. Ich weiß noch, daß sie anderen immer geholfen hat. Sie war Krankenschwester und arbeitete in einem Heim. Mein Kindergarten war in der Nähe, ich konnte sehen, wie sie den Menschen dort half. Ich liebte meine Mutter und meinen Vater. Als sie noch zusammen waren, lebten wir in einem großen Haus in einer guten Gegend. Es war wie im Fernsehen, wo die Kinder auch immer auf der Straße spielen. Gwen und ich hatten Zimmer nebeneinander, wir spielten zusammen und schauten fern. Wir verstanden uns gut. Es gab auch die üblichen Zankereien. Gwen war die Überlegene. Einmal, als ich etwas anmalen oder etwas, was ihr gehörte, benutzen wollte, schlug sie wild um sich und verpaßte mir eine Schramme im Gesicht, von der eine Narbe zurückgeblieben ist.«

Nach dem Tod der Mutter lebten die beiden Mädchen bei ihrem Vater, der immer noch trank. »Ich habe nicht verstanden, was los war; Gwen hingegen schon. Als Mutter noch lebte, hat sie von der Arbeit aus zu Hause angerufen und Gwen gefragt, ob Vater trinke. Ich habe dann immer gedacht, selbstverständlich trinkt er ... Wasser natürlich. Als ich neun Jahre war, wurde es mit Vater wirklich schlimm, und ich fing auch an, darunter zu leiden.«

Als der Vater in eine Klinik kam, wurden die Schwestern zu einer Tante und einem Onkel gebracht, die einen Bauernhof bewirtschafteten. Bei den »lieben und großherzigen« Verwandten normalisierte sich ihr Leben wieder einigermaßen. Als nach wenigen Jahren die geliebte Tante starb, blieben sie bei ihrem Onkel zurück, der ohne Wissen der Familie unter den ersten Stadien der Alzheimerschen Krankheit litt. Wieder waren die Umstände so, daß die Schwestern sich in ihrer Not aneinanderklammerten.

»Unser Onkel hörte nachts Stimmen. Die Stimmen waren in

seinem Kopf, aber er dachte, sie kämen aus dem Radio. Er polterte gegen unsere Schlafzimmertüre und schrie uns an, bis es Zeit war, zur Schule zu gehen. Wir wußten, daß wir aufeinander aufpassen mußten. Wir versuchten, bei anderen Verwandten zu übernachten, aber die wollten uns nicht behalten. Wir hatten nur uns beide.

In dieser Zeit entstand diese enge Bindung zwischen uns. Ich glaube, wir sind beide stark, nach allem, was wir durchgemacht haben. Aber Gwen ist sicherlich die Stärkere. Sie redet nicht gern darüber. Als Mutter starb, hat Gwen Geschichten erfunden; sie wollte den Leuten nicht erzählen, was wirklich passiert ist. Danach war sie für mich die Mutterfigur. Sie ist die einzige, die mein Leben mit mir geteilt hat. Sie glaubt, sie muß wegen mir stark sein. Manchmal reden wir über unsere Vergangenheit.«

Seit vier Jahren leben die Schwestern wieder beim Vater. Er hat seine Rehabilitation abgeschlossen und ist in den Arbeitsprozeß eingegliedert. Ganz allmählich stabilisierte sich ihr Leben wieder. Am Anfang war es für die Schwestern schwierig, in der neuen Schule Freundschaften zu schließen. Ihre enge Bindung war ihnen dabei eher hinderlich. Jesse: »Wir haben niemanden gekannt. Das erste Jahr waren wir ganz auf uns beschränkt – wir aßen zusammen Mittag und machten auch sonst alles gemeinsam. Wir suchten keine Freundschaften. Im nächsten Jahr begannen wir dann, uns umzusehen ... aber wir fanden nicht dieselben Freunde. Ich liebte es, neue Leute kennenzulernen. Ich schloß schneller Freundschaften als sie, und es tat mir weh, daß sie Schwierigkeiten hatte. Die Leute sagen, sie wäre schüchtern, aber sie hört das nicht gern. Sie ist wirklich sehr nett und freundlich.«

Obwohl sie ihre Schwester mag, gibt Jesse unumwunden zu, daß sie auf schulischem Gebiet mit Gwen konkurriert. »Ich habe immer das Gefühl, ebensogut sein zu müssen wie sie. Aber das ist gar nicht so einfach. Sie hat immer sehr gute Noten. Ich glaube, Vater denkt, sie ist gescheiter als ich. Dabei strenge ich mich sehr an. In der High-School war ich auch schon besser als sie. Sie ist auch eine gute Sportlerin, und ich bin total unsportlich. Sie protzt aber nie damit. Sie sagt höchstens: ›Ich kann es nicht glauben, daß ich dafür eine Eins bekommen habe.‹ Ich hörte Leute sagen, sie wäre hübscher als ich. Doch ich glaube, wir haben beide unsere Vorzüge.«

Jesse und Gwen haben auch schon versucht, ihre Kindheitserlebnisse in einer Therapie aufzuarbeiten. Aber sie waren dabei zu sehr aufeinander fixiert. »Es hat nicht geklappt«, erzählt Jesse. »Gwen hat nichts gesagt, und wenn sie nichts sagt, mag auch ich nichts sagen. Es war hinausgeworfenes Geld.«

Es ist gut für die Mädchen, daß sich ihre Wege nun trennen. Gwen ist auf dem College, und Jesse ist mit ihrem Freund beschäftigt. Außerdem plant sie, auf ein College zu gehen, das neunhundert Meilen von Gwens College entfernt liegt. »Es war nicht so schlimm, wie ich dachte, als Gwen wegging. Ich habe hier meine Freunde. Wir haben uns sowieso etwas auseinandergelebt. Am Anfang haben wir stundenlange Telefongespräche geführt ... ich bin überzeugt, daß wir immer ein gutes Verhältnis haben werden. Ich habe eigentlich immer ein gutes Verhältnis zu den Müttern meiner Freundinnen und ganz besonders zu der Mutter meines Freundes, die keine Töchter hat. Sie kauft mir Sachen und liebt es, sich mit mir zu unterhalten. Gwen hat so etwas nicht. Damals auf dem Bauernhof hatte sie eine Freundin, zu deren Familie sie heute noch Kontakt hat.«

Trotz ihres Auseinanderlebens sehen sich die Schwestern immer noch an Feiertagen und im Sommer, wenn alle zu Hause sind. Ich traf mich mit Jesse während der Osterferien, als Gwen für einige Tage dort gewesen war. Deshalb war das Thema für Jesse noch ganz frisch. »Ich glaube nicht, daß Gwen mit mir wetteifert, außer um meine Aufmerksamkeit. Sie mag es nicht, wenn ich viel Zeit mit meinem Freund verbringe. Ich sage nichts und tue, was sie wünscht. Sie ist meine Schwester. Ich möchte mich ihr gegenüber loyal verhalten. Manchmal ärgert es mich auch. Ich wäre froh, wenn sie auch einen Freund hätte, dann müßte ich nicht immer denken, ich schulde ihr das alles, weil wir soviel durchgemacht haben.«

Ein distanzierter Elternteil, eine Scheidung, der Tod eines Elternteils oder die Inanspruchnahme der Eltern durch ein chronisch krankes Geschwister können der Grund sein, daß zwei Geschwister sich stark aneinander binden, um so Sicherheit und Identität zu finden. Bis vor nicht allzulanger Zeit hat die enge Bindung Jesse und Gwen geholfen, das Chaos in ihrem Leben zu meistern. Nun aber spürt Jesse, daß es für sie und ihre Schwester besser ist, wenn jede ihr eigenes Leben zu führen lernt. Einerseits »schuldet« sie Gwen ihre Loyalität, andererseits möchte sie aber auch zusammen mit ihrem Freund ihr eigenes Leben leben und sich auf ihre Ausbildung konzentrieren.

»Ich möchte allein mit meiner Schwester sein« – Wendy und Ruth

Wendy schätzt sich glücklich, eine ältere Schwester wie Ruth zu haben, und sie bezeichnet ihre Beziehung als »sehr normal«. Warum nur klingt die Stimme dieser Vierundzwanzigjährigen so seltsam belegt, als sie dies sagt. Die Eltern von Wendy und Ruth ließen sich scheiden, als die beiden noch klein waren. Sie reden nie über die in die Brüche gegangene Ehe und das böswillige Verlassen des Vaters, der für sie eine nicht mehr existierende, der Vergangenheit angehörende Person ist. Wendy schildert ihre Mutter, die als Einzelkind aufgewachsen ist, als eine »kluge, unabhängige, immer aktive Frau, die sich nicht an uns klammert«. Als Wendy zehn und Ruth elf Jahre alt waren, heiratete ihre Mutter einen Mann, der einen achtjährigen Sohn hatte. So kamen sie also zu einem Stiefbruder, den sie eigentlich erst während ihrer College-Zeit »richtig kennengelernt« haben. Doch trotz der guten Beziehung zu ihm (sie nennt ihn liebevoll »Bruder«), personifiziert Ruth für Wendy ihre Familie, ganz besonders zur Zeit, wo sie sich um das Erreichen ihrer Ziele nach dem College-Abschluß bemüht.

Vor einigen Jahren wechselte Wendy zu der Universität an der Ostküste, an der Ruth studierte. Doch Ruth ist inzwischen in den Mittleren Westen gezogen, wo sie promovieren möchte, und Wendy, die als Assistentin in der Universitätsverwaltung arbeitet, weiß nicht genau, wie es mit ihr weitergehen soll. Außerdem hat sie Heimweh nach ihrer Schwester. Eine Woche vor unserem Gespräch war es so stark, daß Ruth ihr ein Flugticket schickte, damit sie sie besuchen konnte.

»Sobald ich meine Arbeit hier beendet habe, werde ich weggehen. Wir haben keine sonstigen Verwandten«, erklärt Wendy und vergißt dabei ihre Mutter. »In unserer Kindheit hatten wir eine sehr enge Beziehung, wir spielten im Haus miteinander, aber sobald ihre Freundinnen auftauchten, wollte Ruth nicht mehr mit mir spielen. Wir sind grundverschieden. Sie ist sehr intelligent und weiß, was sie will. Sie wollte Anthropologin werden, und heute ist sie es auch. Sie ist sehr zurückhaltend und ruhig. Es fällt ihr schwer, auf Menschen zuzugehen und neue Bekanntschaften zu schließen. Sie ist viel ernsthafter als ich.

Natürlich haben wir uns als Kinder auch gestritten. Übrigens hält uns niemand für Schwestern. Ich bin blond und blauäugig, und sie hat braune Haare und dunkle Augen. Sie behauptet, meine Mutter hätte mich lieber gehabt als sie, warum, weiß ich nicht. Da ist wohl ein bißchen Eifersucht im Spiel ... Wir sind beide eifersüchtig auf das, was die andere hat. Ich neide ihr zum Beispiel ihren Ortssinn und daß sie das, was sie wollte, erreicht hat. Sie ist so anders als ich, doch denken tun wir beide ähnlich. Wenn es mir schlechtgeht, kann ich sie anrufen, und sie richtet

mich dann auf oder sagt mir, was ich tun soll. Sie drängt mich auch nie, mit ihr kann ich besser reden als mit meinen Freundinnen. Wir haben heute eine viel engere Beziehung als früher.
Wir haben uns nie gut mit den Freundinnen der anderen verstanden. Ruth war in diesen Verbindungen für Studentinnen; die waren alle ziemlich von sich eingenommen. Wenn ich heute mit meiner Schwester rede, weiß ich, daß sie alles, was ich ihr sage, für sich behält. Ich brauche nie zu sagen: ›Bitte, sag es nicht weiter.‹«
Wendy und Ruth verbindet zweifellos viel Liebe und Fürsorge, aber manchmal büßt Wendy durch diese enge Bindung ihre eigene Identität ein und sozialisiert sich nicht vollständig in der Welt außerhalb ihrer Familie. »In Gesellschaft meiner Schwester und meines Stiefbruders mangelt es mir immer etwas an Selbstbewußtsein. Beide sind so erfolgreich, beide werden bald promovieren. Und ich habe keine Ahnung, wie es mit mir weitergeht. Neben ihnen komme ich mir richtig dumm vor, obwohl ich weiß, daß das nicht stimmt. Bei meinen Freundinnen habe ich dieses Gefühl nicht.
Meine Schwester hat mich vor ein paar Monaten besucht. Sie hat sich in meinem Freundeskreis nicht wohl gefühlt. Am liebsten bin ich allein mit ihr. Ihr kann ich mich anvertrauen, meinen Freundinnen nicht. Sie ist eben meine Schwester.«

Ein hoher Preis für Zuneigung/ Eine zerbrochene Verlobung – Tonis Familie

Nicht immer ist der Grund für eine allzu enge Beziehung unter Geschwistern eine Scheidung der Eltern, distanzierte Eltern oder der Tod eines Elternteils. Michael Kahn und Karen Gail Lewis bemerken dazu folgendes: »Eine intensive Beziehung zwischen Geschwistern kann sich auch ergeben, wenn ein Elternteil oder beide Eltern möchten, daß ihre Kinder eine enge Beziehung haben. Indem sie ihre eigenen Bedürfnisse auf die Kinder projizieren, können Eltern eine idealisierte Form von Vertrautheit schaffen, die die Kinder dann ausleben.«

Tonis Eltern waren »immer für ihre Kinder da«. Wenn eines der acht Kinder (vier Jungen und vier Mädchen) etwas anstellte, besprachen die Eltern sich zuerst miteinander, daraufhin nahm sich entweder die Mutter oder der Vater den Missetäter oder die Missetäterin vor. Manchmal, aber nicht immer, gab es Schläge, die als gerechtfertigte Disziplinarmaßnahmen angesehen wurden. Nur der Jüngste, Daniel, bekam nie Schläge. Niemand stellte diese Methoden in Frage, und im nachhinein betrachten alle die Erziehung, die sie erhalten haben, als eine wertvolle Erfahrung.

Toni ist siebenundzwanzig Jahre alt, ledig und arbeitet in der Informationsbeschaffung von Funk und Fernsehen, ihre Schwester Sandra, zweiunddreißig Jahre alt, ist Ärztin, Judy, dreißig Jahre alt, arbeitet als Pharmareferentin und Willetta, achtundzwanzig Jahre alt, ist Hausfrau und Mutter von zwei kleinen Kindern. Die Brüder, alle mit College-Abschluß und berufstätig, sind zwischen zweiundzwanzig und dreiunddreißig Jahre alt. Alle Geschwister leben in der Nähe ihres Elternhauses, außer einem verheirateten Bruder, der im Ausland lebt, in dem Land, in dem auch seine Großmutter wohnt.

Toni beschreibt das strenge Regiment der Eltern als »fürsorglich«. »Wenn Sandra und mir erlaubt wurde, bei einer Freundin zu übernachten, riefen die Eltern schon vor dem Frühstück an, um uns zu sagen, daß es Zeit ist, heimzukommen. Es war für sie schrecklich, wenn wir nicht daheim waren«, erzählt Toni mit einem Lächeln.

Es fällt Toni schwer, einen Vater zu kritisieren, der seinen Kindern beim Zeitungsaustragen half und die Töchter nach der Abendschicht im Supermarkt mit dem Auto abholte. Die Mutter hat ihre Kinder immer ermuntert, die Möglichkeiten zu nutzen, die ihr verwehrt blieben. So kam es, daß Toni und ihre Geschwister in der Vorstadtgemeinde, in der sie wohnten, bekannt waren für ihr musikalisches und künstlerisches Talent. Ein stolzer Tag war für alle, als Toni und ihre Mutter an der gleichen Universität die Magisterprüfung ablegten.

Doch dann, vor zweieinhalb Jahren, verkauften die Eltern, überraschend für alle, ihr Haus und zogen nach Europa, wo der Vater ein Regierungsamt angetreten hat. Die Mutter kommt jedes Jahr für sechs Wochen zu Besuch, bringt immer viel Gepäck mit und zieht dann von einem Kind zum anderen. Für Toni ist dies eine kritische Zeit für den Zusammenhalt in der Familie. Sie klammert sich an ihre Schwestern und ihre Vergangenheit. Obwohl sie als Kinder gestritten haben – besonders sie und Willetta (»Wir hatten ein gemeinsames Zimmer, gingen auf die gleiche Schule, sahen uns täglich – und sie war klug, so klug, daß alle Lehrer sie kannten, ich kam immer erst an zweiter Stelle«) –, haben sie schon lang vor dem Umzug der Eltern beschlossen, immer zusammenzuhalten.

»Als wir jünger waren, haben wir uns selten umarmt. Jetzt, wo wir älter werden, tun wir es öfter. Meine Eltern sind nun schon zweieinhalb Jahre in Europa und werden noch weitere zweieinhalb Jahre wegbleiben. Meine Schwestern und ich schwelgen manchmal in Erinnerungen. Auch meine Eltern haben sich dort enger zusammengeschlossen. Sie sind irgendwie anders geworden. Deshalb müssen wir Schwestern uns mehr umeinander kümmern. Jede nimmt sich der anderen an.«

Es vergeht kein Tag, ohne daß Toni Kontakt zu ihren Schwestern hat. Sie teilt ihre Kleidung und ihre Mahlzeiten mit ihnen und paßt auf ihre Kinder auf. Sie versucht, so gut es geht, an ihrem Leben teilzunehmen. Wenn eine Schwester eine Bluse braucht, geht Toni los und kauft sie ihr. Kommt Toni mit ihrer Frisur nicht zurecht, geht sie zu Judy und bittet sie, ihr die

Haare zu kämmen. Sie weiß, daß Judy das gerne macht. Am Erntedankfest gab Sandra eine Party »für alle noch ledigen Geschwister«. Als einer ihrer Brüder eine bedürftige Familie zu einer Weihnachtsparty einlud, legten sich die Schwestern ins Zeug, um alles zu arrangieren. Nicht immer verläuft alles so harmonisch. Alte Rivalitäten und Streitereien zwischen einzelnen Geschwistergruppen sind noch nicht vollständig aus der Welt geschafft. Doch diese Konflikte scheinen die enge Beziehung nicht zu beeinträchtigen. Im Moment ist Toni verärgert, weil Sandra sich weigert, »ein persönliches Problem« zwischen ihr und Willetta zu bereinigen.

Toni ist auch die selbsternannte Vermittlerin in dem unterschwellig vorhandenen Konkurrenzkampf zwischen Willetta und ihrem dreißigjährigen Bruder Brian, der von Anfang an gegen Willettas Heirat war. »Sie vergleichen die Größe ihrer Häuser und andere Dinge ... Sie versuchen zwar, dagegen anzugehen, aber dieses Denken ist immer noch da ... Ich möchte, daß wir uns alle gut verstehen, deshalb arrangiere ich gemeinsame Abendessen und tue auch sonst, was ich kann.«

Toni muß trotz all ihrer Vermittlertätigkeit und Fürsorge die frustrierende Erfahrung machen, daß Geschwister vor totaler Intimität zurückschrecken.

»Ideal wäre es, wenn wir wirklich so miteinander reden könnten, wie wir das gerne möchten. Doch es gibt immer eine Schranke, manchmal haben wir auch Angst, den anderen zu verletzen. Sandra zum Beispiel ist jetzt zweiunddreißig Jahre alt und hat noch nie einen Freund gehabt. Dabei ist sie intelligent und hübsch. Aber sie ist sehr introvertiert und schüchtern. Ich hätte so gern, daß die mehr aus sich herausgeht. Es ist zum Verrücktwerden. Aber ich traue mich nicht, ihr etwas zu sagen, weil ich Angst habe, sie zu verletzen.

Mit Willetta kann ich schon eher reden, aber wenn sie wissen will, warum ich mit meinem Freund Schluß gemacht habe, bekommt sie als Antwort: ›Das geht dich nichts an.‹ So geht das zwischen uns hin und her. Da war zum Beispiel diese Sache mit ihrem Mann, als dieser für ein paar Tage von der Bildfläche verschwand. Willetta wollte mir nicht sagen, was los war, sie bestritt, daß es Probleme gab, und meinte ihrerseits: ›Das geht dich nichts an.‹ Das ist Willetta, sie ist so selbständig. Sie möchte, daß alle wissen, daß sie es allein schafft. Sie kommt auf dich zu, aber sie macht dann immer einen Rückzieher.

Eigentlich wollte ich im Juni letzten Jahres heiraten. Ich verstehe mich immer noch gut mit meinem Freund. Ein Problem zwischen uns war, daß ich zuviel Zeit mit meiner Familie und zuwenig Zeit mit ihm verbrachte. Er hat einen Bruder, und seine Eltern sind geschieden.« Sie machte eine längere Pause, fuhr dann aber mit fester Stimme fort: »Während meines gesamten College-Studiums habe ich in einem Schuhgeschäft gearbeitet. Wenn mich irgend jemand während der Arbeit anrief, um mir zu sagen, daß es bei meiner Familie ein Problem gab, ließ ich alles liegen und stehen. Meine Familie steht für mich immer an erster Stelle, und ich sage das auch allen.

Mein Freund sieht das jedoch anders. Er denkt immer zuerst an sich selbst, und bei mir kommen immer zuerst die anderen. Wenn in der Familie jemand etwas braucht, bin ich immer sofort zur Stelle.« Toni muß über sich selbst lachen. »Okay, ich versuche, ein wenig zurückzustecken. Man kann es auch übertreiben.

Ich habe mehr Familie als Freunde. Mit ein paar Kolleginnen verstehe ich mich gut, aber wenn es mit ihnen Probleme gibt, ziehe ich mich gewöhnlich zurück. Die Familie nimmt sehr viel von meiner Zeit in Anspruch, inzwischen allerdings etwas weniger als früher.«

Toni spielt seit kurzem mit dem Gedanken, an die Westküste zu ziehen, da sie dort in ihrem Beruf weiterkommen könnte. »Meiner Schwester Willetta gefällt diese Idee nicht. Sie sagt immer spitz: »So, du willst also nach Kalifornien, ohne eine feste Arbeitsstelle zu haben.‹ Judy könnte es akzeptieren, aber Sandra ist auch dagegen.«

***

Die mit ihren Schwestern engverbundenen Frauen aus diesem Kapitel waren ohne Ausnahme einfühlsam und fürsorglich. Da war so gut wie nichts von der Bitterkeit oder Verärgerung zu spüren, die ich in distanzierteren schwesterlichen Beziehungen so oft angetroffen habe. Diese Frauen verströmten solch eine offene Herzlichkeit und Zuneigung für ihre Familie, daß es schwierig war, ihre Situation als problematisch zu identifizieren. Die ungesunde Komponente in ihrem Zusammengehörigkeitsgefühl zeigte sich in Andeutungen, wie der hingeworfenen Bemerkung, daß sie nur wenige Freunde habe, der Abneigung, ohne die Schwestern Urlaub zu machen, dem verzweifelten Hoffen auf häufigere Briefe oder Telefonanrufe.
Ironischerweise gibt es jedoch auch Schwestern, die sich danach sehnen, in das Leben ihrer Schwestern vollständig einbezogen zu werden. Sie fühlen sich als Außenstehende, die hereinschauen und ans Fenster klopfen, aber keiner nimmt davon Notiz. Ihr zwanghafter Wunsch, miteinbezogen zu werden, mag nicht befriedigt werden, ist jedoch auch eine Form von Verstrickung.

»Tea and Sympathy« – Beth, Annabelle und Sherry

Beth stand in ihrer Küche, wo sie uns eine Kanne Tee zubereitete. Auf einmal drehte sie sich um, zeigte auf den Kühlschrank und sagte: »Hier habe ich die Nachricht gefunden, in der mein Mann mir mitteilte, daß er mich verlassen hat. Wir waren siebzehn Jahre verheiratet.« Danach führte sie mich nach oben in ein winziges, gemütliches Zimmer, das neu tapeziert war. Wir saßen praktisch Knie an Knie, sie in einem Schaukelstuhl und ich auf einem kleinen Sofa. Die Wand gegenüber war voller Bücherregale und Familienfotos. Beth bestand darauf, mir eine Decke auf den Schoß zu legen und um die Beine zu wickeln, da sie (zu Recht) meinte, es wäre ein wenig kühl. Da saß ich also mit meinem Kräutertee, warm eingepackt von dieser siebenundfünfzigjährigen Frau, die ich erst seit zehn Minuten kannte.

Beth wuchs in einer ländlichen Südstaatengemeinde auf, in der sich ihre Familie Anfang des 18. Jahrhunderts niedergelassen hatte. »Gegenüber von unserem Haus war die Baptistenkirche und das Haus unserer Großeltern, die zu dieser Kirche gehörten«, erzählte Beth in dem weichen Tonfall der Südstaatler. »Von allen in der Stadt bekam ich immer zu hören: ›Vergiß nie deinen Namen.‹ Wir haben tiefreichende Wurzeln, manchmal tiefer, als mir lieb ist. Diese Wurzeln lassen mich stolpern, und ich versuche immer wieder, sie auszureißen ... Es war ein außergewöhnliches Gefühl, als ich nach der Scheidung wieder meinen Mädchennamen annahm.«

Beth und ihre drei Geschwister wurden in dem kleinen Haus ihrer Eltern geboren. Jede Geburt empfand sie als etwas Überwältigendes, obwohl sie nie direkt Zeugin des großen Ereignisses gewesen war. Sie liebte ihre Geschwister. »Als Kleinkinder waren sie blond, niedlich und drollig«, und während sie mir das erzählte, zeigte sie auf ein Foto mit flachshaarigen Pummelchen, die in einem Stoppelfeld in der Sonne spielen. Bei der Geburt von Paul war Beth vier, bei Annabelle neun und bei Sherry elf Jahre alt.

»Wir waren sehr arm. Vater war Lastwagenfahrer und oft die ganze Woche unterwegs, und Mutter arbeitete viele Jahre als Akkordarbeiterin in einer Fabrik. Meine Eltern sind englisch-irischer Abstammung. Ich glaube nicht, daß sie eine besonders gute Ehe führten. Es gab keine Spontaneität und keine Freude. Jahrelang habe ich ihnen die Schuld für so vieles gegeben. Heute weiß ich, sie taten, was sie konnten. Wir sind alle aufs College gegangen und haben alle unseren Weg gemacht. Armut hat das Leben meiner Eltern bestimmt. Sie brauchten all ihre Kraft, um uns über Wasser zu halten. Und die Kirche übte viel Macht über sie aus. Die Moral wurde von dem diktiert, was die Leute in der Gemeinde sagten. Ihr Leben bestand aus Pflicht, Verantwortung und Geradlinigkeit. Für so etwas wie Wärme und liebevolle Fürsorglichkeit war in diesem ständigen Überlebenskampf keine Zeit.«

Als sie selbst noch ein Kind war, wurde Beth zur Ersatzmutter der Schar jüngerer Geschwister. Außerdem wurde ihr ein großer Teil der Haushaltspflichten aufgebürdet. Die gestreßte und überarbeitete Mutter reagierte oft äußerst gereizt auf ihre Kinder. Sie schrie sie an und schlug auch zu, besonders abends, wenn der Vater nicht zu Hause war. Die Zornausbrüche der Mutter waren Routine und dauerten nicht lange. Sie selbst erlaubte ihren Kinder aber nicht, ihren Gefühlen freien Lauf zu lassen. »Ich durfte meine Emotionen nie zeigen. Einmal – ich war damals in der sechsten Klasse – ärgerte ich mich über etwas und dabei rutsche mir das Wort ›verdammt‹ heraus. Daraufhin mußte ich mir den Mund mit Seife auswaschen, noch heute kann ich diese Seife schmecken.«

Als Beth' Mutter vor einigen Jahren im Sterben lag, hat sie sich bei ihrer ältesten Tochter entschuldigt, weil sie ihr keine Kindheit erlaubt hat. Diese Entschuldigung hat Beth auch nicht über das Gefühl hinweggeholfen, keinen Zugang mehr zu ihren Geschwistern zu haben. Dieses Gefühl hat sich noch verstärkt, als sie von ihrem Mann verlassen wurde und von ihren Schwestern mehr Verständnis und Unterstützung gebraucht hätte, als diese ihr geben konnten. In den letzten Jahren haben die Schwestern gemeinsame Urlaubstage am Meer verbracht. Bei dieser Gelegenheit ist Beth aufgefallen, daß sie eine unterschiedliche Art der Kommunikation haben.

»Sie lachen schneller als ich. Sie erzählen sich lustige Episoden aus der Zeit, als ich schon aus dem Haus war. Außerdem haben sie Kinder und ich nicht. Das verbindet natürlich. Obwohl sie nichts dafür können, fühle ich mich ein wenig als Außenseiterin. Früher habe ich mit Sherry konkurriert. Mutter hat sie stets bevorzugt. Weil sie so etwas Hilfloses an sich hatte, kam Mama immer gerannt, wenn sie glaubte, gebraucht zu werden. Als meine Schwester Annabelle ihre Babys bekommen hat, hat Mutter ihr nie etwas geschickt. Annabelle ist viel selbständiger.«
Beth erhob sich aus ihrem Schaukelstuhl, um einen Brief zu holen, den Sherry ihr vor kurzem geschickt hat. Auf der ersten Seite standen nur wenige Sätze, die mit zittrigen und riesigen Buchstaben geschrieben waren und alle mit »Wie geht es ...« begannen. Gegen Mitte und Ende des Briefes wurde die Schrift dann kleiner und leserlicher. Anscheinend hatte Sherry den Brief während der Arbeit geschrieben und nicht viel Zeit gehabt. Was sie eigentlich bezweckte, war, Beth zu Ostern einzuladen. »Sie hat keine Zeit für Briefe und auch sonst keine Zeit für mich«, erklärte Beth vorwurfsvoll. »Das bedrückt mich, aber es läßt sich nicht ändern. Meine andere Schwester hat ebenfalls keine Zeit, weil sie in Frankreich lebt. Ich mag meine Schwestern, aber ich bekomme von ihnen nicht das, was ich bräuchte.« Beth nahm wieder den Brief zur Hand und las die Passagen, die zeigten, wie beschäftigt Sherry mit Kindern, Hunden und Familie ist. Beth freute sich nicht allzusehr über die Einladung. Dem Brief zufolge werden noch viele andere Gäste dasein, so daß es für ein Gespräch mit ihrer Schwester allein kaum eine Gelegenheit geben wird.
»Lange Zeit, besonders auch nachdem mein Mann mich verlassen hatte, habe ich alles in mich hineingefressen. Seit ich gelernt habe, meine Gefühle auszudrücken, geht es mir besser.« Aber Beth weiß auch, daß sie aufpassen muß, um nicht bei ihren vielen Freundinnen wieder in die Rolle der Ersatzmutter zu fallen. »Ich

muß auch an mich denken.« Einige ihrer Freundinnen sind jünger, im Alter ihrer Schwestern. Beth zufolge geben sie ihr ein wenig von dem, was sie von ihren Schwestern nicht bekommen kann. Sie bemerkt aber auch, daß sie ihren Freundinnen selten sagt, wenn ihr etwas nicht gefällt. Aber daran »arbeitet« sie.

»Das einzige, was ich meinen Schwestern vorwerfe, ist, daß sie mich nicht verstehen. Vielleicht bin ich auch böse auf sie, weil sie keine Zeit für mich haben und weil ich in ihrem Leben nicht an erster Stelle komme.«

Ich fragte Beth, ob die Schwestern bei ihr an erster Stelle kommen. Darauf folgte eine längere Pause, während der Beths Blick über die vielen Familienfotos im Zimmer schweifte. »Sie könnten es. Aber sie tun es nicht. Ich würde keinen Gegenwert erhalten. Ich bremse mich selbst.«

Aber tut sie das auch wirklich? Ich war nicht ganz überzeugt. Und tatsächlich, als ich sie zum Schluß fragte, ob sie noch etwas hinzufügen wollte, hat ihre Antwort die immer noch starke Bindung bestätigt.

»Als ich mich um sie kümmerte, während sie noch klein waren, habe ich meine Sache nicht sehr gut gemacht. Ich habe nicht mit ihnen gelacht, nicht mit ihnen Bücher gelesen, keine vergnüglichen Dinge mit ihnen unternommen. Ich war zu sehr damit beschäftigt, der verlängerte Arm von Mutter zu sein. Wenn ihr nicht gefiel, was sie sagten oder taten, kam sie und redete mit mir darüber. Ich stand dann immer dazwischen. Über das, worüber sie sich amüsieren, kann ich nur selten lachen. Das ist alles sehr deprimierend für mich. Ich hege ihnen gegenüber so gegensätzliche Gefühle, so eine Art von Haßliebe.«

Als Beth mich zur Tür begleitete, fragte sie mich, ob mir die Spinnweben im Zimmer, in dem wir gesessen hatten, aufgefallen waren. Bevor ich antworten konnte, lachte sie und meinte, daß es Zeiten in ihrem Leben gab, wo Spinnweben sie schrecklich störten. Sie lerne ganz allmählich, daß das Haus nicht immer so

perfekt sauber sein müsse wie damals bei Mutter. »Mein Leben hat begonnen, als ich von zu Hause weggegangen bin.«
Michael Nichols zufolge tendieren wir alle gelegentlich dazu – besonders in Krisenzeiten –, eine Bindung, die die Merkmale der Verschmelzung, der Symbiose, trägt, aufrechtzuerhalten. Es ist aber auch möglich, sich daraus zu lösen und eine Differenzierung zu erreichen. Wir stecken nicht völlig in der Sackgasse. Wir haben Mittel und Wege, uns zu befreien und neu zu definieren, wie wir dies in der folgenden Geschichte von Frances und Dorothy sehen.

»Wir könnten nie zusammenleben« – Frances und Dorothy

Die jüngere der zwei Schwestern schien am Anfang unseres Interviews meine Gedanke zu lesen: »Die Leute sind immer erstaunt darüber, wie sehr wir uns ähnlich sehen, besonders jetzt im Alter. Sogar als wir jünger waren, hielt man uns manchmal für Zwillinge.« Dorothy ist siebzig und Frances siebenundsechzig Jahre alt. Sie sind beide zart gebaut, schlank und attraktiv. Während wir uns unterhielten, saß ich allein auf einem Dreisitzer-Sofa, während die beiden sich mir gegenüber auf ein Zweisitzer-Sofa drängten. Beide waren schick gekleidet, erstaunlich jugendlich, mit kurzen Röcken und hübschem Schmuck. Nur ihr Wesen hätte unter Umständen einen Anhaltspunkt geben können, welche der beiden die Jüngere war. Frances ist gefühlsbetonter und spricht viel schneller als Dorothy, die sich ihre Worte genau überlegt und sehr beherrscht wirkt. Das heißt aber nicht, daß sie nicht auch lachen kann. Als Frances während des Interviews einmal zu weinen begann, neckte Dorothy ihre kleine Schwester. »Wenn du damit anfängst, holst du dir am besten gleich ein Taschentuch.«
Die Beziehung von Dorothy und Frances war nicht von Anfang

an so eng. Frances hatte einen Zwillingsbruder, Albert, der in der Kindheit ihr Spielkamerad war. Sie wuchsen in North Carolina auf dem Lande auf, wo es nur wenige Nachbarn und keine anderen Kinder in der Nähe gab. Dorothy fühlte sich oft von den lustigen Spielen der Zwillinge ausgeschlossen. Sie war »die große Schwester«, eine Art Respektsperson. Laut Frances, der man den Stolz auf die Schwester anmerkt, »war Dorothy ein verantwortungsbewußtes und zuverlässiges Kind, eine typische ›große Schwester‹. Aber ich habe in ihr nie die Ersatzmutter oder die Befehlende gesehen.« Als Dorothy dreizehn und Frances zehn Jahre alt waren, starb der Vater, was eine drastische Veränderung ihres Lebens und der Rollen innerhalb der Familie nach sich zog. »Mutter suchte Halt bei Dorothy. Sie wußte, was in der Familie los war. Ich hatte gar nicht mitbekommen, daß meine Eltern sich ein Jahr vor Vaters Tod getrennt hatten. Mutter hatte mir gesagt, wir gehen weg, damit ihr auf bessere Schulen kommt, und ich habe das geglaubt. Ein Jahr nach dem Tode meines Vaters zogen wir nach Kentucky, in die kleine Gemeinde, in der Mutter geboren und zusammen mit ihrer Schwester aufgewachsen war. Meine Mutter war die Jüngste in der Familie. Sie war sieben Jahre alt, als ihre Mutter im Haus tödlich verunglückte. Sie hat nie darüber gesprochen. Das war typisch für sie, denn sie hat immer alles Negative aus ihrem Gedächtnis gestrichen.«

Dorothys Erinnerungen sind ein wenig anders. »Ich war nicht der einzige Halt von Mutter. Es gab auch noch ihre ältere Schwester. Am besten erinnere ich mich an den finanziellen Existenzkampf, den wir wie so viele andere auch Mitte der dreißiger Jahre führten. Es gab in der Stadt keine Arbeit für die Männer. Alle mußten zurückstecken. Unsere Eltern waren seit einem Jahr getrennt, aber es hat auch schon vorher Probleme gegeben. Heutzutage würde man meinen Vater wohl einen Alkoholiker nennen. Das war teilweise der Grund, warum er uns nicht unterstützen konnte. Vor der Depression hatte er ein gutgehendes Bergbauunternehmen. Mutter hatte eine gute Schulbildung, aber nie gearbeitet. Es gab nichts, was sie in dem kleinen Ort, in dem wir wohnten, hätte tun können.«

»Und sie war auch zu stolz, sich bei der WPA* zu melden«, warf Frances ein.

Dorothy pflichtet ihr bei: »Das einzige, was sie je gemacht hat, war, bei der Ausgabe des Mittagessens zu helfen, damit wir eine freie Mahlzeit bekommen konnten. Wir waren dazu nicht berechtigt, weil wir über dem (niedrig angesetzten) Gewichtslimit lagen. Doch wir hatten kein Einkommen. Deshalb erklärte sich Mutter bereit, ein Jahr ohne Bezahlung den Schulmittagstisch zu organisieren. Ihr Bruder, ein Staatsbediensteter, gab ihr monatlich einen Zuschuß, doch als ich meine erste Stelle antrat, stellte er sechs Monate danach die Zahlungen ein.« Zum ersten Mal während unseres Interviews verlor Dorothys Stimme etwas von ihrer Beherrschtheit.

»Mutters Ziel war es, uns eine gute Ausbildung zu verschaffen, damit wir einen Job finden und sie unterstützen konnten.«

»Wie war Ihre Mutter?« wollte ich wissen.

»Erst einmal war sie schön«, antwortete Dorothy und zeigte auf eine Porträtaufnahme auf dem Tisch. Schön ja, ohne Zweifel, aber anscheinend auch manipulierend und unselbständig. Eine Frau, die sich Sorgen machte, »was die Nachbarn denken könnten« in einer kleinen Gemeinde von fünfhundert Einwohnern, und die ihren Töchtern und ihrem Sohn beibrachte, daß man mit »gewissen Kindern« nicht spielen durfte. Dorothy: »Sie erwartete Gehorsam, ohne eine Erklärung abzugeben. Doch damals waren die meisten Eltern so. Wenn wir die Meinung der Nachbarn anzweifelten, wagten wir es nicht zu sagen, sie hatte so eine

* WPA: Works Progress Administration. In den Jahren 1935–1943 Einrichtung der Regierung zur Schaffung von Arbeitsplätzen, um die Arbeitslosigkeit zu bekämpfen (Anm. d. Übers.).

Art, einen in die Defensive zu drängen. Wahrscheinlich denken Sie nun, ich wäre ein unterdrücktes Kind gewesen. Das ist aber nur teilweise wahr, in anderer Hinsicht hatten wir viele Freiheiten. Ich durfte ohne Begleitung Zug fahren, wir konnten mit Geld umgehen, wir kauften Lebensmittel ein.

Mutter hatte zwei Seiten. In mancher Beziehung war sie auch stark. Ich kann mich erinnern, daß ich einmal zu ihr sagte, ich hätte Kopfweh. Sie antwortete mir darauf: ›Kinder haben kein Kopfweh‹, und ich habe seither auch nie mehr Kopfweh gehabt.«

Dorothy beendete die High-School nach drei Jahren und ging anschließend nach Raleigh, wo sie die Handelsschule besuchte und arbeitete, bis ihr eine Stelle im Verteidigungsministerium in Washington angeboten wurde. Albert ging 1943 zur Marine. Frances und die Mutter zogen zu Dorothy nach Washington. Die Schwestern, die damals Anfang Zwanzig waren, arbeiteten beide. Die Mutter, damals sechsundvierzig Jahre alt, gesund und kräftig, wollte sich von niemandem Anweisungen geben lassen. Sie erklärte daher ihren Töchtern: »Ich habe für euch gesorgt, jetzt könnt ihr für mich sorgen.«

»Diese Einstellung ist im Süden allgemein üblich«, bemerkte Dorothy nüchtern, »ihre Schwester hielt es so, die anderen Frauen hielten es so.«

Frances: »In meiner Generation kümmerte man sich um die Mutter nicht aus Pflichtbewußtsein, sondern weil es von einem erwartet wurde. Rückblickend kann ich sagen, Mutter wäre in Raleigh glücklicher gewesen. Aber ich war nicht bereit, das finanzielle Opfer zu bringen und sie an einem anderen Wohnort zu unterhalten. Ich kann deshalb nicht sagen, ob Mutter bei mir wohnte oder ob ich bei Mutter wohnte.« Sie lachte ein wenig gequält.

Die Mutter kochte und putzte, sie war aktiv in der Kirchengemeinde und hatte ein paar Freundinnen, mit denen sie Karten spielte. Währenddessen arbeiteten die beiden Schwestern und

versuchten, mehr schlecht als recht, ein Privatleben trotz Mutters Kontrolle zu haben.
Frances: »Ich habe meinen Flirt nie gerne mit nach Hause gebracht. Am Ende kochte sie für ihn das Abendessen.« Dorothy nickte zustimmend. »Selbst wenn meine Freundinnen zum Bridge kamen, kochte sie für uns das Abendessen.«
Dorothy: »Sie war eindeutig der Boß im Haus.«
Es hatte viele Kämpfe gekostet, bis die Mutter endlich lernte, ihre Töchter loszulassen und die Wahl ihrer Ehemänner zu akzeptieren. Frances war bei ihrer Hochzeit siebenunddreißig, Dorothy vierundvierzig Jahre alt. Während der nächsten zehn Jahre gab es immer wieder gelungene Familienfeste, bei denen allerdings vor der Mutter nie Alkohol getrunken werden durfte, da dies zu Spannungen oder gar einer Szene geführt hätte. Im Jahre 1975, nach mehreren kleinen Schlaganfällen, zog die Mutter ins Altersheim. Sechs Jahre später mußte sie in die Pflegeabteilung gebracht werden, wo sie 1984 starb. Während der gesamten neun Jahre besuchten Frances und Dorothy ihre Mutter wechselweise jeden Tag.
Dorothy begründete dies so: »Das Problem war, daß Mutter keine Medikamente nehmen wollte, und die Pflegerinnen konnten sie nicht dazu zwingen.« So telefonierten die Schwestern also jeden Sonntag nachmittag miteinander, um den Besuchsplan für die kommende Woche festzulegen. Frances, die in ein Haus an der Chesapeake Bay gezogen war, tauschte dieses für eine Wohnung in der Stadt ein. Auch in den letzten drei Jahren, als die Mutter in der Plegeabteilung lag und sich gegen die Verabreichung der Medikamente durch das Personal nicht mehr wehren konnte, kamen die Schwestern täglich.
Frances: »Bevor Mutter krank wurde, sind wir eigentlich mehr aus Pflichtbewußtsein für sie dagewesen. Erst als sie uns wirklich gebraucht hat, sind wir uns auch emotional nähergekommen.«
Dorothy: »Im nachhinein würde ich sagen, wir sind vielleicht zu

oft hingegangen. Was haben wir das Pflegepersonal auf Trab gehalten.« Bei der Erinnerung mußten sie beide lachen.
Zu der engen Bindung von Dorothy und Frances hat auch das Verhalten des Vaters in ihrer frühen Kindheit beigetragen, ein Vater, bei dem sie emotional keinen Rückhalt fanden, der abends oft nicht nach Hause kam. »Ich wußte aber immer, daß Mutter für mich da war«, sagte Dorothy und versucht damit, ihre lebenslange Loyalität zu erklären. Auch heute, sieben Jahre nach Mutters Tod, stehen die Schwestern täglich miteinander in Verbindung, und sei es nur durch eine Nachricht auf dem Anrufbeantworter (»Wo bist Du gewesen?«). Einmal in der Woche treffen sie sich, »manchmal auch nur alle zwei Wochen«.
Trotz dieser engen Bindung haben die beiden stets Wert auf ein Eigenleben gelegt, so wie dies auch in ihrer frühen Kindheit der Fall gewesen war, als Frances mit ihrem Zwillingsbruder spielte und Dorothy ausgeschlossen blieb. Frances erklärte es so: »Ich betrachte Dorothy als meine beste Freundin; ich liebe es, mit ihr zusammen zu sein, was aber nicht heißen soll, daß wir nicht auch gern mit anderen Leuten zusammen sind.«
Dorothy: »Wir haben ein paar gemeinsame Freunde, aber jede hat auch eigene Freunde, und das ist gut für uns beide.«
Seit ihr Mann tot ist, engagiert sich Dorothy in der Kirchengemeinde, wo sie eine bezahlte Stelle in einem Sozialdienst angenommen hat. Mindestens einmal im Jahr unternimmt sie eine Reise ins Ausland, entweder mit ihrer Schwester oder mit Freunden.
»Uns ist klar, daß wir gewisse Dinge nicht tun dürfen«, meinte Frances, und Dorothy erklärte daraufhin lachend: »Zum Beispiel zusammenleben«, worauf Frances fortfuhr: »Wir können die Küche nicht miteinander teilen. Sie ist ordentlich, und ich bin schlampig. Ich räume nicht immer alles sofort wieder auf. Bei ihr muß alles am richtigen Platz sein.« Nach einer Pause räumte sie dann jedoch ein: »Obwohl, später würden wir gern nahe beieinander wohnen; glaubst du nicht auch?«

»Oh, ja«, pflichtete Dorothy ihr bei und schaute ihrer Schwester liebevoll in die Augen.
Alle in diesem Kapitel beschriebenen Frauen verfügen über das Potential, ihre Situation zu verändern, so, wie Frances und Dorothy es gemacht haben. Wenn (falls überhaupt) Toni an die Westküste zieht, werden ihre Schwestern zwar protestieren, aber sie wird dann mehr Zeit und Energie für Freundschaften haben. Jesse und Gwen grenzen sich bereits voneinander ab, indem sie verschiedene Colleges besuchen und ihren Vater sein eigenes Leben führen lassen. Wendy weiß, daß sie sich in Gegenwart ihrer Schwester nicht minderwertig zu fühlen braucht. Beth mag zwar traurig sein, aber sie bemüht sich, Freundschaften gegenüber offener zu werden und das geschäftige Leben der Schwestern mit ihren Familien zu akzeptieren. Ihre eigene Identität zu finden, das ist für jede dieser Frauen möglich. Sie alle wissen – und das ist ermutigend –, daß es ihnen besser gehen wird, wenn sie sich aus dieser zu engen Bindung gelöst haben.

8 Zwillingsschwestern

Es wird fast immer angenommen, Zwillingsschwestern hätten eine besonders enge Bindung, und ihre Beziehung müsse harmonisch und ungetrübt sei. Der Gedanke, daß zwei Schwestern sich gleichen, von der Kleidung bis zur Art des Denkens, fasziniert uns. Als junges Mädchen haben Sie sich vielleicht vorgestellt, wie es wäre, eine Zwillingsschwester zu haben, ein Spiegelbild Ihrer selbst, statt diese total andere Schwester.

Zwillinge selbst sehen ihre Zusammengehörigkeit jedoch ganz anderes. Ich habe fünf Frauen von fünf Zwillingspaaren interviewt (vier Frauen sind in diesem Kapitel, eine in Kapitel zehn vertreten). Diese Auswahl entspricht zwar nicht der allgemeinen Bevölkerung, wo Zwillinge nur mit einer Häufigkeit von einem Prozent vorkommen, aber ihre Geschichten bestätigen das, was wir in früheren Kapiteln über die Ursprünge unserer Verschiedenheit und unsere Strenge in der Beurteilung unserer Schwestern gesehen haben. Zu beachten ist auch, wie wichtig es für diese Schwestern ist, als Einzelwesen akzeptiert zu werden.

In ihrer Arbeit über Geschwister verweist Monica McGoldrick auf die zahlreichen Zwillingsstudien, in denen nachgewiesen wird, daß eineiige Zwillingsschwestern ein weniger stark entwickeltes Konkurrenzdenken haben als eineiige Zwillingsbrüder. »Es sieht so aus, als ob Frauen, die zur Mütterlichkeit und Fürsorge erzogen wurden, besser mit der Vorstellung zurechtkommen, eine Zwillingsschwester zu haben, die ihre Gedanken und Gefühle teilt.« Doch McGoldrick räumt auch ein, »daß Zwillinge zeitweise keine so enge Bindung haben, wie die anderen das von ihnen erwarten oder wie sie es vielleicht sogar selbst

erwarten ... Dennoch ist es eine unleugbare Tatsache, daß Telepathie bei Zwillingen häufig vorkommt.«
Es ist unbestritten, daß Zwillingsschwestern eine emotionale, manche würden sogar sagen, eine spirituelle Bindung zueinander haben, und doch, die Zwillingsschwestern, mit denen ich gesprochen habe, bestanden darauf oder sehnten sich danach, ein eigenes Leben zu führen. Eine Zwillingsschwester erzählte mir, daß, wann immer ihre Freundinnen aus Kindertagen es toll fanden, daß sie ein Zwilling war, sie sich vorstellte, irgendwo noch eine Drillingsschwester zu haben, die, weit weg von all diesem Wirbel, dieses Einzelwesen darstellte, das sie sein wollte. Die Aussage dieser Zwillingsschwestern ist eine wichtige Lektion für uns andere Schwestern, die wir unbedingt möchten, daß sich unsere Schwestern unserer Denkweise anpassen oder ihr wenigstens zustimmen. Ironischerweise hindert dieser Wunsch nach Individualität oder Unabhängigkeit Zwillingsschwestern nicht, äußerst kritisch und voreingenommen zu sein. Wir haben darüber gesprochen, wie ungeduldig Schwestern mit den Eigenarten der anderen sind, bei Zwillingsschwestern ist diese Ungeduld wegen ihrer besonderen Situation noch viel schlimmer. Jede möchte ein Wesen für sich sein, aber ihr Bild von sich selbst spiegelt sich in der anderen, so daß sie immer, wenn die andere etwas ist oder tut, was nicht ihrer Erwartung entspricht, herumnörgelt.

»Bist du es, oder bist du deine Schwester?« – Theresa, Tanya und Dawn

Zum ersten Mal merkte die fünfundzwanzigjährige Tanya, was es bedeutete, die Zwillingsschwester von Theresa zu sein, als sie beide in der Schule in verschiedenen ersten Klassen waren und Theresa zu einer Geburtstagsfeier eingeladen wurde und sie nicht. Tanya erzählt schmunzelnd: »Zurückblickend weiß ich,

daß der Junge überhaupt keinen Grund hatte, mich auch einzuladen, aber ich weinte und fand es schrecklich und gemein.«
Obwohl sie sich selten gleichartig anziehen, erkennt man Tanya und Theresa sofort als Zwillinge. Einmal, es war auf der High-School, klopfte jemand Tanya auf den Rücken und sagte ungehalten: »Bist du es, oder bist du deine Schwester?«
»Ich drehte mich um und hatte Lust zu sagen: ›Was glaubst du denn, wer ich bin?‹ Das hat mich immer verrückt gemacht. Ich bin doch Tanya.«
Tanya und Theresa gleichen sich in ihrer Erscheinung, ihrer Stimme und ihren Gesten. Beide sind hellhäutig, attraktiv und haben schwer zu bändigende lange blonde Locken. Sie finden es »witzig, aber auch blöd«, daß sie beide beim Sprechen mit der rechten Hand dieselben Gesten vollführen, beim Essen die Hand vor den Mund halten und dieselbe Stimme und Modulation haben.
»Wann immer ich Leute treffe, die Theresa kennen, aber mich nicht, ist es immer zuerst die Stimme, die ihnen auffällt«, erzählte Tanya, die um drei Minuten jüngere der beiden. »Aber wenn ich Theresas Stimme höre, höre ich ihre Stimme und nicht meine ... ist das nicht sonderbar?«
Nein, ist es nicht, wenn man bedenkt, wie entschlossen die beiden darauf geachtet haben, eigenständig zu sein. Natürlich wurden auch Kämpfe ausgefochten. Die Eltern, die sie selten bestraften, haben dies akzeptiert. Sie haßten es, wenn man sie »die Zwillinge« nannte, und es gefiel ihnen auch nicht, daß die Eltern ihnen beiden einen Vornamen gegeben hatten, der mit einem »T« anfängt.
»Wir mußten uns immer ein Zimmer teilen«, klagte Tanya und fügte noch hinzu, daß es ihrer jüngeren Schwester Dawn, die jetzt zwanzig Jahre alt ist, mit ihrem eigenen Zimmer besserging. »Theresa und ich stritten über alles in unserem Zimmer. Wir brauchten offensichtlich einen Bereich nur für uns. Es war hart, dieses Zimmer von dreieinhalb mal vier Meter – zwei Betten und

zwei Schränken teilen zu müssen. Ich war die Ordentlichere und wurde wütend, wenn Dinge von ihr in meiner Zimmerhälfte lagen. Wir zogen eine imaginäre Linie durch die Mitte des Raumes. Sie wird schnell wütend, ich auch, aber ich glaube, bei ihr geht es noch schneller, aber ich versuche eher zu argumentieren. In der High-School haben wir dauernd gestritten, wegen Klamotten oder was auch immer ... aber nie wegen Jungen, da hatten wir einen unterschiedlichen Geschmack.«
Tanya: »Wir haben nie gern etwas gemeinsam gemacht. Von den Leuten sind wir immer eingeordnet worden – sie war die Sportliche, ich der Bücherwurm. Ich hatte immer die besseren Noten, aber eigentlich war ich ihr auch im Sport überlegen.«
Als die Zwillinge auf verschiedene Colleges gingen, waren sie überrascht, wie sehr sie unter der Trennung litten. Tanya: »Ich habe Theresa mehr vermißt als alle anderen in der Familie. Ende September war ich in Tränen aufgelöst. Es war so sonderbar, denn ich habe uns nie als besonders eng verbunden betrachtet. Aber wir waren das erste Mal für längere Zeit getrennt und hatten ein vollkommen anderes Umfeld.«
Doch die Trennung hatte für beide Mädchen auch ihre gute Seite. Tanya: »Es war eine interessante Erfahrung, einmal nur ich selbst zu sein und daß es niemanden gab, der meine Schwester kannte. Niemand sagte den falschen Namen zu mir. Als wir uns in den Ferien und während der Feiertage wiedersahen, haben wir weniger gestritten; ich glaube, wir waren glücklich, wieder zusammensein zu können. Im College haben wir uns viel geschrieben, zum Telefonieren fehlte uns das Geld.«
Ihre neuentdeckte Beziehung zueinander wurde auf eine Probe gestellt, als Theresa nach Abschluß des Colleges ihre Verlobung mit einem jungen Musiker bekanntgab. Die Familie mißbilligte ihre Wahl, ohne es ihr allerdings zu sagen, bis eines Tages – sie saßen in ihrem alten Kinderzimmer mit Dawn in der Mitte – Tanya damit herausplatzte. Die Auseinandersetzung dauerte fast

eine Stunde, Dawn spielte die Vermittlerin, indem sie verdeutlichte, was jede auszudrücken versuchte.
Tanya: »Obwohl sie noch so jung ist, hat sie ihre Sache gut gemacht. Auseinandersetzungen sind in unserer Familie etwas Seltenes. Was ich Theresa an diesem Tag sagte, hat ihr, glaube ich, sehr weh getan. Ich sollte eigentlich ihre erste Brautjungfer sein, aber nach unserem Wortwechsel wollte sie es nicht mehr. Später hat sie es dann wieder zurückgenommen. Ihre Hochzeit war nicht sehr glanzvoll. Ich fühlte mich dabei irgendwie degradiert. Alles, was ich zu tun hatte, war, neben ihr zu stehen und ihr ein Tuch und den Ring zu reichen. Natürlich wird sie einmal meine Brautjungfer sein, das ist gar keine Frage.«
Nachdem ich mir nochmals die mitgebrachten Hochzeitsbilder angeschaut hatte, fragte ich sie, warum sie sich an diesem Tag »degradiert« vorkam. Die Bilder vermittelten den Eindruck einer Hochzeitsfeier mit allem, was dazugehört; die Schwestern trugen schöne Festkleider und hielten Blumen in den Armen. Tanya ging in ihrer Antwort nicht direkt darauf ein, aber am Ton ihrer Stimme merkte ich, daß sie sich mehr Intimität und Frieden mit der Schwester gewünscht hätte.
»Irgendwie hat dieser Streit uns auch erleichtert, weil wir uns ausgesprochen haben. Andererseits hat sie dabei genau erfahren, wie ich über die Sache denke, und das hat ihr weh getan. Als wir eine Woche später für sie eine Party organisierten, bei der die Brautgeschenke überreicht wurden, schrieb ich ihr eine liebe Karte, in der ich unter anderem sagte: ›Ich habe mich mit Dir gestritten, weil ich mir Sorgen um Dich machte.‹ Ich sah, wie sie meine Karte las und wie ihr, obwohl all diese Frauen um sie herumstanden, die Tränen in die Augen stiegen. Sie hat nie etwas gesagt, aber ich wußte, daß sie gerührt war. Und von da an war alles wieder gut, und das bedeutet mir mehr, als Brautjungfer zu sein.« Als Tanya dies sagte, verlor sie selbst ein wenig die Fassung. »Früher waren unsere Auseinandersetzungen nach eini-

gen Minuten oder Stunden beendet. Sobald eine von uns etwas Neutrales sagte wie: ›Gib mir mal den Bleistift‹, wußten wir, daß die Sache vorbei war. Aber dieses Mal hat es eine Woche gedauert, bis wir uns wieder beruhigt haben. Anscheinend war es meine Aufgabe, den ersten Schritt zu machen. Danach war unsere Beziehung wieder wie früher.«

Tanya, die zu Hause bei den Eltern lebt, hat nach der Hochzeit der Schwester das gemeinsame Zimmer als ihr Zimmer eingerichtet. »Ich habe Theresas Möbel entfernt und alles umgestaltet, mit neuer Tapete und neuen Vorhängen. Das ist nun mein Zimmer, nichts mehr darin gehört ihr. Ich war begeistert. Ich habe meiner Schwester gesagt, was ich vorhabe, und sie, die schon eine Weile nicht mehr zu Hause gewesen war, erklärte sich einverstanden. Aber als sie es dann sah, fühlte sie sich doch irgendwie enteignet. Kürzlich hat sie bei uns übernachtet und mußte dabei auf einem Feldbett schlafen.« Tanya lachte bei der Erinnerung ein wenig schadenfroh. Gleich darauf wurde sie jedoch wieder ernst und fuhr fort: »Ich glaube, Theresa ist weniger auf mein neues Zimmer eifersüchtig als auf die Tatsache, daß ich Geld auf der Bank habe. Ich wiederum bin eifersüchtig darauf, daß sie ein eigenständiges Leben führt, aber ich werde ihr das irgendwann nachmachen.«

Mich interessierte, ob Tanyas Freunde Theresa im Charakter ähnlich sind. Ihre Antwort war die einer jungen Erwachsenen, die das Konkurrenzdenken aus der Kindheit noch nicht ganz überwunden hat. Aber es war auch eine einsichtige, ehrliche Antwort, die die Gefühle vieler Schwestern in diesem Alter widerspiegelt.

»Nein, Theresa ist sehr eigensinnig und willensstark ... nicht nörgelnd, aber sie möchte, daß alles so gemacht wird, wie sie es für richtig hält. Meine Freunde sehen das nicht so eng. Aber ich bin bei meinen Freunden auch anders als bei meiner Schwester. Bei meiner Schwester möchte ich auch, daß alles so gemacht wird, wie ich es für richtig halte. Bei meinen Freunden bin ich eher zu Kompromissen bereit.«

Eine an Bedingungen geknüpfte Liebe

Zwillinge veranschaulichen sehr gut die etwas verwirrende Botschaft, die von Schwestern oft ausgesandt wird: »Liebe mich, aber laß mich mein eigenes Leben führen und störe mich nicht.«
Jasmine kann sich nicht mehr an das genaue Alter ihrer neun Geschwister erinnern. »Sie dürften so zwischen dreißig und sechzig Jahre alt sein«, erzählte sie, ohne ihre Namen zu nennen. Auch ihr eigenes Alter beschrieb sie lediglich als »so um die Mitte Vierzig«. Aufgewachsen ist sie in einem malerischen Dorf an der Nordküste Jamaikas. Heute lebt sie in der Innenstadt von Washington. Sie arbeitet täglich an zwei Stellen, als Wirtschafterin in einem Privathaushalt und in einem Krankenhaus. Jasmine hat noch eine Zwillingsschwester, Lillian, die im Süden der USA lebt. Zuerst hatte Jasmine keine oder nur wenig Lust, mir ihre Geschichte zu erzählen. Ihre gespielte Gleichgültigkeit verriet mir jedoch, wie sehr sie unter ihrem »Zwillingsdasein« litt.
»Ein Zwilling zu sein ist für mich nichts Besonderes. Ich kenne aber Zwillinge, die eine enge Bindung haben.« Jasmines Stimme klang bitter, sie schaute mich nicht an und erwähnt den Namen von Lillian nicht. »Nach der Schule ging jede ihrer Wege. Ich interessiere mich für sie, aber sie kommt nie auf mich zu. Ich bin die Ältere, wahrscheinlich rufe ich deshalb öfter an als sie.«
Nachdem das heraus war, brauchte Jasmine längere Zeit, bis sie wieder Vertrauen gefaßt hatte und mit dem Erzählen fortfuhr. Doch es gab immer wieder längere Pausen, Verlegenheit und Antworten auf meine Fragen, die aus einem Ja oder Nein oder schlichtem Kopfschütteln bestanden.
Als ich drauf und dran war, zu gehen, fing sie auf einmal wieder zu sprechen an. »Meine nach mir kommende Schwester sieht genauso aus wie ich. Lillian ist heller und massiger.« (Jasmine ist dunkel und untersetzt, sie bewegt sich bedächtig, als ob sie ein

unsichtbares Gewicht mit sich herumtragen würde). »Ich bin launischer als Lillian. Ich bin von Kindheit an ernster als sie gewesen, und ich rede auch nicht viel. Ich habe Freunde, mit denen ich rede, aber ich gehe nicht aus und lade niemanden ein. Als wir klein waren, hat Lillian viel mehr geredet als ich. Wir haben uns um unsere kleineren Brüder und Schwestern gekümmert. Mutter war Hausfrau, und Vater war bis zu seinem Tod auch immer für uns da. Er war Tischler. Wir sind alles überzeugte Christen und in einem strengen Baptistenhaushalt aufgewachsen.«

Als der Vater starb, zog die Mutter in die Staaten, wohin ihr die Kinder wenig später folgten. Heute leben sie in alle Winde zerstreut, von Kanada bis Florida. Die Geschwister besuchen sich oder telefonieren miteinander. Ihre Mutter besucht jedes Jahr alle ihre Töchter und blieb bei jeder dieselbe Zeit. Vor drei Jahren war dieses schöne Ritual mit dem plötzlichen Tod der Mutter zu Ende. Jasmine sagt, daß sie sich »sehr alleingelassen fühlt« und daß es »nichts mehr zu planen gibt«. Sie hat zwar eine eigene Familie, die für Ablenkung sorgt – drei Töchter und einen Sohn sowie mehrere Enkelkinder –, aber seit dem Tod der Mutter und der Entfremdung von ihrer Zwillingsschwester kämpft sie gegen ein Gefühl der Isolation an.

»Meine Mutter versteht sich nicht so gut mit Lillian«, sagte sie trotzig, als ob die Mutter noch am Leben und der Konkurrenzkampf um deren Anerkennung noch im Gange wäre. »Lillian ist ganz anders als sie. Mutter ist still und introvertiert, genau wie ich. Sie braucht keine anderen Männer, sie liebt nur meinen Vater, und als er starb, sagte sie, sie würde nie wieder heiraten. Ich habe die beiden nie streiten gehört.«

Jasmine und Lillian haben als Kinder immer gestritten, gleichgültig, wie sehr die Eltern sie auch baten, sich zu vertragen. »Ich war die weitaus bessere Schülerin ... und das hat Lillian nicht gefallen. Sie hat Eidechsen gefangen, mit dem Schwanz an einen

Kokospalmwedel gebunden und mich damit verfolgt. Ich hatte eine panische Angst davor.« Als sie das erzählte, mußte Jasmine lachen, und amüsiert fuhr sie fort: »Alle meine Geschwister wußten, daß ich mich vor Eidechsen fürchtete. Wenn wir uns zu besonderen Anlässen trafen, machten sie sich einen Spaß daraus, mir Plastikeidechsen in die Schuhe oder ins Bett zu legen und zu warten, bis ich aufschrie und wegrannte.«

Lillian beteiligte sich nicht an diesen Erwachsenenspielchen. Sie hat keine bösen Worte mehr für Jasmine, und sie bedroht sie auch nicht mehr mit Eidechsen. »Sie streitet nie mit mir, und sie besucht mich nie.« Das ist das schlimmste, was sie Jasmine antun kann. »Ja, ich hätte gern eine engere Beziehung zu ihr, ich besuche sie, und wenn ich bei ihr anrufe und sie frage, warum sie nie kommt, antwortet sie mir, sie müßte arbeiten und hätte kein Geld. Das mag ja sein. Ich habe sie jetzt seit drei Jahren nicht mehr gesehen. Manchmal macht mich das Alleinsein depressiv. Ich bin an eine große Familie gewöhnt. Was nützt es mir, eine Zwillingsschwester zu haben, wo ich doch immer allein bin.«

Als ich mich von Jasmine verabschiede, erzählt sie mir noch, daß ihre Tochter auch Zwillinge hat – kleine Jungen. »Sie zieht sie gleich an. Die beiden streiten miteinander, so wie wir«, meinte sie lächelnd. »Meine Mutter hat die Zwillinge nicht mehr gesehen. Sie sagte immer zu meinen Kindern: ›Wer von euch wird wohl eurer Mutter Zwillinge schenken?‹« Sie weiß genau, warum ihre Mutter das sagte. Für sie waren Jasmine und Lillian ein Geschenk. Jasmine wünscht sich, daß es auch für sie so sein könnte.

Die Rolle von Eltern und Zwillingen

Zwillinge haben wie »Einzelgeschwister« eine eigene Persönlichkeit und eine eigene Rolle in der Familie. Ansonsten kann man sagen, daß Mythen, die für Einzelgeschwister gelten, auch auf Zwillinge zutreffen. Gesundheit ist immer ein Faktor, speziell rund um die Geburt, die für Eltern von Zwillingen ein großes Ereignis ist. Ist eine Zwillingsschwester bei der Geburt schwerer als die andere, wird sie gewöhnlich als »die Kräftigere« betrachtet, selbst wenn die Schwester später das gleiche Gewicht erreicht. Genauso wird die »Erstgeborene« – auch wenn es sich dabei nur um zwei Minuten handelt – oft für die Selbständigere eingeschätzt. (Eine Zwillingsschwester hat dem jedoch widersprochen. Sie kam zehn Minuten nach ihrer Schwester auf die Welt und behauptet noch heute, daß dies der Grund für ihre Eigenwilligkeit und Unbeugsamkeit ist.)
Eine Mutter von Zwillingsschwestern sagte mir, daß eine ihrer Töchter immer für die andere spricht. Das stille Mädchen weiß, daß ihre Schwester sie herausreden wird, wann immer sie in der Klemme steckt, selbst bei Lehrern und Freunden.
Alle interviewten Zwillinge sagten mir, daß sie in der Schule absichtlich andere Fächer als die Schwester belegten und darin auch besonders gut waren. Nur ein Zwillingspaar sprach von derselben sportlichen Begabung, die anderen behaupteten alle, die eine Schwester hätte mehr beim Sport, und die andere mehr in der Schule geglänzt.
Elterliche Bevorzugung berührt Zwillinge genauso stark wie Einzelgeschwister. Die Eltern sehen sich selbst oder das, was sie gern sein möchten, auf zwei Kinder verteilt. Wie einfach ist es da, die eine Tochter »die ehrgeizige Draufgängerin« und die andere »die Träumerin« zu nennen. Bei den Zwillingspaaren, mit denen ich gesprochen habe, konnte ich feststellen: Je weniger

Aufmerksamkeit die Eltern ihren Kinder widmeten, desto enger war die Beziehung der Zwillinge. Das konnte gut oder auch weniger gut sein. Jasmine zum Beispiel liebte ihre Mutter sehr. Diese konnte ihr jedoch nicht all die Aufmerksamkeit geben, die sie sich gewünscht und auch gebraucht hätte.
Obwohl ihre Mutter immer zu Hause war, hatte sie mit den neun Kindern alle Hände voll zu tun mit Kochen, Nähen, Putzen und allem, was sonst noch zu einem gut organisierten Haushalt gehört. Da blieb kaum Zeit, sich die kleine Jasmine auf den Schoß zu ziehen, um ihr, und nur ihr, ihre Lieblingsgeschichte zu erzählen oder sie in den Jahren der Pubertät zu fragen, womit sie sich beschäftige.
Jasmine suchte also die Nähe ihrer Zwillingsschwester oder der nächstjüngeren Schwester. Aber die Schwestern konnten Jasmine nicht die umfassende und bedingungslose Liebe geben, die sie von der Mutter gebraucht hätte. Später stillte Jasmine dieses Bedürfnis teilweise, indem sie ihre jüngeren Geschwister bemutterte.
Tanya sagte mir, sie hätte bei ihren Eltern nie bemerkt, daß sie jemanden bevorzugten. Ihre Mutter versuchte immer, gerecht zu sein, und ihr Vater »gehört noch der Generation an, die nicht wirklich über Dinge redet«. Vielleicht war es nicht nur das gemeinsame Schlafzimmer, das bei Tanya und Theresa zu Auseinandersetzungen führte, teilweise könnte auch die Distanz der Eltern, besonders des Vaters, der Grund gewesen sein. »Theresa und ich sind selten gelobt, aber auch selten getadelt worden. Ob wir in einem Fach ein ›Gut‹ bekamen oder ein ›Befriedigend‹, es war immer in Ordnung. Mein Vater kam zu unseren Schwimmwettbewerben, um zu filmen. Aber er tat es mehr für sich selbst, er liebte es, zu Hause an den Filmen zu arbeiten. Er eignete sich nicht als Vater, er mochte die Gesellschaft von Kindern nicht. Er hatte auch keine Freunde. Er genügte sich selbst.«

»Meine Stärke habe ich von Mutter« – Beba und Boletta, und Elsie

Beba ist stolz darauf, daß man ihren Vater »den verwegenen Schweden und das schwarze Schaf« nannte. Er verließ seine aus Schweden eingewanderte Familie von Musikern, reiste quer durchs Land, stieg ins Baugewerbe ein und machte während des Zweiten Weltkriegs sein Glück mit Regierungsaufträgen. Als er Bebas Mutter zum ersten Mal sah, verliebte er sich sofort in sie. Sie war die älteste Tochter einer reichen schwedischen Familie, in der die kleine, aber willensstarke Mutter das Regiment führte, eine sowohl in der schwedischen Gemeinde des Mittleren Westens als auch der Westküste angesehene und gefürchtete Frau.

»Meine Mutter war das exakte Gegenteil von Vater.« Beba sprach sehr deutlich und korrekt. Wir trafen uns in einem großen Vortragssaal an ihrem Arbeitsplatz, wo sie das medizinische Programm für Senioren leitet. Unser Gespräch wurde mehrere Male unterbrochen, weil Mitarbeiter etwas von ihr wissen wollten. Vorher hatte sie mich bereits darauf hingewiesen, daß sie, wenn ihr Piepser sich meldet, sofort gehen muß, weil sie dann bei einem Notfall gebraucht wird.

Beba erzählte weiter: »Meine Mutter ist zu einer sehr konservativen, die gesellschaftlichen Normen achtenden Frau erzogen worden. Alle Welt dachte, daß mein Vater und sie überhaupt nicht zusammenpaßten – mein Vater, der auf seinem Motorrad herumfuhr, und meine Mutter, die sehr auf gute Manieren achtete.« Doch die Ehe hielt siebenundfünfzig Jahre. Beba und Boletta wurden 1932 geboren und vier Jahre später die jüngere Tochter Elsie.

»Vater hätte Söhne vorgezogen«, sagte Beba sachlich. »Er war im Baugewerbe, und Söhne zu haben war wichtig. Aber irgendwie war er auch stolz auf seine drei Töchter, und daß zwei davon Zwillinge waren, gab ihm einen besonderen Nimbus in der

Schwedischen Gemeinde, wo sich sein Gesellschaftsleben abspielte.«

Die Mutter reagierte auf ihre Töchter eindeutiger als der Vater. Weil sie die Stärke ihrer eigenen Mutter bewunderte (mit der sie ein Leben lang täglich telefonierte), richtete sie ihre ganze Kraft und Aufmerksamkeit auf Beba, die ihr, wie sie glaubte, ähnlich war. »Ich war immer die Vitalste von uns dreien. Mutter hatte immer das Gefühl, daß ich es am weitesten bringen würde, und sie hat tatsächlich die Weichen für mein Leben gestellt.«

Unbekümmert zählte Beba die Handicaps ihrer Zwillingsschwester auf: »Boletta war der Schwächling, sie hatte rheumatisches Fieber, brach sich alle Knochen und konnte nie ins Freie zum Spielen. Ich empfand sie als Klotz am Bein. Es war, als ob mir immer ein Schatten folgte, einfach schrecklich. Ich glaube, ich habe sie nicht schlecht behandelt. Wann immer sie Probleme hatte, habe ich mich um sie gekümmert. Als sie zum ersten Mal ihre Periode bekam, war sie so entsetzt, daß sie sich hinter einem Baum versteckte. Ich habe sie dann nach Hause gebracht und mich um sie gekümmert.«

Boletta war anfänglich auch keine gute Schülerin, ganz im Gegensatz zu Beba, die überall glänzte. Doch in der Zeit, als Boletta mit rheumatischem Fieber das Haus hüten mußte, wurde sie von einem Hauslehrer unterrichtet, der ihr Selbstvertrauen aufbaute. Von da an hatte sie gute Noten, und das blieb auch im College so. Beba ist stolz auf ihre Schwester, aber sie kann nicht umhin, zu erwähnen, daß auch sie immer nur die besten Noten hatte. Ebensowenig kann sie es lassen, wiederholt auf ihre berufliche Kompetenz und ihre Erfolge hinzuweisen. Schulische und berufliche Tüchtigkeit scheinen dieser Frau alles zu bedeuten. Bei ihrer Zwillingsschwester, die keine so enge Beziehung zu der Mutter hatte, sieht es anscheinend anders aus.

Als ich von ihr wissen wollte, was denn ihre Schwester mache, zeugte ihre ehrliche Antwort von ihrer Ichbezogenheit: »Ich habe sie überredet, ebenfalls in der Pflege zu arbeiten.« Daraufhin folgte eine kurze Pause. »Und dann habe ich sie sitzenlassen. Ich habe fünfundzwanzig Jahre nicht in meinem Beruf gearbeitet. Um wieder einsteigen zu können, mußte ich meine Prüfungen noch einmal ablegen. Ich habe sie dazu überredet, weil sie nie wußte, was sie machen sollte. Sie hat sich immer nur für Bücher interessiert. Sie lebte und lebt auch heute noch in der Welt der Bücher, obwohl sie verheiratet ist und drei eigene Kinder großgezogen und zwei Adoptivkinder angenommen hat.«

Boletta und Beba haben ihre Ehemänner an der Westküste kennengelernt und dort auch geheiratet. Nach einigen Jahren entschlossen sich die beiden Paare, die eng miteinander befreundet waren, ihre Berufslaufbahn an der Ostküste fortzusetzen, wo sie bis heute leben. Die Mutter der Zwillinge betrachtete diesen Umzug als eine unverzeihliche Entscheidung und sprach immer von einem »böswilligen Verlassen«. Eine besonders gegen Beba gerichtete Vergeltungsmaßnahme war ihre Hinwendung zu Elsie, die, nachdem sie sich lange nach mehr Aufmerksamkeit von ihrer Mutter gesehnt hatte, freudig Bebas Platz einnahm.

Beba sagte mir, daß sie froh war, diese Trennung geschafft zu haben, weil sie sich ab diesem Zeitpunkt keine Sorgen mehr zu machen brauchte über die immer länger werdende Liste von Streitpunkten zwischen ihrem Mann und ihrer Mutter. Endlich konnte sie sich auf die Familiengründung konzentrieren. Die Zwillingsschwestern wurden beide Mutter von drei Kindern. Ihre Erstgeborenen, beides Jungen, kamen – und das erzählen beide gern bis in alle Einzelheiten – am gleichen Tag auf die Welt. Boletta »schlug« dabei Beba um einige Stunden. Die zweite Geburt wurde bei beiden ebenfalls für dasselbe Datum ausgerechnet, aber Boletta hatte im fünften Monat eine Fehlgeburt. Beba überredete Boletta dazu, es gleich noch einmal zu probieren. Jahre später überredete sie Boletta dann auch noch dazu, zwei Babys zu adoptieren, die in dem Krankenhaus, in dem

Boletta arbeitete, als Frühgeburten um ihr Leben kämpften. Beba, die einmal zwei Teenager als Pflegekinder in ihr Heim aufgenommen hatte, dachte, es wäre eine lohnende Erfahrung für ihre Schwester. Boletta hatte jedoch mit ihren Adoptivkindern viele Probleme, und erst vor kurzem stellte sich heraus, daß sie schizophren sind. Beba muß zugeben, daß ihr Rat in diesem Fall nicht gut gewesen ist.

Daß diese Frau so sehr über ihre Zwillingsschwester und auch andere bestimmt, hat seine Ursache zweifellos in der Beziehung zu ihrer Mutter. Es ist ein verwirrendes, von ihr jedoch mit Begeisterung betriebenes, absolut narzißtisches Machtverhalten, in dem jedoch auch Liebe und Fürsorge für die Zwillingsschwester mitschwingt. Als sie die Geschichte von Bolettas Selbstmordabsichten erzählte, drehte sich eigentlich alles nur darum, wie sie ihre Schwester gerettet hat. Alle anderen Beteiligten, einschließlich Bolettas Ehemann, waren dabei nur Randfiguren.

Vor einigen Jahren wurde Boletta mitten aus einem aktiven Leben heraus bettlägrig. Eine plötzlich auftretende schwere Arthritis hatte alle Gelenke befallen, so daß sie sich nicht mehr bewegen konnte. Die Ärzte, die an keine Genesung glaubten, prophezeiten ihr, daß sie innerhalb von drei Monaten im Rollstuhl sitzen würde.

»Boletta schickte ihren Mann und die Kinder weg. Sie sagte ihnen, daß sie mit mir sprechen will. Als sie mich anrief, fragte ich sie: ›Na, was machst du?‹ und sie antwortete mir: ›Ich liege im Bett und bin deprimiert. Ich kann mich nicht bewegen, und die Prognose ist schlecht ... Ich glaube, ich bringe mich um.‹ – ›Nein, das machst du nicht‹, sagte ich und diskutierte lange mit ihr. Sie meinte, sie hätte diese Art von Gelenkdegeneration schon bei ihren Patienten gesehen und könnte nicht damit leben, aber *sie müßte unbedingt mit mir sprechen.* Ich bin keine Psychologin, aber mir war klar, daß ich handeln mußte. Also rief ich ihren Mann an und fragte ihn: ›Warum läßt du sie allein?‹ Er ging zu

ihr und redete mehrere Tage auf sie ein. Nach einigen Monaten ging es ihr wieder gut. Bei der Feier zum fünfzigsten Hochzeitstag meiner Eltern habe ich dann noch mal mit ihr reden können.«
Acht Jahre später starben die Eltern im Abstand von zwei Jahren. Der Vater litt unter der Alzheimerschen Krankheit. (»Ich kenne mich mit dieser Krankheit gut aus, ich leite diesbezügliche Gesprächskreise und halte Vorträge«, erklärte Beba, als sie die fortschreitende Krankheit ihres Vaters beschrieb.) Die Mutter hatte eine Gehirnblutung und starb innerhalb von drei Tagen. Nur Elsie und Boletta standen ihr zur Seite. Elsie klagt noch heute, daß sie Beba nicht erreichen konnte.
»Was soll das! Ich schlafe zu Hause, an meiner Arbeitsstelle kann man mich erreichen und meine Kinder waren daheim.« Beba hob verzweifelt die Arme in die Höhe.
Schließlich gelang es Bolettas Ehemann, mit ihr Verbindung aufzunehmen, um ihr zu sagen, daß die Mutter im Sterben lag. Beba bekam dann doch wieder die Oberhand, als sie an einem der folgenden Tage frühmorgens im Krankenhaus anrief und dabei als erste vom Tod der Mutter erfuhr. »Ich leitete gerade ein Seminar über das Sterben ... ich konnte vor ihrem Tod nicht einfach davonlaufen. Nachdem ich mit dem Krankenhaus gesprochen hatte, rief ich meine Schwestern an, um ihnen zu sagen, daß Mutter tot ist ... Ich schaffte es auch, mit ihnen zu plaudern und mich in ihren Kreis aufgenommen zu fühlen.«
»Sie plauderten mit ihnen«, entfuhr es mir.
»Ja, es war schrecklich.« Bebas Stimme wird ein wenig weicher. »Aber die Menschen haben ihre Gründe, warum sie etwas tun. Und Elsie hatte das Bedürfnis zu plaudern. Eine Zeitlang versuchte sie auch, Bolettas beste Freundin zu sein. Ich habe beruflich mit Tod und Sterben zu tun und weiß, daß Angehörige manchmal verrückte Dinge tun. Ich billige es auch nicht. Aber bei ihr gab es immer viel Konkurrenzdenken, so daß ich sehr vorsichtig sein muß.«

Es war vereinbart worden, Mutters Wunsch entsprechend keinen Gedenkgottesdienst abzuhalten. Beba, die Trost gebrauchen konnte, entschloß sich, ihrem Mann nach Spanien nachzureisen, der dort geschäftlich zu tun hatte. In Spanien angekommen, erfuhr sie, daß Elsie doch einen Gedenkgottesdienst arrangiert hatte. Sie konnte es nicht fassen, daß die jüngere Schwester sich auf einmal so eigenmächtig verhielt. Beba, die sich der Liebe und Treue Bolettas sicher ist, redete nun nur noch über ihr Verhältnis zu Elsie. »Sie ist so mit Konkurrieren beschäftigt, daß sie gar nicht merkt, daß es eigentlich nicht nötig ist. Sie macht seltsame Dinge, die ich nicht gutheißen kann. Wir haben wirklich eine gute Beziehung, aber manchmal ärgere ich mich über sie, wie zum Beispiel jetzt, wo Elsie den Nachlaß meiner Eltern regeln soll und sich damit sehr viel Zeit nimmt. Mich regt das auf, denn ich glaube, sie will uns damit irgend etwas beweisen.«
Bebas Ausdruck verfinsterte sich, als sie von der verzögerten Erbschaftsregelung und den »törichten Entscheidungen« von Elsie erzählt. »Ich könnte das alles viel besser machen, denn ich kann gut denken.« Als sie Elsie angeboten hat, ihr die Pflichten als Nachlaßverwalterin abzunehmen, mußte sie zugeben, daß »Elsie das sehr geschockt hat«.
»Sie macht mich so wütend, zum Glück wohnen wir so weit auseinander, daß sie es nicht mitbekommt.«
Einige Minuten zuvor hatte Beba noch gesagt, daß sie und ihre Zwillingsschwester »sehr nett« zu Elsie waren, daß sie sich sogar entschlossen hatten, Bolettas zweitem Kind den Namen Elsie zu geben (Beba hat ihre einzige Tochter nach ihrer Zwillingsschwester benannt). Als wir uns trennten, meinte Beba: »Schwestern sind eine wirkliche Aufgabe, wenn das Verhältnis harmonisch sein soll. Es ist wie eine Ehe.«
Über hundert getrennt aufgewachsene Zwillinge und Drillinge (eineiig und zweieiig) waren seit 1979 Gegenstand einer Studie, die von einem Team von Soziologen und Medizinern der Univer-

sität von Minnesota durchgeführt wurde. Dabei wurde eindeutig bewiesen, daß Zwillinge Ähnlichkeiten in Charakter und Verhalten zeigten, selbst wenn sie getrennt aufgewachsen sind. Dies war eine Bestätigung der entscheidenden Rolle, die die Erbanlagen bei unserer Entwicklung spielen. Die Studie folgerte jedoch auch, daß neben dem Erbfaktor elterliche Zuwendung und Erziehung sowie andere, frühe äußere Einflüsse ebenfalls von Bedeutung sind. Wird zum Beispiel gemäß der Studie das Merkmal der Führerschaft als erblich bedingt definiert, können wir ebenfalls sagen, daß, wenn Eltern, Lehrer und Freunde auf diesen speziellen Charakterzug bei einem Kind ständig eingehen, das Kind in der Rolle »des Führers« bestätigt wird.

Das Ergebnis der Studie unterstützt das, was in diesem Buch demonstriert wird: Wir alle sind das Produkt von vielen äußeren Faktoren, von der elterlichen Bevorzugung bis hin zur Geburtenreihenfolge. Gleichzeitig sind wir aber auch das Produkt unserer ererbten Charakteranlagen. Charakterzüge von Beba waren zweifellos ihre Stärke und ihre Führungsqualitäten, auf die die Mutter einging. Boletta war zurückhaltender und wirkte dadurch nicht so anregend auf die Mutter. Bei diesem Arrangement kam Elsie wahrscheinlich am schlechtesten weg.

Zwillinge geben einander Kraft

Vor mir liegt ein Foto von Gloria und Lucy aus dem Jahre 1925, als sie »so zwischen vier und fünf« waren. Hübsche, eineiige Zwillinge mit dunklen Augen und schwarzem Bubikopf, mit weißen, von der Mutter genähten Kleidchen, weißen Häkelkniestrümpfen und schwarzen Lederschuhen, die mit einem Riemen geschlossen wurden. Da stehen sie vor den Stockrosen im Garten, Gloria hat einen Arm um Lucys Schulter gelegt, und der Schalk lacht ihnen aus den Augen, so als ob sie gerade etwas angestellt hätten.

»Sehen Sie sich mal unseren Pony an«, Gloria lachte und zeigte mir das Foto noch einmal. »Unser Haar war zu lang, deshalb haben wir uns, bevor das Foto gemacht wurde, gegenseitig die Ponys geschnitten. Wir haben sie einfach abgesäbelt, Mutter war machtlos.«

Die Eltern der Zwillinge, verständnisvolle, warmherzige Menschen, hatten Spaß an den kleinen Streichen ihrer Mädchen. Kusine und Vetter ersten Grades einer großen jüdischen Familie, ließen sie sich nach der Hochzeit in einer Kleinstadt in New Jersey nieder, wo auch die Nachbarn oft Verwandte waren und jeder über jeden Bescheid wußte. Die Mutter widmete sich dem Haushalt und den Kindern, und der Vater, ein Bauunternehmer, »betete seine Familie geradezu an«. Gloria kann sich nicht erinnern, daß die Eltern eines der Kinder bevorzugten (die Zwillinge hatten noch zwei Schwestern, eine war vier Jahre älter und eine vier Jahre jünger).

»Immer am Samstag teilte Vater uns unsere Haushaltspflichten zu. Dazu wickelte er ein weißes Taschentuch um seine Hand. Ein Zipfel hatte einen Knoten, der in der Handfläche versteckt lag. Diejenige, die das verknotete Ende wählte, brauchte nicht zu putzen. Meistens war es unsere jüngste Schwester, aber das störte uns nicht, sie war unser aller Liebling.«

Doch all die Liebe und Harmonie in der Familie konnte nicht verhindern, daß die Zwillinge sich zu »schüchternen und nervösen« Mädchen entwickelten. Als sie noch sehr klein waren, fiel den Eltern auf, daß sie viel in den Tag hinein träumten und sie nicht anschauten, wenn sie mit ihnen sprachen. Damit sie ihr zuhörten, mußte die Mutter ihnen leicht auf die Arme klopfen, bevor sie zu sprechen anfing. Sie spielten zwar mit den Kindern aus der Nachbarschaft, aber weil es sie so aufregte, hatten sie

immer ein weißes Taschentuch dabei, um ihre feuchten Handflächen zu trocknen. Als die beiden in die Schule kamen, waren viele Kinder von diesen schüchternen, großäugigen, sich sehr ähnlich sehenden Zwillingen fasziniert, aber sie machten sich auch über sie lustig, weil sie eine so seltsame Aussprache hatten. Niemand kam dahinter, warum die Kinder immer nervöser wurden, bis in der dritten Klasse ein Lehrer sie bat, nach der Schule noch dazubleiben. Dann stellte er ihnen eine Frage, versteckte dabei jedoch sein Gesicht hinter einem Buch. Er bekam keine Antwort, weder von Gloria noch von Lucy, die beide ausgezeichnete Schülerinnen waren. Als er das Buch beiseite legte und mit strenger Stimme fragte ›Was habe ich gesagt‹, antworteten sie verstört ›nichts‹ und zerknüllten dabei ihre Taschentücher. Angst überkam die beiden, was hatten sie bloß falsch gemacht? Wieder nahm der Lehrer das Buch vor das Gesicht, wieder stellte er eine Frage, und wieder bekam er keine Antwort. Daraufhin legte er das Buch zur Seite und fragte mit strenger, vorwurfsvoller Stimme: »Lest ihr etwa von den Lippen ab?«
Gloria erinnerte sich: »Wir hatten keine Ahnung, was er damit sagen wollte, und weil uns alles komisch vorkam, lachten wir und rannten heim, um es unserer Mutter zu erzählen.«
Erst nach dieser Episode wurden die Zwillinge gründlich untersucht und für taub erklärt. Es blieb so lange unentdeckt, weil es in der damaligen Zeit so gut wie keine kinderärztliche Betreuung gab und weil die Zwillinge eine natürliche Begabung entwickelten, Wörter von den Lippen abzulesen.
Gloria und Lucy, die auf der normalen Schule blieben, schlossen sich enger zusammen, als sie mit »ekligen« Lehrern konfrontiert wurden, die sich weigerten, vorne stehen zu bleiben, damit sie die Wörter von den Lippen ablesen konnten. Als Gloria einen der Lehrer einmal bat, doch vorne stehen zu bleiben, erklärte ihr dieser vor allen anderen Schülern: »Wenn du mich nicht verstehst, gehörst du nicht hierher.«

In der High-School trugen die Zwillinge ihr erstes Hörgerät. Zwei schwere Batterien wurden an ihren Beinen befestigt und eine lange Leitung führte unter der Kleidung hindurch. Gloria erinnerte sich noch, wie peinlich es ihnen war, so »festgehakt« zu sein. In der Sportstunde zogen die Jungen an den Drähten. Wenn die Neckereien zu schlimm wurden, nahmen sie die sperrigen Geräte ab und versteckten sie in braunen Papiertüten.
All diese Mißlichkeiten ließen die Zwillinge aber nie verzweifeln. Sie hatten einander, und sie hatten die Familie, die zu ihnen stand. Genauso hilfreich waren laut Gloria auch ihre sportlichen Fähigkeiten. Alle wußten, daß die Zwillinge im Schlittschuhlaufen, Ballspielen und Wettrennen jeden schlagen konnten, der sie herausforderte. In ihrem Lieblingssport, dem Softball, den sie auf den Schuttplätzen der Nachbarschaft gelernt hatten, war Gloria immer der Werfer und Lucy der Fänger. Traum eines jeden Kindes: Wann immer ein Team gebildet werden mußte, wurden die Zwillinge als erste gewählt.
Kurz vor Abschluß der High-School lernten die Mädchen einen verheirateten Vetter kennen, der ebenfalls taub war. Er erzählte ihnen vom Gallaudet College in Washington, D.C. Gloria: »Wir waren begeistert, aber bevor wir uns dort bewerben konnten, mußten wir die Zeichensprache lernen. Unser Vetter machte uns mit einem Lehrer bekannt, der an der Abendschule Zeichensprache unterrichtete. Vor unserer ersten Stunde nahmen wir uns das ›Buch des Wissens‹ vor und versuchten, uns alle Zeichen zu merken. Als wir das Klassenzimmer betraten, waren dort nur ältere Leute. Sie hatten ihren Spaß an uns beiden. Manches war uns so peinlich – als Zeichen für ›Bitte‹ muß man sich zum Beispiel die Brust reiben –, daß wir zu lachen anfingen und schweißnasse Hände bekamen.«
Aber sie absolvierten beide den Kurs mit Erfolg. Nach Abschluß der High-School mußten die Zwillinge dann auf einer staatlichen Internatsschule für Gehörlose Vorbereitungskurse absolvieren,

um sich für Gallaudet zu qualifizieren. Es war das erste Mal, daß sie auf eine Schule für Gehörlose gingen. »Wir blühten auf, plötzlich waren wir es, die den Ton angaben«, strahlte Gloria. »Wir waren Zwillinge, etwas noch nie Dagewesenes, und wir hatten einen Abschluß an einer normalen High-School gemacht.« Nach einem Jahr bestand Gloria die Aufnahmeprüfung und begann 1939 ihr Studium in Gallaudet als eine von hundertfünfzig Studierenden. Lucy war die dritte auf der Warteliste und blieb noch ein Jahr in der staatlichen Schule, bis auch sie aufgenommen wurde.
»Es fiel mir nicht schwer, ohne Lucy zu sein«, sagte Gloria, indem sie mir meine Frage vorwegnahm. »Wir brauchten diese Trennung und Herausforderung. Dabei war es so, daß Lucy alle Auszeichnungen, die ich in Gallaudet erhielt, ein Jahr später ebenfalls einheimste. Wir konkurrierten miteinander, aber nicht auf bösartige Weise. Wenn wir uns im Sport zusammentaten, konnten wir nie verbissen kämpfen. Wir lachten uns dann oft halbtot.«
Die Zwillinge hatten, wie alle Schwestern in diesem Alter, auch Auseinandersetzungen. Ein häufiger Grund waren die abgelegten Kleider ihrer älteren Schwester, die ihre Mutter ihnen zukommen ließ. Aber laut Gloria dauerten die Streitereien nie lange. Sie liebten es viel zu sehr, miteinander zu lachen.
»In Gallaudet haben wir beide unsere Schüchternheit verloren.« Außerdem lernten die Schwestern dort, die Gemeinschaft der Gehörlosen zu schätzen und sich mit ihnen verbunden zu fühlen. Beide Frauen heirateten gehörlose Männer. Zusammen mit ihren Partnern setzen sie sich mit großer Hingabe für die Belange der Gehörgeschädigten ein. Sowohl Gloria als auch Lucy konnten keine eigenen Kinder bekommen. Gloria adoptierte zwei Kinder mit intaktem Gehör, von denen eines geistig leicht behindert war. Die Adoptionsbestimmungen des Staates, in dem Lucy wohnte, verweigerten ihr eine Adoption und haben dadurch den Zwillingen eine ihrer wenigen Unterschiede aufgezwungen.
Gloria machte sich einen Spaß daraus, ein paar dieser »unheim-

lichen« Zwillingsgeschichten zu erzählen: Als Gloria in Gallaudet und Lucy in New Jersey war, kreuzten sich ihre Briefe, in denen jeweils stand, daß sie gerade »Vom Winde verweht« gelesen hatten und eine Passage – natürlich dieselbe – darin besonders liebten. Als Gloria in Michigan und Lucy in Illinois lebte, kam es öfter vor, daß sie sich mit genau dem gleichen Weihnachtsgeschenk überraschten (einem Golfschläger Eisen Nr. 7, Taschen aus Frankreich, Porträts in Bilderrahmen aus Leder). Wie in der Kindheit bekamen sie auch immer dieselben Krankheiten. Als Gloria erfuhr, daß sie sich einer Hüftgelenkoperation zu unterziehen habe, rief kurz darauf Lucy an, um ihr mitzuteilen, daß ihr eine Hüftgelenkoperation bevorstand.

Doch dann, vor fünf Jahren, verlief Lucys Lebensweg anders. Während sich ihr Mann im Krankenhaus von einem leichten Herzinfarkt erholte, stellten sich bei ihr Brustschmerzen ein, und sie mußte den Notarzt über TYY (Telefonnetz für Gehörgeschädigte) rufen. Sie lag fünf Tage im Krankenhaus mit der Diagnose eines leichten Herzinfarkts. Vor ihrer Entlassung mußte sie sich einem Belastungstest unterziehen, der, wie sie ihrer Schwester mitteilte, »sehr schwierig war«. Zwei Tage später – sie war mit ihrem Mann und einer Krankenschwester zu Hause und wollte gerade im Fernsehen die Abendnachrichten einschalten – brach Lucy zusammen und starb an einem Herzanfall.

Gloria, die sich in dieser Zeit von ihrer Hüftgelenkoperation erholte, bedauerte es, daß sie nicht bei ihr gewesen war. Sie schaffte es aber, zu Lucys Beerdigung zu kommen und dort eine kleine Rede zu halten. Stolz erzählt sie: »Es waren siebenhundert Menschen gekommen – Lucys frühere Schüler, deren Eltern und ihre Mitarbeiter. Sie hat für das Telefonnetz für Gehörgeschädigte im Staate Illinois gekämpft. Es gibt sogar ein Stipendium, das nach Lucy benannt wurde. Als ich zum Podium schritt, konnte ich das Erstaunen in den Gesichtern der Leute sehen. Es war, als ob Lucy dort oben stehen würde und auf sie herabschaute. Wir sehen uns doch so ähnlich. Ich glaube, ich habe tröstliche Worte gefunden. Gleich zu Beginn erzählte ich ihnen von Lucys Höflichkeit, die sie schon am Tag ihrer Geburt sagen ließ: ›Du zuerst, ich komme nach dir.‹«

Gloria kann von Lucy erzählen, ohne zu weinen. Sie ist sehr stolz auf ihre Schwester. Sie will mit der gemeinsamen ehrenamtlichen Tätigkeit in Florida fortfahren, wo sie sich vier Monate im Jahr um gehörgeschädigte ältere Menschen kümmerten. »Wir liebten es, mit Menschen umzugehen, aktiv zu sein, das Gefühl zu haben, gebraucht zu werden.«

Gloria ist heute siebzig Jahre alt. Ich sagte ihr, daß sie wie sechzig aussieht, worauf sie lachend erwiderte: »Aber ich fühle mich wie fünfundvierzig.« Sie ist eine zierliche, attraktive Frau, der man noch heute ansieht, daß sie viele Jahre Sport getrieben hat. Ihre jugendliche Ausstrahlung kommt aber auch von ihrem Lächeln und dem offensichtlichen Vergnügen, das sie an der Kommunikation mit Menschen hat. Sie weiß genau, daß der Kampf mit ihrer Taubheit für sie einfacher war, weil sie eine Zwillingsschwester hatte. Sie und Lucy blühten nach der High-School auf. Danach war es ihnen möglich, getrennte Wege zu gehen, um immer dann wieder zusammenzukommen, wenn sie es wünschten oder brauchten.

»Das einzige, was ich bedauere, ist, daß ich nicht öfter mit Lucy zusammengewesen bin. Wir hatten die Absicht, gemeinsam nach Florida zu gehen, und wir wollten ein Buch über Zwillinge und unsere eigenen Erfahrungen schreiben.

Ich dachte zuerst daran, es jetzt allein zu machen, aber es wäre nicht dasselbe«, sagte Gloria und lächelte.

Gloria und Lucys Geschichte ist einmalig, aber ich habe sie in das Buch aufgenommen, weil damit gezeigt wird, wie sich Schwestern in schwierigen Zeiten unterstützen können, ohne ihre Freude am Leben zu verlieren. Ich habe Lucy nie kennengelernt, aber von dem, was Gloria mir erzählt hat, bin ich überzeugt, daß sie genauso gern mit Menschen umgegangen ist wie ihre Schwester. Es hat mich auch beeindruckt, wie konstruktiv sie miteinander konkurrierten. Gloria berichtete mir mit sichtlichem Vergnügen, daß Lucy im College ein Jahr nach ihr dieselben Preise und Auszeichnungen gewonnen hat. Sie war auch sehr stolz auf das, was sie und Lucy für die Gehörgeschädigten erreicht haben. Ich möchte fast wetten, daß Gloria irgendwann das Buch über gehörlose Zwillinge schreiben wird. Sobald sie den Verlust ihrer Schwester überwunden hat, wird sie wieder zur eigenständigen Zwillingsschwester werden.

Durch Glorias Erzählung von Lucys Beerdigung wurde ich zu dem folgenden Kapitel über den Tod einer Schwester inspiriert. Bei meinem Interview mit der jungen Tanya lautete eine meiner Fragen, was sie tun würde, wenn ihre Zwillingsschwester vor ihr sterben würde. Ihre Antwort kam ohne zu zögern, als ob sie die Frage schon öfter gehört hatte: »Das wäre das Schlimmste, was mir passieren könnte. Wenn ich daran denke, daß sie einen Unfall haben könnte, wird mir ganz schlecht. Bei allen anderen könnte ich stark sein und es überwinden. Aber bei ihr ... es wäre einfach zu schrecklich. Ich weiß, sie denkt genauso. Wir haben schon darüber gesprochen, allerdings nicht oft. Wenn wir früh sterben müßten, nicht in unseren Achtzigern ... obwohl es auch dann nicht leicht sein wird ... Ich will gar nicht darüber nachdenken.«

Die meisten Frauen wollen nicht an den Tod einer Schwester denken. Ob die Beziehung der Schwestern nun gut oder schlecht ist, sie sind miteinander verstrickt, und deshalb ist der Tod einer Schwester bedrohlich für die anderen. Der bloße Gedanke an den Tod der Schwester kann uns aber auch daran erinnern, daß Differenzen bereinigt und ein besseres Verständnis erreicht werden sollte, und wenn uns in diesem Zusammenhang die Tränen kommen, ist dies ein Zeichen für die Liebe, die immer noch vorhanden ist.

9 Erinnerungen an den Tod einer Schwester

Die beängstigende Reaktion eines zehnjährigen Mädchens auf den plötzlichen Tod ihrer Schwester im Teenageralter verriet das Ausmaß ihrer Trauer. Sie umklammerte plötzlich Gegenstände wie zum Beispiel einen Türgriff, ein Tisch- oder Bettende, stellte sich mit den Füßen fest auf den Boden und begann, ihren Körper in eine drehende Bewegung zu versetzen, als ob sie sich in den Boden bohren wollte. Das Mädchen, das eine Psychotherapie verweigerte, litt auf diese Weise nahezu zwei Jahre. Erst dann war sie in der Lage – mit Hilfe der Mutter, die ihr Stärke und Zuversicht vorlebte –, ihr Leben ohne Schwester neu zu beginnen. »Ich habe sie aus der Schule genommen und ein Jahr mit ihr in Italien gelebt«, erzählt die Mutter. »Ich wollte ihr zeigen, daß wir beide weiterleben können.«

Dieses drastische und ungewöhnliche Beispiel einer jüngeren Schwester, die versucht, sich selbst zu versenken, zeigt, wie einschneidend der Tod einer Schwester für jede Frau ist, gleichgültig welchen Alters.

Die höhnischen Bemerkungen aus unserer Kinderzeit klingen uns noch in den Ohren:

»Ich könnte dich umbringen!«

»Bum, bum, du bist tot!«

»Scher dich zum Teufel!«

»Ich wünschte, du wärst nie geboren worden.«

Von diesen unbedachten Sprüchen und Spielchen unserer Kinderzeit abgesehen, ist der Tod einer Schwester das letzte, was wir uns wünschen. Im Gegenteil, Frauen geben offen zu, daß sie sich

Sorgen machen, weil ihre Schwestern rauchen, zuviel arbeiten, zu fett essen oder nicht regelmäßig zur Krebsvorsorge gehen. Mindestens zehn Schwestern haben mir gesagt, wie sehr es sie bedrückt, daß ihre Schwestern rauchen. »Meine Schwester will nicht darüber sprechen«, sagte eine Frau Ende Vierzig, deren ältere Schwester seit ihrer Jugend raucht und nun Probleme mit den Bronchien hat. »Ich überlege mir, ob ich ihr zum Geburtstag Sitzungen bei einem Hypnotiseur schenken soll, wie ich das bei meine Schwiegermutter gemacht habe. Aber ich bin mir nicht sicher, ob sie es akzeptieren würde.«

»Ich will nicht daran denken«, antworteten viele Frauen auf meine Frage, ob sie jemals an den Tod ihrer Schwester denken. »Es würde mich umbringen«, erklärte eine zwanzigjährige Frau, die behauptete, mit ihrer jüngeren Schwester nicht viel anfangen zu können. »Der Gedanke ist zu schrecklich«, sagte eine Frau in den Dreißigern mit zwei Schwestern. »Für mich gehört es in die gleiche Kategorie wie der Tod meiner Kinder. Schwestern sterben nicht.«

Die meisten von uns erwarten, daß ihre Eltern vor ihnen sterben. Man ist daher emotional darauf vorbereitet und akzeptiert deren Tod in gewissem Maße. Doch wenn eine Schwester stirbt, ist das eine bedrohliche und erschreckende Erfahrung, die noch lange in uns nachwirkt. Gleichgültig, wie unterschiedlich beide waren, so, wie man das Leben miteinander geteilt hat, teilt man auch den Tod. An den Tod einer Schwester zu denken, das ist zugegebenermaßen etwas Beunruhigendes, und doch darf das Thema nicht ignoriert werden, weil es uns die emotionale Bindung zwischen Schwestern zeigt.

Von Ärzten habe ich gehört, daß Frauen, deren Schwestern an Krebs gestorben sind, eine enorme Angst oder fast sogar so etwas wie eine Vorahnung haben, daß auch sie an Krebs sterben werden. Da es bei Krebs tatsächlich eine erbliche Komponente zu geben scheint, sind diese Ängste nicht ganz unbegründet. Aber dieselben Vorahnungen und Ängste können auch auftreten, wenn eine Schwester Selbstmord begangen hat, an Lungenentzündung gestorben oder mit dem Auto tödlich verunglückt ist. »Da es ihr passiert ist, kann es auch mir passieren«, flüstert eine innere Stimme.

Ich traf mich mit acht Frauen, deren Schwestern gestorben waren. Außerdem wurden mir zahlreiche Geschichten von überlebenden Schwestern erzählt. Die meisten dieser Frauen kannten diese Todesvorahnungen, diese Angst, daß sie auf dieselbe Art sterben könnten wie ihre Schwestern. Nachdem das erste Jahr der Trauer vorüber war, wußten sie jedoch auch, daß sich diese Ängste kontrollieren ließen – indem sie mehr auf ihre Gesundheit achteten, bewußt aßen, sich körperliche Bewegung verschafften und Erfüllung in ihrer Arbeit und Familie suchten.

Während Judith Viorst ihr Buch über Trennung und Verlust *Necessary Losses* schrieb, starb ihre Schwester an Brustkrebs. Wie sie mir sagte, hält sie ihre Ängste dadurch unter Kontrolle, daß sie viermal jährlich ihre Brust untersuchen läßt, davon einmal durch eine Mammographie. »Die übrige Zeit denke ich nicht daran. Ich kann den Ausbruch von Brustkrebs nicht verhindern, aber ich kann dafür sorgen, daß er frühzeitig entdeckt wird.«

Eine andere Frau stürzte sich während der letzten Lebensmonate ihrer Schwester in geradezu manische Aktivitäten. Neben den täglichen Krankenbesuchen baute sie für ihre kleine Tochter ein Puppenhaus, beendete ihre Doktorarbeit, arbeitete stundenweise als Lehrerin und nähte für ihre beste Freundin einen Quilt. Nach dem Tod der Schwester sagte ihr ein Freund der Familie, ein Psychiater, daß sie es sich nun gestatten dürfe, »kürzerzutreten und ihr eigenes Leben zu leben«.

Der Tod der Schwester läßt sich eher überwinden, wenn die Frau sich auf das, was ihr geblieben ist, konzentriert – auf die glücklicheren Zeiten, die sie in ihrem Gedächtnis gespeichert hat. Im Haus der Frau, die das Puppenhaus gebaut hat, gibt es viele gerahmte Fotografien ihrer Schwester aus der Zeit vor ihrer schweren Krankheit, auf denen sie hübsch aussieht und fröhlich mit ihren Kindern lacht. Sie erzählte mir, daß sie bei jeder Familienzusammenkunft an die Schwester denken, obwohl ihr Tod bereits zehn Jahre zurückliegt, »denn das ist es, was sie sich gewünscht hätte. Wenn wir an Yom Kippur in unserem traditionellen Glauben ihrer gedenken, kommen uns immer noch die Tränen.«

Der Heiligenschein meiner Schwester – fünfzig Jahre danach

Jane ist Engländerin und inzwischen über siebzig Jahre alt. Sie erzählte mir vom Tod ihrer Schwester Helen vor fünfzig Jahren, als sie beide junge Frauen waren. Jane glaubte sich rechtfertigen zu müssen, »weil ihre Geschichte nichts Besonderes ist und weil sie nicht über Vergangenes klagen will«. Nicht ohne Stolz erklärte sie: »Wir Engländer sind ziemlich hart im Nehmen. Das kommt wahrscheinlich daher, daß wir die Kriegsjahre überlebt haben.«
Die Schwester von Jane starb zwar nicht bei einem Luftangriff, ihr Tod hatte indirekt jedoch mit den damaligen Kriegs- und Notzeiten zu tun. Sie starb nämlich an Tuberkulose, eine für diese Zeiten typische Krankheit. Jane ließ sich keinerlei Regungen anmerken, als sie die Krankengeschichte ihrer Schwester erzählte. Es fiel mir lediglich auf, daß sie ihre Schwester immer als »dreieinhalb Jahre älter« beschrieb, mit Betonung auf dem »einhalb«, als ob die sechs Monate bei ihrem Altersunterschied von Bedeutung gewesen wären.
»Ich liebte meine Schwester über alle Maßen. Sie war sehr nett,

sehr die große Schwester.« Durch letzteres wollte Jane wohl andeuten, daß Helen von klein auf als die Ältere eine besondere Stellung einnahm. Später erwähnte sie auch noch, daß der Vater durch seine Berufslaufbahn in der Navy häufig von zu Hause fort war und daß die Eltern lieber einen Jungen gehabt hätten: »Ich sollte eigentlich John heißen.«

»Helen hatte viele Freunde, während ich nur die kleine Schwester war. Hätte sie länger gelebt, wären wir uns bestimmt nähergekommen. Wir haben nicht gestritten, aber Verstorbene sieht man im Rückblick immer mit einer Art Heiligenschein. Weil alle sie so geliebt haben, muß sie eine sehr liebenswerte Person gewesen sein. Sie war es auch tatsächlich, ich erinnere mich noch daran. Sie konnte allerdings auch spöttische Bemerkungen an mich richten. Ich kann mich aber nicht erinnern, eifersüchtig auf sie gewesen zu sein, ich habe sie immer als die beste aller Schwestern betrachtet.«

Sie lebten in einem einsam gelegenen Haus, weit weg von den nächsten Nachbarn. Als Helen in die Schule kam, fühlte Jane sich sehr einsam. Diese Einsamkeit verstärkte sich noch, als ihr Bruder auf die Welt kam – Jane war damals neun Jahre alt – und ihre Mutter mit der Pflege des heißersehnten Sohnes beschäftigt war. Zum Glück war Jane ein phantasievolles und fröhliches Kind. »Ich liebte es, im Apfelbaum zu sitzen oder vor dem Spiegel Mutters Kleider anzuprobieren. Nachmittags verkroch ich mich in der Hecke und wartete stundenlang auf Helens Rückkehr aus der Schule. Es war die Schule, die uns so sehr trennte.«

Sie denkt dabei an das Internat im Norden Englands, in das Helen geschickt wurde, als sie dreizehn Jahre alt war. Jane hatte sich damit abgefunden, daß sie Helen nur noch in den Ferien sehen würde. Vier Jahre später, kurz bevor Jane ihrerseits ins Internat sollte, bekamen die Eltern die Nachricht, daß Helen an einer Rippenfellentzündung erkrankt war, nichts Ungewöhnliches bei den kalten, feuchten englischen Wintern und schlecht geheizten Klassenzimmern. Helen erholte sich schnell wieder, aber ihre Eltern erfuhren nie (eine Klassenkameradin erzählte es ihnen bei der Beerdigung), daß sie vier Wochen später einen Rückfall erlitt, wo es ihr so schlecht ging, daß die Schüler angewiesen wurden, für sie in der Kapelle zu beten. Dieser Rückfall hinterließ offensichtlich einen Schatten auf ihrer Lunge, der dann später zum Auslöser einer tödlichen Infektion wurde.

Den Sommer des Jahres 1936 verbrachte die Familie an der Südküste, wo sie in Gesellschaft einer Gruppe befreundeter junger Leute idyllische Tage mit Segeln, Fischen und Monopoly spielen verbrachten, was von der schwierigen Wirtschaftslage ablenken sollte.

»Wir wollten die sich zuspitzenden Probleme in der Welt nicht wahrhaben.« Heute schaudert Jane, wenn sie daran denkt, daß keiner der fünf jungen Männer aus ihrem damaligen Freundeskreis den Krieg überlebt hat. »Der einzige Trost ist, daß meine Schwester nie davon erfahren hat. Sie ist 1937 gestorben, bevor der Krieg ausbrach.«

Ihr persönliches Schicksal begann mitten in diesem herrlichen Sommer, als eine Kusine für zwei Wochen zu Besuch kam. »Sie war blond und hatte auffallend rote Wangen, was uns eigentlich hätte warnen sollen. Später erfuhren wir, daß sie an Tuberkulose litt. Helen, die diesen Schatten auf der Lunge hatte, von dem meine Eltern nichts wußten, steckte sich prompt bei ihr an. Im Laufe des Jahres bekam Helen dann diesen schrecklichen Husten.«

Jane kam in diesem Winter vom Internat, das sie mittlerweise besuchte, nach Hause, um die Ferien mit der Schwester und der Familie zu verbringen. Sie erzählte von der Nacht ihrer Ankunft, und bei dieser Erinnerung dämpfte sie ihre Stimme und redete langsamer. »Die Szene hätte aus La Bohème stammen können. Wir lebten weit draußen auf dem Land, wo es nur Öllampen und

Kerzen gab. Es war spät und sehr kalt. Helen war wachgeblieben, um uns zu empfangen. Sie kam in ihrem weißen Bademantel an die Tür mit einer Kerze in der Hand und hustete, hustete, hustete. Ich erinnere mich noch, daß ich dachte ›wie schrecklich‹ ... aber ich war noch sehr jung und hilflos.«
Einige Monate später, als Helen gerade voller Freude mitten in den Vorbereitungen für einen Tanzabend auf einem Marineschiff steckte, den sie mit einem Freund besuchen wollte, schlug die Krankheit mit voller Wucht zu. Die Eltern konsultierten den »bedeutendsten Spezialisten«, der Tuberkulose in beiden Lungen diagnostizierte und Helen umgehend in das Londoner Brompton-Hospital einweisen ließ. »Es war ein düsterer, trostloser alter Kasten«, erzählt Jane, die noch heute frustriert darüber ist, daß Helen ein Opfer der damaligen Zeiten und Umstände geworden war. »Bei meinen Besuchen beklagte sie sich: ›Man behandelt mich wie eine Nummer. Ich muß hier wieder raus.‹ Und wirklich, sie war dort keine Person, sondern die ›Nummer sechs‹, deren Behandlung darin bestand, die Lungen zu kollabieren. Weil man von ihrem Zimmer nur auf eine Art Aufzugsschacht sah, war es im Raum immer dämmrig. Sie mußte sechs Monate in diesem trostlosen Halbdunkel verbringen. Die Ärzte hatten meinem Vater gesagt, daß es nicht viel Hoffnung gab. Er hat nie mit Mutter darüber gesprochen. Heute ist mir klar, daß er es hätte tun müssen.«
An dieser Stelle verlor Jane etwas von ihrer Haltung, und ihre Stimme wurde rauh, als sie an das Leiden ihrer Mutter dachte. »Meine Mutter war emotional nicht darauf vorbereitet, ihr geliebtes ältestes Kind zu verlieren. Sie kämpfte wie eine Löwin, um sie aus diesem Krankenhaus herauszuholen. Sie wollte mit ihr in die Schweiz fahren, wo ihr die Luft guttun würde. Mein Vater und der Arzt gaben nach, obwohl sie wußten, daß Helen nicht mehr zu retten war. Mutter und die Krankenschwester zogen sie gerade für die Reise an, als sie zusammenbrach und

wenige Stunden später starb. Meine Mutter konnte es nicht fassen, und was das Schlimmste war, niemand hatte meiner Mutter gesagt, daß es so ernst um Helen stand.
Ich war im Internat, als die Rektorin, eine harte, gefühllose Frau, mich in ihr Büro kommen ließ, um mir in nicht sehr teilnahmsvollen Worten zu sagen, daß meine Schwester gestorben war. Meine Eltern kamen am nächsten Tag, um mich zur Beerdigung abzuholen. Drei Tage später war ich wieder in der Schule. Dort stand mir niemand wirklich zur Seite. Ich weiß noch, daß ich mir auf dem Klo die Augen aus dem Kopf geweint habe. Als nach einigen Tagen meine Freundinnen der Rektorin von meinem Zustand berichteten, meinte diese lediglich: ›Laßt sie nur, sie wird darüber hinwegkommen.‹
Ich habe wochenlang vor mich hin geweint. Irgendwann war es dann aber vorbei. Wahrscheinlich habe ich es aus mir herausgeweint. Es ist doch besser, man weint es aus sich heraus, oder nicht?« Jane beendet ihre Familiengeschichte mit dem Aufzählen von Daten: »Als sie gestorben ist, war ich sechzehn Jahre und sie neunzehneinhalb. Sie starb 1937, das war vor dreiundfünfzig Jahren.«
Ich habe sie dann noch gefragt, ob ihre Eltern sie nach dem Tod der Schwester anders behandelt hätten.
»Oh, das ist eine andere Geschichte. Meine Mutter versank in die tiefste Trauer, die ich je erlebt habe. Sie wohnte in dem geräumigen Haus einer Freundin, während mein Vater ins Ausland ging, wo er sich vermutlich nichts anmerken ließ. Mutter hatte ein Zimmer, in dem sie jeden Tag Blumen in eine antike silberne Blumenvase füllte, die sie dann an die Wand hängte. Dort betete und trauerte sie ganz allein.
Ich wurde in das Trauern meiner Eltern in keinster Weise miteinbezogen.« Jane fuhr nach dieser Feststellung aber sogleich fort: »Meine Mutter und mein Vater waren unheimlich nette Leute, sie konnten einfach nicht anders. Was mir wirklich leid tut, ist, daß

Helen starb, bevor wir Freundinnen geworden sind.« Jane weiß aber sicherlich auch, daß ihr mehr als nur Freundschaft entgangen ist. Sie verzog ihr Gesicht in gespielter Verzweiflung: »In den zwölf Jahren, in denen ich mich um meine Eltern kümmerte, habe ich oft gedacht: ›O Helen, wenn du am Leben geblieben wärst, hättest du das mit mir teilen können.‹«

Normalerweise sinniert Jane nicht über den Tod ihrer Schwester oder die Auswirkungen nach, die dies auf ihr Leben hatte. Die Erinnerung an Helen lebt in Janes einziger Tochter fort, deren zweiter Vorname Helen ist. »Ich habe das absichtlich gemacht. Ich sehe in meiner Tochter immer meine Schwester. Es ist unglaublich, aber sie haben den gleichen Sinn für Sarkasmus, die gleiche Schlagfertigkeit, sogar die gleiche Stimme und Körperhaltung.

Ich brauche kein Mitgefühl für das, was gewesen ist«, erklärt Jane munter. »Es war vor dreiundfünfzig Jahren, und ich habe, glaube ich, viel Unsinn geredet.« Doch wenige Minuten zuvor hatte sie noch gesagt: »Der Tod von Helen muß mich noch Jahre verfolgt haben. Eine Aufführung von *La Bohème* kann ich nicht sehen ohne ... Ich erinnere mich, als ich es das erste Mal nach ihrem Tod sah. Noch Tage danach war ich völlig fertig. Die Musik, die Geschichte und die Inszenierung bringt mir immer meine Schwester vor Augen, wie sie in ihrem Bademantel mit der Kerze in der Hand an die Tür kommt und hustet und hustet, ohne aufhören zu können.«

Schuldgefühle – die düstere Seite des Todes

Janes Bemerkung, daß sie zu jung war, um die Ernsthaftigkeit der Krankheit ihrer Schwester zu erkennen oder etwas zu unternehmen, als diese flehentlich bat, das Krankenhaus verlassen zu dürfen, ist erstaunlich ehrlich. Viele Frauen fühlen sich schuldig am Tod ihrer Schwester. Teilweise stammen diese Schuldgefühle noch von den Szenen, die sich zwischen den kleinen Schwestern abspielten, als diese sich um Spielzeug, Kleidung oder den Platz neben dem Vater stritten. Viele Schuldgefühle sind jedoch auch in der Frustration begründet, die die Frauen empfinden, weil sie der Schwester nicht den richtigen Ratschlag gegeben oder mehr Vorsorge nahegelegt haben. Schließlich sind wir doch dazu erzogen worden, uns um andere zu kümmern und ihre Bedürfnisse zu erkennen. Überlebende Schwestern fragen sich, warum sie ihren Schwestern nicht noch öfter geraten haben, zu häufige Sonnenbäder zu meiden, sich diese Zigarette zu verkneifen oder beim Autofahren den Gurt anzulegen.

Cassandra Austen spricht über ihre ganz spezielle Schuld in einem dicken Roman, den sie schrieb, kurz nachdem ihre Schwester Jane in ihren Armen gestorben war. Zuerst erklärt sie, wie sehr sie Jane geliebt hat: »Ich habe einen Schatz verloren ... sie schien wie eine Sonne über mein Leben, vergoldete jedes Vergnügen, milderte jedes Leid.« Dann redet sie über das, was sie falsch gemacht hat: »Ich bin mir bewußt, daß meine Liebe zu ihr mich anderen gegenüber manchmal ungerecht und gleichgültig gemacht hat.« Und deshalb, erklärt sie, hätte sie ihre Bestrafung erhalten. »Ich anerkenne die Gerechtigkeit der Macht, die mir diesen Schlag versetzte.«

In heutiger Zeit können Schuldgefühle auch entstehen, wenn einer Schwester Sterbehilfe – wobei dieses Wort doppeldeutig ist – geleistet wird. Eine Ärztin erzählte mir von einer fünfundvierzigjährigen Frau mit Eierstockkrebs, die zum Sterben nach Hause geschickt wurde. Dort entschlossen sich ihre Schwester und ihre zwanzigjährige Tochter, ihrem Leiden durch Verabreichen einer hohen Dosis Barbiturate ein Ende zu bereiten. Sie taten dies, ohne die Ärztin um Erlaubnis zu bitten oder zu informieren. Der Ehemann war nicht beteiligt, billigte jedoch ihre Absicht. Fälle wie diese werden sich häufen, wenn die Gesetze nicht umfassend geändert werden. Aber Sterbehilfe, Euthanasie oder wie immer man es nennen will, ist für die überlebende Schwester ohne Frage die letzte Gelegenheit, um sich im schwesterlichen Verhältnis schuldig zu machen oder Liebe zu beweisen.

Wenn die Liebe groß war, braucht man lange, um darüber hinwegzukommen – Kelly und Peg

Wie Walter Toman feststellt, ist der Verlust eines älteren Geschwisters schlimmer für das jüngere Geschwister als umgekehrt, aus dem ganz einfachen Grund, da das jüngere Geschwister in der Regel nie ohne das ältere Geschwister gelebt hat. Er weist ferner darauf hin, daß es für das jüngere Geschwister schwieriger ist, neue Beziehungen einzugehen (speziell als Teenager oder Erwachsener), weil es Angst hat, wieder einen Verlust zu erleiden. Die jüngere Schwester verehrt die ältere Schwester immer ein wenig. Wenn sie nicht mehr da ist, an wen kann sie sich dann noch wenden, wem sich anvertrauen? Der Tod einer Schwester hat noch stärkere Auswirkungen, wenn die Schwestern aus irgendwelchen Gründen extrem eng verbunden oder voneinander abhängig waren. Ohne die ältere Schwester fühlt sich die jüngere Schwester zutiefst verunsichert und allein gelassen, eine Empfindung, die Jahre andauern kann.
Kelly erinnert sich noch genau, wie sie auf Pegs Krankenbett saß

und am Fernsehen Zeugin des denkwürdigen ersten Spazierganges eines Menschen auf dem Mond wurde. »Ein Riesenschritt vorwärts für die Menschheit, ein Sprung zurück für zwei Schwestern«, witzelte Kelly. »Bei Peg war eine Brustamputation gemacht worden, die sie schrecklich verunstaltete und ihr große Schmerzen im rechten Arm bereitete. Damals wurde viel radikaler vorgegangen als heute. Trotzdem wollte Peg nicht, daß wir uns wegen ihr Sorgen machten.«

In den kommenden fünf Jahren telefonierten Kelly und Peg täglich über eine Stunde miteinander. Nachmittags, wenn die Kinder von der Schule zurück waren oder ihre Mittagsschläfchen beendet hatten, besuchte eine Schwester die andere, um sich weiter unterhalten zu können. Sie saßen dann am Küchentisch oder auf der Veranda, sprachen über Alltägliches, aber auch über Krebs und ihre Angst, einander zu verlieren. Schon immer konnten sie über alles miteinander reden. In diesem Zusammenhang stellt sich die Frage: Warum hingen die Schwestern so sehr aneinander, und war dies gut für sie als Individuum?

»Als Kind war mir meine Schwester näher als meine Mutter«, erklärte die inzwischen achtundvierzig Jahre alte Kelly. »Wir waren jeweils die Vertraute der anderen. Als Peg mit neunzehn heiratete, war ich zehn. Ich habe ihren Mann nie gemocht. Bei ihrer Hochzeit habe ich von dem Moment an geweint, als wir vor dem Altar standen, bis nach dem Empfang. Als ich im Badezimmer heulte, kam mein Schwager und schüttelte mich, damit ich aufhörte.«

Kelly beobachtete die Schwester in den ersten Jahren ihrer nicht sehr glücklichen Ehe genau. Was sie sah und hörte, verwirrte und ängstigte sie. Bald konnte sie sich zusammenreimen, daß ihre Schwester bei der Eheschließung keine Jungfrau mehr war. Dies war ihrem Ehemann, der sehr religiös war und eindeutige Grundsätze hatte, ein Dorn im Auge. Er mißhandelte Peg, als sie mit dem zweiten Kind schwanger war. »Ich wachte mitten in der

Nacht auf. Peg war heimgekommen. Da war sie, schwanger, mit blauen Flecken, einem blauen Auge und gebrochenen Rippen. Meine Eltern wollten mir nicht sagen, was vorgefallen war. Sie lag auf der Couch im Wohnzimmer, zusammengeschlagen. Mein Schwager hat später gemerkt, daß ich Bescheid wußte. Niemand außer mir wollte mit dem Finger auf den Täter zeigen.« Für die Eltern von Peg war es »ein sehr ungewöhnliches Verhalten ihres Schwiegersohns«. Der Priester, den sie herbeiriefen, um ihre Tochter zu trösten, riet ihr, ihrem Mann zu vergeben und nie wieder ein Wort darüber zu verlieren.

Mit dem Verstand eines Kindes entschloß sich Kelly, »bei der Eheschließung Jungfrau zu sein«, und mit der Weisheit, die sie ins Erwachsenenleben begleitete, ging sie ihrem jähzornigen Schwager aus dem Weg.

Kelly heiratete später einen Mann, den Peg sehr bewunderte und in dessen Gesellschaft sie sich wohl fühlte. Er war liebenswürdig und nicht angsteinflößend wie ihr eigener Mann, den sie mittlerweile haßte, aber nicht fähig war, ihn zu verlassen.

Kelly, die halbtags im Steuerberatungsbüro ihres Mannes mitarbeitete, war schon immer die stärkere, die aggressivere, die dynamischere der beiden Schwestern. Peg, die zurückhaltende, anlehnungsbedürftige, war Hausfrau. Sie liebte es, Dekorationsgegenstände fürs Heim zu basteln, um sie dann Familienmitgliedern und Freunden zu schenken. Kelly zufolge störten sie ihre unterschiedlichen Charaktere nicht, im Gegenteil, sie empfanden sie als Bereicherung in ihrer Beziehung. Es gab auch viele gemeinsame Interessen, wie zum Beispiel ihre Liebe für die Kinder und für Familienrituale und ihre Freude an der Natur. Ein Höhepunkt war es für beide, wenn sie sich freimachen konnten für ein Wochenende in einer Hütte am See, weit weg von der Hektik und den Anforderungen ihres häuslichen Lebens. Sie kamen gerade von einer Radtour auf dem Lande zurück, wo sie Körbe von Klee und anderen Kräutern gesammelt hatten, als der Krebs zum zweiten und letzten Mal zuschlug. Peg hatte sich bei Kelly beklagt, daß sie das Radfahren angestrengt habe und ihr die Knie schmerzten. Als sie in der darauffolgenden Woche zum Arzt ging, stellte dieser fest, daß der Krebs die Knochen angegriffen hatte. Peg starb vier Jahre später nach einer Reihe qualvoller Behandlungen.

»Ein Elternteil zu verlieren ist etwas Natürliches, eine Schwester zu verlieren nicht«, sagte Kelly, die immer noch erbost ist über die entwürdigenden Umstände des Todes ihrer Schwester, ihre Einstellung und ihr Leiden. »Ich vermisse sie, wenn ich Ereignisse meines Lebens mit jemandem teilen möchte. Ich gehe zum Friedhof ... oh, wie verbittert ich immer noch bin. Außer mir geht niemand mehr auf den Friedhof. Je länger jemand tot ist, um so schwerer fällt es einem. Sie liebte Gänseblümchen. Ich bringe ihr welche.«

Entfremdung, die den Tod überdauert

Wir wissen, daß Schwestern sich hassen können und daß Entfremdung über den Tod hinaus bis in die nächste Generation andauern kann. Der Tod verwischt nicht immer die Verschiedenheiten zwischen Schwestern. So wie die Entfremdung zu Lebzeiten als unveränderbare Tatsache hingenommen worden war, wird sie auch nach dem Tod weiterhin gepflegt. Es ist schon etwas makaber, wenn eine Schwester stirbt und die andere fortfährt, sich zu beklagen – über die Art, wie die Bestattung organisiert war, wie das Erbe verteilt wird oder wie die Schwester als Kind immer bevorzugt wurde. Solch negative Reaktionen findet man wahrscheinlich mehr bei älteren Schwestern. Ihr Ärger auf die tote Schwester ist oftmals ein Ausdruck ihrer Angst vor dem Alleinsein und vor dem eigenen Tod.

Ein Gefühl von Frieden

Die Reaktion einer Familie auf den Tod kann in Ausnahmefällen auch anders aussehen. Ein solcher Ausnahmefall ist eine geistige Behinderung oder Krankheit. Zwei der von mir interviewten Frauen hatten solche Schwestern; die eine war geistig zurückgeblieben, die andere schizophren. Beide Schwestern wuchsen in Familien auf, die sich nach Kräften um sie bemühten. Im mittleren Teenageralter mußte man sie aber einem Heim anvertrauen. In der einen Familie kümmerte sich die Mutter hingebungsvoll um die zurückgebliebene Tochter. Verlangten die anderen Töchter auch etwas Aufmerksamkeit, wurde dies als egoistisch abgelehnt. In der anderen Familie achteten die Eltern darauf, allen Kindern gerecht zu werden. Aber die schizophrene Tochter beanspruchte viel Zeit und Kraft. Sie halluzinierte, hörte Stimmen aus einem früheren Leben – ein Phänomen, das den jüngeren Geschwistern Angst einjagte. Beide Frauen starben Anfang Dreißig an einer Lungenentzündung. Die geistig behinderte Frau war zum Zeitpunkt ihres Todes nicht mehr im Heim. Sie arbeitete als Haushaltshilfe bei einem älteren Herrn, den sie sehr verehrte. Die schizophrene Frau hatte fünfzehn Jahre in demselben Heim verbracht. Obwohl keine persönliche Verbindung besteht, erzähle ich beide Geschichten parallel, weil die Reaktionen der überlebenden Schwestern vergleichbar waren. Beide empfanden eine enorme Erleichterung, wenn nicht gar Freude, daß ihre Schwestern »Frieden gefunden haben«. Erwähnenswert ist auch noch, daß lange vor dem Tod ihrer Schwestern die jeweils älteste der überlebenden Schwestern beider Familien sich entschloß, den Arztberuf zu ergreifen. Keine brachte ihre Berufswahl mit der Behinderung ihrer Schwester in Verbindung. Als ich sie darauf aufmerksam machte, stimmte sie dies nachdenklich. »Es ist einfach so gekommen«, meinte die Frau mit der schizophrenen Schwester. »Ich wollte schon immer Ärztin werden. Aber Sie haben recht, es ist eine Art von ›in Verbindung bleiben‹.«

Der Wendepunkt bei jeder Trauerzeit kommt bei Eltern, Kindern, Ehegatten oder Geschwistern, wenn man sich entschließt, entweder wieder nach vorne zu blicken oder das Leben weiterhin dem Gedenken an die Verstorbenen zu widmen. Manche Frauen nehmen ihr Leben wieder in die Hand, indem sie im Namen der verstorbenen Schwester gegen Krankheit und Not zu Felde ziehen. Eine Freundin erzählte mir von einer befreundeten Frau, deren Schwester vor neun Jahren an Brustkrebs starb. Diese Frau leitet heute eine Stiftung, die den Armen in der Stadt medizinische Versorgung anbietet. Sie war sehr daran interessiert, für dieses Buch interviewt zu werden, mußte aber ihre ersten zwei Verabredungen absagen, weil sie zu beschäftigt war. Ich wollte die Reise dann nicht mehr antreten, aber sie rief zurück, um sich zu entschuldigen und auf einem Treffen zu bestehen. »Denn«, so drückte sie sich aus, »es ist sehr wichtig für mich.« An einem trüben, kalten Herbstnachmittag traf ich also in ihrem riesigen, geschmackvoll eingerichteten Büro ein, von dem aus man die graue Skyline der Stadt überblicken konnte. Kurz darauf erfuhr ich, daß es sich bei ihrer verstorbenen Schwester um eine Halbschwester handelte – eine Familienkonstellation, die in meiner Umfrage nicht vorgesehen war. Mir war es peinlich, sie bei unserem ersten Kontakt nicht danach gefragt zu haben, und sie hatte anscheinend auch nicht daran gedacht, es mir oder ihren Freunden gegenüber zu erwähnen, da sie ihre Schwester nie als Halbschwester gesehen hatte. Ich erwähnte das Mißverständnis nicht, weil mich ihre Ernsthaftigkeit und ihre Erzählung fesselten und ich das Gefühl hatte, daß das, was sie sagte, für alle Schwestern Gültigkeit besitzt.

Es ärgert sie noch immer, daß ihre Schwester erst dann eine

zweite ärztliche Meinung einholte, als es bereits zu spät war. Und sie ist auch immer noch wütend, daß ihre Schwester, die sehr schön gewesen war, solch eine schreckliche, entstellende, entwürdigende Behandlung über sich ergehen lassen mußte (Kelly benutzte dieselben Worte über den Kampf ihrer Schwester mit dem Krebs). Sie ist auch heute noch stolz darauf, wie ihre Schwester bis zur letzten Minute gekämpft hat und nie in dieses Stadium der Akzeptanz verfiel, das von den Sterbeforschern so bewundert wird.

Doch das Leben geht weiter, meinte sie beherzt. Sie hat ihre Laufbahn als Dozentin für Stadtplanung aufgegeben und leitet nun eine gemeinnützige Stiftung für Gesundheitsvorsorge, die unter anderem mittellosen Frauen Mammographien anbietet. Mit einer Armbewegung deutete sie auf die vor uns liegende City und sagte: »Ich lege meine ganze Kraft in diese Aufgabe.«

Sie pflegt auch die Beziehung zu ihrer jüngsten Schwester, die die Krankheit der mittleren Schwester nicht so unmittelbar miterlebt hat, aber von dem Verlust genauso tief betroffen war (sie waren wirkliche Schwestern, nicht Halbschwestern). Obwohl sie mehrere hundert Kilometer voneinander entfernt wohnen, besuchen sich die beiden überlebenden Schwestern regelmäßig, verbringen gemeinsame Ferien mit den Kindern und telefonieren wöchentlich miteinander. »Wir tun es nicht aus Pflichtgefühl, es ist ein ganz natürliches Bedürfnis, wir sind gerne zusammen.

Ich will meinen Fehler nicht wiederholen. Es gab Jahre, wo ich meine jüngere Schwester kaum gesehen habe, und nun ist sie tot.«

Sehnsucht nach Zärtlichkeit

In Ingmar Bergmans schönem Film *Schreie und Flüstern* treten die zwei Schwestern Maria und Karin an das Bett ihrer sterbenden Schwester Agnes. Erfüllt von zwiespältigen und grausamen Gedanken, berühren sie gegenseitig ihre Gesichter und Hände, ohne einander echte Liebe anzubieten. Sie verhalten sich, wie ihre Mutter sich einst ihnen gegenüber verhalten hat, und lassen uns ratlos zurück.

Betty, achtundfünfzig Jahre alt, erzählte mir eine ähnliche Geschichte wie die der Schwestern bei Bergman, jedoch ohne den im Film vorhandenen Masochismus und Narzißmus. Auch sie hatte eine Mutter, die zwar für ihr leibliches Wohl sorgte, sie aber so gut wie nie in den Arm nahm oder küßte, sie nie streichelte oder mit ihr scherzte. Sie, ihre ältere Schwester Nan und die drei Brüder wuchsen in der Wohnung über dem Laden der Eltern auf. In der kleinen Stadt waren sie die einzige jüdische Familie in einer sonst katholischen Nachbarschaft. Betty hat schöne Erinnerungen an die Spiele mit den Nachbarkindern auf der Straße und im Park und weniger schöne an das Familienleben zu Hause.
Betty: »Wir taten, was unsere Eltern sagten. Sie mußten sehr hart arbeiten und wir auch.« Ihre ältere Schwester Nan war ein besonders folgsames, ernsthaftes Kind und der Liebling der Eltern, aber auch ihr gegenüber waren sie streng und sparsam mit Zeichen der Zuneigung. Betty kann aber nicht vergessen, daß der Vater Nan bevorzugte und ihr oft Schmuck brachte und schöne Kleidung für sie nähte. Dabei war es Betty, die mehr oder weniger nichtbeachtete Tochter, die zu Tanzveranstaltungen ging und ihre Freundinnen in ihrem Zimmer mit Limonade bewirtete, wenn die Eltern unten im Laden waren. Als Teenager gründete Betty mit sechs Freundinnen einen Club, den sie WAJIS nannten,

ein aus den Anfangsbuchstaben der Vornamen ihrer Freundinnen gebildetes Initialwort. In ihren »Uniformen« aus weißen Blusen, Knickerbockers und Kniestrümpfen amüsierten sie sich großartig, besonders im Sommer, wenn sie tagelang Picknicks veranstalteten und miteinander schwatzten.

Erst in letzter Zeit hat sich Betty überlegt, daß Nan unter ihrem geselligen Leben gelitten haben könnte. Die Schwestern teilten sich ein kleines Zimmer, wo sie zusammen in einem französischen Bett schliefen. Wenn Betty von einer jüdischen Tanzveranstaltung oder vom Schlittschuhlaufen mit Freunden spät nach Hause kam, stellte sich die Schwester, die den Abend mit den Eltern verbracht hatte, schlafend.

Betty behauptete, sie und ihre Schwester hätten keine enge Beziehung gehabt. Als sie jedoch von zwei Partys erzählte, mit denen ihre Schwester sie an ihrem zwölften und sechzehnten Geburtstag überrascht hatte, fragte ich sie, ob man dies nicht als Beweis sehen könnte, daß sie ihrer Schwester nicht gleichgültig war. Betty sah mich daraufhin erstaunt an und schüttelte den Kopf: »Natürlich war das nett, aber ich sehnte mich nach einem Streicheln, einem Kuß auf die Wange oder dem Wort ›Ich mag dich‹.« Nachdem Betty von ihrer Mutter nie Zärtlichkeiten empfangen hatte, wünschte sie sich dies von ihrer Schwester, einer Schwester, die sie bewunderte und gerne als Ersatzmutter gehabt hätte.

Betty, die bereits als Teenager mit Jungen ausging, heiratete früh. Nan, die so gut wie nie ausging, arbeitete im Laden ihres Vaters. Als sie heiratete, war sie zu alt, um ein eigenes Kind zu bekommen oder ein Kind zu adoptieren. Betty hatte eine Tochter, die sie innig liebte. »Ich schwor mir, meine Tochter nicht so zu behandeln, wie ich behandelt worden war. Es hat sich ausgezahlt, denn sie ist eine wunderbare, zartfühlende Frau, und sie liebt mich. Als sie noch jünger war, habe ich sie viel in den Arm genommen und geküßt. Sie sollte nicht die gleiche Kindheit haben wie ich.«

Nan war ebenfalls in Bettys Tochter vernarrt. Diese gemeinsame

Liebe ließ zwischen den beiden Schwestern eine dauerhafte Freundschaft entstehen. Gefördert wurde dies noch durch die beiden Ehemänner, die in Nachbarstädten jeweils ein Bekleidungsgeschäft besaßen und sich sehr gut verstanden. Betty und Nan unternahmen mehrere Male im Monat die einstündige Fahrt, um sich zu sehen. Sie gingen dann zusammen zum Essen oder besuchten die alten Eltern. Dies dauerte über zwanzig Jahre an, doch während all dieser Zeit gab es, Betty zufolge, nie eine wirkliche Vertrautheit zwischen den beiden Schwestern. Nur einmal kam es zu einem »Durchbruch«, als Nan Betty gestand, daß sie in ihrer Jugend immer eifersüchtig auf Bettys viele Freunde und Verabredungen gewesen war.

Als verheiratete, kinderlose Frau war Nan weiterhin die bevorzugte Tochter ihrer Mutter. Nan nahm die Mutter nach dem Tod des Vaters in ihrem Haus auf. Betty bemühte sich ebenfalls sehr um die Mutter, aber ohne Erfolg. Jeden Donnerstag fuhr sie zu ihrer Schwester, um sie bei der Betreuung ihrer Mutter zu entlasten. Sie begleitete dann die Mutter überallhin und nahm ihr Erledigungen ab. Jedesmal kam sie erschöpft und enttäuscht nach Hause, weil sie es der Mutter nie recht machen konnte beziehungsweise nichts so gut wie Nan machte. Fragte ihr Mann sie: »Warum gehst du überhaupt hin?«, antwortete sie regelmäßig: »Sie ist meine Mutter, und es ist meine Pflicht.« Nan fährt fort: »Meine Mutter war eine kalte Frau. Noch auf dem Totenbett sagte sie zu mir ›Geh weg von mir‹. Es hat mir nichts ausgemacht«, sagte Betty leichthin, »ich bin eben gegangen. Mein jüngster Bruder war ebenfalls im Zimmer und hat es auch gehört. Er war ihr Liebling. Ich habe es mir nicht zu Herzen genommen, aber man sagt so etwas nicht zu seinem Kind.«

Vor einigen Jahren – Nan war mittlerweile Witwe – erkrankte die Mutter an Bauchspeicheldrüsenkrebs. Während ihrer drei Monate dauernden, qualvollen Krankheit wurde sie zu Hause rund um die Uhr von Krankenschwestern gepflegt. Betty war ebenfalls

bei ihr und wich nur von ihrer Seite, um für Nan oder die Schwestern etwas zu besorgen.
»Warum gehst du nicht nach Hause und erholst dich ein wenig?« fragte Nan, die bemerkt hatte, daß ihre Schwester abgenommen hatte und erschöpft aussah. »Du siehst schrecklich aus.«
»Danke«, lachte Betty, »aber ich bleibe hier bei dir.«
Kurz bevor die Mutter starb, flüsterte sie Betty zu, daß sie sie liebe. »Das war es, was ich immer hören wollte«, sagte Betty mit Tränen in den Augen. »Warum nur hat sie so lange damit gewartet? Ist es denn so schwer, das zu sagen?«
Betty schloß als erwachsene Frau keine engen Freundschaften mehr, wie damals mit den Mädchen des WAJIS-Clubs. Vielleicht erforderte die Beziehung zu Schwester, Mutter und Tochter zuviel Kraft. »Ich sage immer zu mir, du hast viele Bekannte, aber wenig Freunde.« Betty war immer auf der Suche nach enger Vertrautheit, etwas, das nur wenige ihrer Freunde im Erwachsenenalter ihr in ausreichendem Maß geben konnten. Inzwischen ist sie ebenfalls verwitwet und lebt in einem Seniorenheim. Betty, die noch rüstig und geistig rege ist, sagte mir, daß sie keine engen Freundinnen hat, obwohl sie sich wünscht, wenigstens eine zu haben. Sie erzählte mir auch von der tollen Geburtstagsfeier, die ihre Tochter letztes Jahr für sie in ihrem Seniorenheim (einer schönen Anlage für noch rüstige Senioren) organisiert hat und daß viele Leute daran teilgenommen haben. Als ich sie neckte, demzufolge könne sie nicht sehr einsam sein, lächelte sie und meinte, während sie mich zum Ausgang begleitete, daß es ihr leichtfällt, Freundschaften zu schließen. Einige Frauen, die sie kennt, saßen draußen auf Bänken und warteten auf den Bus; sie blickten auf und grüßten uns freundlich. Es ist offensichtlich, daß Betty das Risiko, Freundschaften zu schließen, eingehen muß. Vielleicht findet sie dann auch eine Freundin, die ihr ihre Zuneigung auch durch eine Umarmung oder eine zärtliche Berührung mit der Hand zeigen kann.

Das Leben geht weiter

Die im 19. Jahrhundert lebende Dichterin Christina Rossetti schrieb in ihr Tagebuch einen erstaunlich tröstlichen Nachruf auf Maria, ihre »durch nichts zu ersetzende Schwester und Freundin«, mit der sie ein Leben lang unzertrennlich gewesen war. Während der Beerdigung ihrer Schwester »erhellte sich der Novembertag und die Sonne zauberte (wie ich mich noch ganz deutlich erinnere) einen winzigen Miniaturregenbogen in meine Wimpern. Oft habe ich seitdem diesen Regenbogen in mein Gedächtnis gerufen.«

Miniaturregenbogen finden sich selbst in den tragischsten Schwesterngeschichten. Wenn nach einem Todesfall nicht alles schwarz in schwarz gesehen wird, handelt es sich meiner Meinung nach nicht um blinden Optimismus, sondern um den Lebenswillen der Frauen.

Sehr beeindruckt hat mich Melanie, eine dreiundzwanzigjährige Frau. Sie hat eine zwei Monate alte Tochter, der sie, nach ihrer vor zwei Jahren verstorbenen Schwester, den Namen Julie gegeben hat. Ihre Schwester hätte gern selbst ein Baby gehabt. Melanie machte während unseres Gesprächs keinen traurigen Eindruck. Sie erzählte mir ganz sachlich, daß ihr Baby »dickköpfig und willensstark« ist wie ihre Schwester. »Als meine Schwester zweieinhalb Monate alt war, wollte sie unbedingt sitzen können. Sie wurde wütend und gab nicht nach, bis sie es geschafft hatte. Meine Tochter ist genauso, wenn sie sich in den Kopf setzt, meinen Finger zu packen und dran zu ziehen. In manchen Momenten kann ich sogar eine gewisse Ähnlichkeit mit meiner Schwester entdecken. Da ich aussehe wie meine Schwester, kann dies natürlich die einfache Erklärung sein, aber ich hoffe sehr, daß sie so *ist* wie Julie. Sie war sehr eigenständig und draufgängerisch.«

Eine Lungen- und Nierenentzündung im Alter von zwölf Jahren beeinträchtigte Julies Gesundheit schwer. Sie erholte sich nie richtig davon und schaffte es auch nicht, an Gewicht zuzunehmen. Julie war sehr beliebt bei ihren Altersgenossen und nahm an allen Schulaktivitäten teil, obwohl sie immer mit ihrer Gesundheit zu kämpfen hatte. Als sie siebzehn Jahre alt war, wurde eine seltene Blutkrankheit diagnostiziert, die normalerweise nur Erwachsene bekommen. Nachdem es ihr kurze Zeit wieder bessergegangen war, trat ein schwerer Rückfall ein. Tragischerweise verursachte eines der verabreichten Medikamente Leukämie. Julie, die bis dahin ihre Krankheit nie als lebensbedrohlich eingeschätzt hatte, weinte bei dieser Nachricht den ganzen Tag und erklärte den Krankenschwestern dann kurz entschlossen: »Ich werde die Adoptionspapiere wohl am besten gleich ausfüllen.«

»Julie war es wirklich ernst damit. Sie wollte immer Kinder haben, und sie plante für die Zukunft«, erklärte Melanie. Zwei Wochen später starb sie im Koma. Monatelang hatte sie gegen die Blutkrankheit angekämpft und bei allen Entscheidungen (wie z. B. Gehirnoperation ja oder nein, Chemotherapie ja oder nein) mitgewirkt. Am Ende kämpfte sie so heftig, daß sie in ihrer Verzweiflung nach ihrer Mutter rief, als ihr zur Verabreichung eines Medikaments eine Maske aufgesetzt wurde. Es war das letzte, was Mutter von ihr hörte, als die Krankenschwestern sie aus dem Zimmer führten. Sie hat dies stets sehr bedauert, weil sie das Gefühl hatte, ihre Tochter im Stich gelassen zu haben. Melanie zumindest konnte bis zum Ende bei ihrer Schwester sein. »Ich habe geweint«, sagte sie, »aber ich hatte das Gefühl, mich wegen meiner Mutter zusammennehmen zu müssen.« Julie war erst neunzehn Jahre, als sie starb, Melanie war einundzwanzig und jung verheiratet.

Wie überwindet eine Frau einen solchen Verlust? Melanie hat es geholfen, ihr Baby nach ihrer Schwester zu nennen und täglich mit ihrer Mutter zu telefonieren, da diese einige hundert Kilome-

ter entfernt wohnt. Sie räumte allerdings ein, daß es ihr schwerfällt, in der Stadt neue Freundschaften zu schließen, in die sie mit ihrem Mann vor kurzem gezogen ist. Sie ist sich auch bewußt, daß sich ihre Mutter an sie klammert, aber zum jetzigen Zeitpunkt kann sie daran nichts ändern. »Wir brauchen einander.«
Wichtig für Melanie ist das Bewußtsein, alles in ihrer Macht Stehende getan zu haben, um Julie ihre letzten Tage zu erleichtern. »Ich habe ihr aus den Büchern vorgelesen, die sie als Kind geliebt hat, und ich habe ihr das Neueste aus den Fernsehserien, die sie immer anschaute, erzählt. Außerdem habe ich Kontakt zu ihren Freunden gehalten ... ich tue das übrigens immer noch.«
Sie haben als Kinder auch gestritten, wie Melanie am Anfang unseres Gesprächs erwähnte. Das hat ihrer engen Beziehung jedoch keinen Abbruch getan. »Wir hatten dieselben Freunde und sind überall gemeinsam hingegangen.«
In der ersten Nacht nach Julies Tod hat Melanie mit einer Freundin im selben Zimmer geschlafen. Sie hatte Angst, daß die Alpträume der vergangenen Woche wiederkommen würden, in denen Julie ihr ohne Haare, aufgedunsen und blutend erschienen war. »Irgendwie stellte ich mir vor, sie kommt zurück, so wie sie ausgesehen hat, als sie starb, und ist böse mit mir oder lacht mich aus, weil ich Angst habe.«
Wie mir Melanie erzählte, ist es mit den Alpträumen jetzt vorbei. Sir wurden durch »glücklichere Träume« ersetzt, in denen »Julie immer lebt«.
»Die Träume sind sehr realistisch. Julie und ich unternehmen immer etwas. Es ist, als ob wir dort weitermachen, wo wir aufgehört haben.«

Obwohl es für uns unangenehm ist, uns den Tod einer Schwester vorzustellen, können wir aus diesen Geschichten lernen, wie tief und emotional die schwesterliche Beziehung ist. Ein gutes Beispiel dafür ist auch der Nachruf, in dem eine neunundvierzigjährige Frau den Gefühlen ihrer Schwester gegenüber Ausdruck verleiht, die vor einem Jahr an Eierstockkrebs gestorben ist: »Ich denke jeden Tag an sie. Ich bitte sie um Hilfe, und ich weiß, daß sie dagewesen ist. Ich fühle mich ihr sehr nahe. Sie hat mir viel gegeben. Wegen ihr habe ich mich ein Leben lang als privilegierte Person empfunden. Sie ist an einem Freitag gestorben. Als ich mich am Dienstag davor von ihr verabschiedet habe, sagte ich ihr, daß ich sie liebe. Sie sagte mir, wie schön ich wäre und daß sie mich auch liebe. Alle dachten immer, ich wäre die Stärkere, aber ich habe immer gewußt, daß sie es ist. Sie war schöner denn je. Ihr Körper war durch die Medikamente aufgedunsen, aber sie trug ein weites Kleid. Sie strahlte. Sie hatte ihre Schmerzen mit Hilfe ihres Willens besiegt.«

[illegible]

[illegible]

10 »Ich brauche deine Hilfe«

Die Berufsfotografin Birgitta Ralston, die selbst keine Schwester hat, ist gleichwohl eine hervorragende fotografische Chronistin von Schwestern. Von ihr stammt die Bemerkung: »Manche Schwestern streiten dauernd, aber selbst das ist dem Schweigen, wenn man in seiner Generation allein ist, vorzuziehen.« Ralston vermutet auch, daß Frauen in Zeiten der Anspannung und Not bei ihren Schwestern Hilfe suchen. Diese Vermutung ist keineswegs naiv, wie die meisten von uns bereits wissen und wie es von den Geschichten in diesem Buch bestätigt wird. Schwestern helfen, sie hören zu, geben Ratschläge oder nehmen sich gegenseitig einfach nur wortlos in die Arme. Sie sind im allgemeinen für ihre verängstigte oder kranke Schwester da, denn das ist es, was von Frauen und speziell von Schwestern erwartet wird.

Krisen und Veränderungen können jedoch auch das schwesterliche Verhältnis belasten, besonders dann, wenn sie durch die Hilfs- bzw. Pflegebedürftigkeit eines Elternteils oder beider Eltern hervorgerufen werden.

Wenn das Schicksal zuschlägt

Mit Ausnahme einiger weniger kamen in allen mir erzählten Geschichten Veränderungen oder Krisen vor, die sich auf das schwesterliche Verhältnis ausgewirkt haben. Von Schicksalsschlägen oder Krisen im Leben bleibt nur selten jemand verschont. Ob eine Frau von ihrem Ehemann verlassen wird, ein

Kind stirbt, Mutter oder Vater gebrechlich werden, der Arbeitsplatz gekündigt wird, eine schwere Krankheit ausbricht, es ist ein Schicksalsschlag oder eine Krise, die unsere gewohnte, heile Welt ins Wanken bringt oder unsere Existenz in den Grundfesten erschüttert. Viele Frauen sagten mir, daß sie sich bei einem Schicksalsschlag auf ihre Schwestern verlassen könnten, sich aber in einem solchen Fall wahrscheinlich zuerst an ihre Freundinnen wenden würden. Interessant in diesem Zusammenhang ist es, daß Frauen, die tatsächlich von einem Schicksalsschlag getroffen wurden, wie zum Beispiel einer Krebsdiagnose, immer zuerst ihre Schwestern benachrichtigten. Eine Erklärung dafür ist vielleicht, daß eine Frau, wenn sie tatsächlich und nicht nur theoretisch mit einer lebensbedrohenden Situation konfrontiert wird, bei ihrer Familie Mitgefühl, Trost und Stärke sucht. Eine fünfundsechzigjährige Frau mit drei Schwestern, die sich gegenseitig in vielen Krisenzeiten – von Alkoholismus bis zu Knochenkrebs – gestützt haben, bemerkt weise: »In Krisenzeiten ... wollen Frauen bemuttert werden, Schwestern können diese Rolle übernehmen.«

»Du bist alles, was ich habe« – ein Satz, den viele Frauen in Krisenzeiten ihren Schwestern sagen, obwohl sie Unterstützung von Freundinnen, Ehemann und Kindern erhalten. Eine Erklärung, warum wir uns an unsere Schwestern wenden, wurde mir von einer Frau gegeben, die eine Schwester hat, deren Kind wegen Drogenmißbrauchs ins Krankenhaus kam. Seit Wochen sucht die Schwester ihre Nähe und ihren Beistand, wodurch sich ihr Verhältnis, das vorher eher distanziert gewesen war, sehr verändert hat. »Im Moment sieht meine Schwester ihre starke Seite in mir, und sie braucht diese starke Seite, um alles durchzustehen.«

* * *

Dr. Anne Moore ist eine New Yorker Onkologin, die sich auf Brustkrebs spezialisiert hat. Seit Jahren ist sie Zeugin des »erstaunlichen Beistands«, den Schwestern in Zeiten der Hoffnung und Verzweiflung bei der Diagnose und Behandlung von Krebs geben können. Sie empfindet Respekt und Bewunderung für die Frauen, die der kranken Schwester zur Seite stehen, andererseits weist sie aber auch darauf hin, daß dieser Beistand der Krankheit eine neue Dimension oder Komplikation hinzufügen kann. Wenn eine Frau ihre Schwester zu sämtlichen Terminen begleitet, mit ihr zur Strahlenbehandlung oder Chemotherapie geht, praktisch jeden Stich bei einer Operation selbst spürt, kann eine Bindung entstehen, die die Patientin belastet. Diese plagt sich ohnehin – und natürlich grundlos – bereits mit Schuldgefühlen herum, weil sie Krebs hat, ihrem Körper nicht genügend Aufmerksamkeit geschenkt oder ihrem Mann und ihren Kindern Kummer bereitet hat.

Dr. Moore: »Die Patientin hat nun noch die zusätzliche Sorge, daß ihre Krebserkrankung die Schwester zu sehr belastet. Patientinnen sagen mir oft: ›Es tut mir so leid, daß ich meine Schwester in das alles hineingezogen habe. Ich sehe doch, wie besorgt sie ist.‹«

Die gesunde Schwester besteht in ihrer Betroffenheit oft darauf, noch eine zweite, dritte und vierte Meinung einzuholen, spezielle Diäten zu befolgen, von denen man sich Wunder verspricht, oder eine Urlaubsreise zu unternehmen, einfach irgend etwas, um den drohenden Tod abzuwehren. Nichts gegen die Einholung einer zweiten Meinung, sagt Dr. Moore, aber für die krebskranke Schwester ist es belastend, wenn sie mit den Erwartungen ihrer Schwester an eine Heilung oder dem verständlichen Zorn und ›Nichtwahrnehmenwollen‹ der Tatsachen konfrontiert wird. Dies führt schließlich dazu, daß die kranke Schwester zu all ihren anderen Sorgen auch noch die Ängste ihrer Schwester aufgebürdet bekommt.

Dr. Moore weiß aber auch, daß Schwestern sich gegenseitig unterstützen, ohne daß die andere dadurch belastet wird. Unzählige Male bringen Schwestern Aufmunterung, Musik und Lachen in den Krankenhausalltag. Sie lesen der Schwester vor, machen mit ihr im Rollstuhl Spaziergänge durch die Korridore, unterhalten sich mit ihr, massieren ihre schmerzenden Glieder, kaufen ihr Perücken, weinen mit ihr und sind unendlich geduldige Zuhörerinnen. Eine Frau erzählte mir, wie sie gegen die Krankenhausregeln verstieß, indem sie ihre Schwester ankleidete, mit ihr aus dem Krankenhaus marschierte und sie ins feinste Restaurant Chicagos brachte. Als sie das Lokal verließen, starrten sie alle an, weil sich der Schlauch der intravenösen Medikamentenzufuhr um ihre Beine gewickelt hatte.

Bei einer Tragödie suchen nicht immer alle Frauen reflexartig Hilfe bei ihren Schwestern. Viel hängt dabei vom Entwicklungsstand der einzelnen Schwestern oder von ihrem Platz in der Familienkonstellation ab. Mehrere Frauen sagten mir, daß sie sich immer schuldig gefühlt haben, weil sie als Kinder, Jugendliche oder junge Erwachsene nicht die erwartete Hilfe geben konnten, entweder weil sie den Problemen ihrer Schwestern ambivalent gegenüberstanden, oder weil sie einfach nicht fähig waren, mit größeren Problemen umzugehen, für die eigentlich die Eltern oder professionelle Helfer zuständig gewesen wären. Sehen zu müssen, wie eine Schwester mit einem krankhaften Eßverhalten immer schwächer wird oder zusammenbricht, das ist eine schreckliche Erfahrung für ein Kind oder junges Mädchen. Es steht der Sache nicht nur hilflos gegenüber, sondern befürchtet auch, durch die ständigen Streitereien die Krankheit begünstigt zu haben. Außerdem wird es von dem Gedanken gequält, ob nicht auch bei ihm die Anlage vorhanden ist, den eigenen Körper auf diese Weise zu mißhandeln.
Die jüngste Schwester von dreien sagte, daß sie das Gefühl hatte,

»ihre Hilfe würde nicht benötigt«, als ihre älteste Schwester gegen Krebs ankämpfte. Die mittlere Schwester, die immer die »Fürsorgliche« in der Familie war, »regelte die ganze Sache. Ich fühlte mich total unnütz.«

Eine einundvierzigjährige Frau, die sich heute sehr um ihre an Borreliose erkrankte Schwester kümmert, hat immer noch Schuldgefühle, weil sie als junges Mädchen unfähig war, der Schwester zu helfen, als diese unter Depressionen und Trennungsängsten litt.

»Als ich aufs College ging und meine Schwester zu Hause war, wurde die Sache wirklich bedrohlich ... Meine Schwester galt als selbstmordgefährdet. Ich versuchte zu helfen, aber ich konnte es nicht. Sie suchte meine Hilfe und wies meine Bemühungen auch nicht zurück. Aber ich konnte ihr nicht so helfen, wie sie es gewollt hat.«

Auch im Erwachsenenalter werden unsere Erwartungen an die schwesterliche Hilfsbereitschaft nicht immer erfüllt. Manche Frauen beklagten sich, daß ihre Schwestern während einer Krise nicht genügend Zeit für sie aufbrachten, weil sie von ihrem Beruf und ihrer Familie beansprucht waren. Schon die Tatsache, daß über dieses Gefühl der Verlassenheit geklagt wird, ist ein Zeichen dafür, wie wichtig die schwesterliche Beziehung und das damit verbundene emotionale Netz ist. Wie in diesem Buch immer wieder betont wird, reagiert jede Familie anders, und wir sind Produkte unserer Familien. Im allgemeinen kann man jedoch sagen, daß die meisten von uns annehmen, daß unsere Schwestern unserem Hilferuf Folge leisten würden, und unsere eigene Lebensgeschichte beweist dies gewöhnlich auch.

Unterstützung durch Schwestern ist weit verbreitet

Es gibt eine Anzahl von Studien, in denen gezeigt wird, wie unterschiedlich die Fürsorge in der Familie und unter Geschwistern in verschiedenen Kulturen aussieht. Keine dieser Studien bezieht sich jedoch auf Schwestern. Der kulturelle Aspekt kann in diesem Buch nicht angesprochen werden, dazu fehlen die entsprechenden Beispiele. Ich möchte lediglich anmerken, daß in allen Kulturen, aus denen in diesem Buch Frauen vertreten sind – amerikanische, europäische, mittelöstliche, hispanische, schwarz-afrikanische –, die Frauen sich zu schwesterlicher Fürsorge bekannt haben. Sie haben sich vielleicht verschieden ausgedrückt oder es in unterschiedlichen Ausmaßen erlebt, doch ob sie nun leidenschaftlich oder eher sachlich darüber gesprochen haben, Hilfe und Unterstützung war vorhanden.

Ramona ist zweiundzwanzig Jahre älter als ihre Schwester Tina. Manche werden sagen, ein solch großer Altersunterschied läßt eine enge schwesterliche Bindung nur bedingt zu. Für Ramona war es jedoch klar, daß sie immer für Tina dasein wird und daß diese ihre Liebe erwidert. Es handelt sich dabei um keine Ersatzmutter-Tochter-Beziehung, wie man vielleicht denken könnte. Ramonas Mutter hat sich liebevoll um Tina gekümmert, genau so, wie sie es bei Ramona und ihren drei Brüdern gemacht hat, als diese noch auf der kleinen Gemüsefarm in Mexiko lebten. Ramona erinnert sich, daß sie ihre Mutter »anwies«, Tina immer »hübsch und sauber anzuziehen«. Als Ramona in die Staaten auswanderte, sandte sie ihrer Schwester schöne handgefertigte Kleidung. Jeden Sommer besuchte Tina ihre ältere Schwester, die sich bald verheiratete und drei Kinder bekam. Eines Nachts – Tina war zwanzig Jahre alt – sah sie, wie ihr betrunkener Schwager Ramona in den Bauch trat. Von diesem Zeitpunkt an beschützten und halfen sich die Schwestern, so gut sie konnten. »Mein Mann ist jetzt wütend auf Tina, weil sie die Polizei gerufen hat«, sagt Ramona stolz. »Er redet nicht mit ihr, aber ich sage ihr ›Mach dir nicht draus. Er ist verrückt‹. Wenn ich meine Familie in Mexiko besuchen will, tue ich es einfach, und er sagt nichts mehr.« Ramona kann sich aus Glaubens- und Gewissensgründen nicht scheiden lassen, aber ganz allmählich fängt sie an, sich zu wehren, und ihre kleine Schwester hilft ihr dabei. »Er trinkt nicht. Er bleibt zu Hause. Er spricht nicht mit Tina. Es ist uns egal. Für uns ist er wie ein Kissen auf dem Sofa.«

Tina ist nun auch in die Stadt gezogen, in der Ramona lebt. Beide arbeiten als Haushaltshilfen und teilen sich einen Job an den Wochenenden. Ramona überwacht die sozialen Kontakte von Tina. Sie tut das, weil sie sie liebt, nicht um sie zu kontrollieren. Tina ist damit einverstanden, ja, es ist ihr sogar sehr recht, denn sie weiß, »Ramona möchte, daß es mir im Leben gutgeht«, und während sie dies sagt, lächelt sie ihrer Schwester liebevoll zu.

»Ich möchte nicht, daß es Tina so geht wie mir«, sagt Ramona, die sich aber nicht als Märtyrerin sieht. »Ich bin nicht unglücklich. Ich mache mir gern eine schöne Frisur und besuche meine vielen Freundinnen. Ich sage meiner Tochter das gleiche: ›Paß auf dich auf. Wenn ein Mann nicht nett zu dir ist, schick ihn nach Hause.‹ Ich kannte meinen Mann seit neun Jahren, und vor der Hochzeit war er sehr nett zu mir. Wir sind in derselben Stadt aufgewachsen. Nach der Hochzeit war es einfach schrecklich. Ich will nicht, daß es Tina auch so geht.«

Liebe und Fürsorge »an der langen Leine« – Mattie und Tess

»Um die Schwester besorgt zu sein«, das kann letztendlich aber auch heißen, »sich zurückzuziehen« und sie ihre eigenen Entscheidungen treffen zu lassen. In Ramonas und Tinas eng verbundener Familie mag das wahrscheinlich weniger zutreffen als in einer amerikanischen Familie, die in der Stadt wohnt und in der jede Schwester durch ihre beruflichen, gesellschaftlichen und familiären Verpflichtungen ein eigenes Leben führt. Seit dem Aufkommen der »12-Schritte-Programme« in den letzten zehn oder fünfzehn Jahren wird in unserer Gesellschaft mehr Wert auf das »in Liebe loslassen können« gelegt, was heißt, daß man nicht versuchen soll, das Leben anderer zu bestimmen. Doch wo ziehen Schwestern die Linie zwischen Fürsorglichkeit und Bevormundung? Für viele ist der Moment des Loslassens dann gekommen, wenn erkannt wird, daß die Fürsorge dem geistigen und emotionalen Wachstum der anderen abträglich ist, oder wenn die Krise der einen Schwester solche Ausmaße annimmt, daß die Schwester, die Unterstützung gibt, nicht mehr damit fertig wird. Dann sollte die »gebeutelte« Schwester auf ihre eigenen Kraftreserven zurückgreifen.

In Matties Leben hat es immer viele bedürftige Menschen gegeben. Sie wuchs mit ihrer Zwillingsschwester in einem kleinen Städtchen im Südwesten der Vereinigten Staaten in der Zeit der Depression auf, wo ihre Eltern zahllosen armen Familien beistanden, die keine Arbeit hatten oder ihre Ernte nicht verkaufen konnten. »Wir lebten in einem zur Schule gehörenden Haus, denn mein Vater war dort Rektor und meine Mutter Lehrerin«, erzählte Mattie. »Das Haus war nicht sehr groß, und ich sehe die auf zwei Böcken stehende Tischplatte in unserer Küche noch vor mir, an der von morgens bis abends irgendwelche Leute verköstigt wurden. Ein Kindermädchen und eine Großmutter paßten auf uns auf, solange Mutter in der Schule war. Als erstes wurde am Morgen ein riesiger Topf mit Feldbohnen aufgesetzt, die dann als Sattmacher zu allen Mahlzeiten gereicht wurden. Das klingt sehr nach schlimmen Zeiten. Für uns Kinder war das aber nicht so, denn es war immer viel los.«

Mattie erzählte uns, wie sie, Tess und die Kusinen, die bei ihnen wohnten, den ganzen Tag in den umliegenden Canyons spielten, wo sie auf den Eisenbahnschienen spazierten oder auf die großen rotfarbenen Felsen stiegen. »Niemand machte sich Sorgen um uns«, erklärte Mattie, »die Erwachsenen wußten, daß Kinder heimkommen, wenn sie der Hunger plagt.« Doch dann schlug das Schicksal aus heiterem Himmel zu: Matties Vater fuhr nach Arizona, um einen Mann aus ihrem Städtchen, der dort mit seiner Familie ohne Geld und Arbeit gestrandet war, zu holen. Auf dem Heimweg spät in der Nacht wurde sein Auto nur noch dreißig Meilen von zu Hause entfernt von einem Zug erfaßt. Alle Insassen wurden getötet. »Von da an veränderte sich für uns die Welt, und meine Mutter wurde sehr besorgt um uns. Meine Schwester Tess und ich waren damals acht Jahre alt.«

Groß waren die Ängste, als Mattie ein Jahr später achtzehn Monate lang mit akutem Gelenkrheumatismus das Bett hüten mußte. »Meine Mutter und meine Tante dachten, ich würde es nicht überleben. Als ich wieder in die Schule gehen konnte, erhielt Tess die Aufgabe, auf mich aufzupassen. Sie sagten ihr, ich dürfte nicht rennen, und sie sollte darauf achten, ob ich blaß würde. Tess hat mir erzählt, daß sie öfters heulend zur Schule ging, weil sie glaubte, ich könnte tot sein, wenn sie wieder nach Hause kommt. Sie war immer sehr besorgt um mich.«

Wenn man diese Geschichte kennt, ist es erstaunlich, daß Tess als Erwachsene den Wunsch ihrer Zwillingsschwester, ihr Leben allein zu meistern und in schwierigen Zeiten ein Risiko einzugehen, unterstützte. Dies geschah, als Mattie nach dreiundzwanzig Ehejahren den Mut aufbrachte, ihren alkoholkranken Mann zu verlassen. Es war eine gewaltige Entscheidung für Mattie, die

Zorn und Ärger gewöhnlich hinunterschluckte und auf Kränkungen nachgiebig reagierte. Tess war zuerst entsetzt über ihre Schwester, die kein Geld hatte und zwei Kinder unterhalten mußte, aber dann akzeptierte sie Matties Entschluß. Vor ihrer Scheidung war Mattie aktiv in der Landespolitik engagiert und unterhielt ein kleines Büro am Ort. Sie plante, Lobbyistin für eine gemeinnützige Organisation zu werden. Das war vor vierzehn Jahren. Heute hat jede Zwillingsschwester ihre eigene Karriere gemacht und ihren eigenen Lebensstil gefunden. Mattie steht an der Spitze einer Forschungsgesellschaft, und Tess schreibt und veröffentlicht Romane. Sie sind sich nicht gleichgültig geworden. Davon zeugt das eingehaltene Ritual ihres Samstagvormittag-Ferngesprächs, das »mindestens eine Stunde« dauert. Matties Privatleben ist immer noch problematisch, da an ihren erwachsenen Kindern ihre lange und problembeladene Ehe nicht spurlos vorübergegangen ist. Mattie sagte mir, daß die Ratschläge von Tess nicht immer das sind, was sie gerne hören möchte, aber sie hält sich zurück, denn »ich weiß ja, daß sie es gut meint«. »Sich zurückzuhalten« ist für diese beiden Schwestern, die praktisch unzertrennlich waren, nicht leicht.

»Ich lag mit Tess im selben Babybettchen, und wir schliefen in einem Bett, bis die erste sich verheiratete. Nach meiner Scheidung habe ich lange gebraucht, bis ich wieder schlafen konnte – ich war es gewohnt, jemanden neben mir atmen zu hören«, lachte Mattie. »Meine Schwester ist großzügig, herzensgut, witzig und steht immer auf dem Boden der Tatsachen. Ich habe viele Freundinnen, aber das ist nicht dasselbe. Meine Schwester ist mir eine große Stütze.«

Letzten Sommer wagten sich die beiden Schwestern an eine Raftingtour auf dem Shenandoah River. Mattie: »Obwohl Tess immer die sportlichere von uns beiden war, kam die Idee für dieses Unternehmen von mir. Eigentlich sollte es eine harmlose Fahrt werden, aber der Fluß führte Hochwasser, und Tess fiel gleich in den ersten Minuten ins Wasser. Die Führer zogen sie zwar sofort zurück ins Schlauchboot, aber Tess war sehr verängstigt. Sie fleht mich an, diese Tour nicht, wie von mir geplant, noch einmal zu machen. Aber an dem Tag, als sie ins Wasser fiel, hat sie mich so gerührt. Immer wenn es durch Stromschnellen ging, drehte sie sich um und fragte: ›Bist du okay?‹, worauf ich ihr antwortete: ›Bist du okay?‹, um dann noch hinzuzufügen: ›Tess, bleib einfach auf dem Boden des Schlauchboots sitzen.‹«

Die Sorge um Mutter und Vater

Das Bild von der schwesterlichen Fürsorge ändert sich oder gerät in Gefahr, sobald die Krise die Eltern betrifft. Wenn Sie erfahren, daß Ihre Mutter an der Alzheimerschen Krankheit leidet, schafft dies eine gänzlich andere Dynamik zwischen Ihnen und Ihrer/Ihren Schwester(n), als wenn Sie erfahren, daß Ihr Ehemann Sie verlassen hat, Ihr Kind manisch-depressiv ist oder Sie Krebs haben. Im ersten Fall müssen Sie sich mit Ihrer Schwester zusammentun, um herauszufinden, wie die Mutter am besten versorgt werden kann, während in den anderen Fällen Ihre Schwester aufgefordert ist, nur auf Sie, Sie ganz allein, einzugehen.

Ideal ist es, wenn Sie sich die Verantwortung für die kranke Mutter oder den kranken Vater gleichmäßig teilen können. Was aber ist, wenn Sie in der gleichen Stadt wie Ihre kranke Mutter leben, Ihre Schwester aber in einer Stadt fünfhundert Meilen entfernt und dort berufstätig ist? Oder wenn Ihr Bruder sich nur an den Kosten beteiligt, aber nicht am Zeitaufwand? In solchen Fällen geraten Sie in emotionsgeladene, schwierige Situationen, bei denen es sehr auf Kooperation und offene Kommunikation ankommt, eine Aufgabe, der die Familienmitglieder meist nicht gewachsen sind. Ihre Entscheidungen werden auch noch dadurch erschwert, wie sie sich gegenseitig im Verhältnis zur Mutter eingeschätzt haben. Wenn die Schwester, die noch zu Hause ist, das Gefühl hat, daß sie von Kindheit an die Verantwortung übernehmen mußte, während ihre Schwester die Privilegierte war, oder wenn sie den Bruder als jemanden sieht, der nur das Geld schickt, sich aber sonst nicht kümmert, sind die Chancen, daß die Pflege der Mutter reibungslos verläuft, gering.

Die fünfzigjährige Nell bedauert, daß sie sich jedesmal ärgert, wenn ihre siebenundfünfzigjährige Schwester Billy ihre kranke neunzigjährige Mutter ein- oder zweimal im Jahr für eine Woche besucht. »Billy und ihr Mann tun dann immer viel – sie hängen ihr die Vorhänge auf, putzen die Fenster, reparieren einen Stuhl. Doch wenn Billy dann zu mir so etwas sagt wie ›Ich glaube, du solltest mit ihr zum Arzt gehen‹, oder ›Ich glaube, man sollte mal ihre Ohren überprüfen‹, werde ich immer sauer. Ich denke dann: ›Warum kommst du nicht und machst es mit ihr?‹ Ich bin diejenige, die jede Woche nach Mutter schaut. Ich sorge dafür, daß ihr Kühlschrank gefüllt ist. Dabei bin ich doch auch berufstätig. Aber dann sage ich mir wieder: ›Das ist nicht fair. Billy lebt nicht hier. Ich lebe hier.‹ Ich ärgere mich über mich selbst, aber ich kann nicht anders. Für jemanden, der nicht hier lebt, tut Billy, was sie kann.«
Diese beiden Schwestern standen sich nie sehr nahe, obwohl Billy in letzter Zeit versucht hat, sich ihrer Schwester zu nähern. Sie haben ihre Distanziertheit immer auf ihren Altersunterschied und ihre unterschiedlichen Charaktere zurückgeführt. Doch viel bedeutsamer war, daß Nell immer das Gefühl hatte, ihre Mutter würde Billy bevorzugen, die besser lernte und ehrgeiziger war. Bedauerlicherweise hat Nell noch nie mit Billy darüber gespro-

chen, daß die Pflege der Mutter zu sehr auf ihren Schultern lastet. Nell ist es auch nicht gewohnt, zu sagen, wie sie sich fühlt, oder offen mit ihrer Schwester zu reden. Nell überlegt sich, eine Hilfe für ihre Mutter zu suchen, die die Wäsche und das Einkaufen erledigt. Das Geld dafür wäre gut angelegt, meint sie. Billy zu fragen, ob sie sich an den Kosten beteiligen würde, wird nicht einmal in Betracht gezogen, da Nell glaubt, finanziell besser dran zu sein als ihre Schwester. Es gibt also doch eine Fürsorglichkeit der jüngeren Schwester der älteren gegenüber – sie äußert sich nicht in Worten oder Umarmungen, sondern in finanziellen Abwägungen.
Ein anderes Schwesternpaar sagte mir, daß sie beide immer ein gutes Verhältnis zu ihrem Vater hatten. Als dieser ins Pflegeheim kam, war es ganz klar, daß sie sich die Sorge um ihn gerecht teilen würden. Die geographische Entfernung der einen Schwester spielte zwar auch eine Rolle, aber sie einigten sich, daß diese sich um die Rechnungen und die Korrespondenz kümmert und mehrere Male im Jahr auf Besuch kommt und den Vater dann täglich besuchen kann. Diese Besuche werden im voraus festgelegt, damit die andere Schwester weiß, in welchen Zeitabschnitten sie entlastet wird und entsprechend disponieren kann.

Wenn eine gute Kommunikation zwischen den Geschwistern herrscht, können sie sich auf die Zeit, in der die Eltern Hilfe brauchen, vorbereiten. Mehrere Schwestern erwähnten, daß sie bereits überlegt oder sogar genaue Pläne gemacht haben, wie sie sich um die alten Eltern kümmern werden, falls deren nachlassende Gesundheit es erfordert. Zwei Schwestern, deren Eltern Anfang Siebzig sind, erzählten mir, sie hätten beschlossen, daß die ältere Schwester sich der Mutter annehmen wird, weil die jüngere ein »sehr gespanntes« Verhältnis zur Mutter hat, während die jüngere Schwester sich um den Vater kümmern wird, ein

»sehr in sich gekehrter« Mann, der immer wieder durchblicken ließ, daß sie seine bevorzugte Tochter ist.
Aus diesen Geschichten lassen sich zwei Lektionen ableiten:

- Wenn eine Krise oder eine Veränderung die Eltern betrifft, wie zum Beispiel deren zunehmende Gebrechlichkeit oder deren Tod, kann es Probleme bei der Hilfsbereitschaft unter Schwestern geben, weil Eifersucht und Rivalität aus vergangenen Tagen in bezug auf die Eltern noch immer nicht überwunden sind.
- Wenn eine Krise oder eine Veränderung nur die Schwester betrifft, wie zum Beispiel eine bedrohliche Krankheit, Scheidung, der Tod des Ehemannes oder eines Kindes, wird (werden) die Schwester(n) höchstwahrscheinlich sofort ihre Hilfe und Unterstützung anbieten.

Bei vielen Schwestern haben sich diese zwei Lektionen in ein und demselben Zeitabschnitt verwirklicht.

Ein Streit hat das Band zerrissen – Rosalyn und Adeline

Rosalyn berichtete objektiv und mit ruhiger Stimme von dem schrecklichen Streit mit ihrer Schwester Adeline zwei Jahre nach dem tragischen Tod ihrer Eltern bei einem Verkehrsunfall. Rosalyn zufolge war es »eine furchterregende Szene«, bei der Adeline Geschirr durch die Gegend warf und hysterische Schreikrämpfe bekam. Bis zu diesem Tag waren sich die Schwestern, die beide in den Fünfzigern sind, gegenseitig eine Stütze bei ihrer Trauer um die Eltern. Doch die unausgesprochene Eifersucht von Adeline auf Rosalyns beruflichen Erfolg und glückliche Ehe war immer zwischen ihnen.
»Der Tod unserer Eltern hat unsere Verschiedenheit noch vergrößert«, bemerkt Rosalyn in dem sachlichen Ton, den sie wahr-

scheinlich auch den Klienten ihrer Anwaltspraxis gegenüber anschlägt. »Selbst als Teenager war ich die Beschützerin und Adeline die Schüchterne und Eifersüchtige. Ich war durchsetzungsfähig und ehrgeizig, sie zurückhaltend. Sie träumte vom Heiraten und Kinderkriegen, vom Garten mit weißem Lattenzaun. Ich konzentrierte mich mehr auf meinen Beruf. Wir haben schließlich beide geheiratet, aber sie ist geschieden und hat keine Kinder.«

Seit dem Streit sind witzige Geburtstags- oder sonstige Karten, meistens von Rosalyn, der einzige Kontakt zwischen den Schwestern. Beide Schwestern haben die Worte, die während des Streits vor einem Jahr gefallen sind, sehr getroffen. Zumindest Rosalyn bedauert es, daß sie nur noch »mit Hilfe von Scherzen miteinander kommunizieren können«.

»Würden Sie sich wohl anders verhalten, wenn die Krise sich nicht auf ihre Eltern bezogen hätte?« fragte ich.

»Wie meinen Sie das?« fragte Rosalyn vorsichtig zurück.

»Nun, ich habe herausgefunden, daß selbst Schwestern, die sich fremd geworden sind, der anderen zur Seite stehen, wenn diese von einem Unglück betroffen wird, wie zum Beispiel Krebs, Scheidung oder Tod eines Kindes.«

Daraufhin erzählt mir Rosalyn, wie ein Jahr nach dem Unfall ihrer Eltern und ein Jahr vor ihrem »Krach« bei Adeline eine Krebserkrankung vermutet wurde. Ihre Stimme klang auf einmal viel weicher als bei ihrem Bericht über den Tod der Eltern und den Streit.

»Ich bin nach Georgia geflogen und habe sie in das Krankenhaus gebracht, in dem auch unsere Eltern gestorben sind.« Zum ersten Mal während unseres Interviews kamen ihr die Tränen. »Es tut mir leid, aber das hat mich sehr mitgenommen ... Ich habe sie dann wieder nach Hause gebracht, und alles war wieder in Ordnung. Es war ihr Geburtstag. Ich mache immer viel Wirbel um ihren Geburtstag. Wir hatten es schön miteinander ... Ich glaube, ich liebe sie, und ich mache mir Sorgen um sie.«

Der Stachel der Liebe – Linda

Ein erbitterter, schwer zu verstehender Zweikampf tobt zwischen Linda und ihrer jüngeren Schwester wegen der zunehmenden Gebrechlichkeit ihrer Mutter. Als wir im Garten hinter ihrem Haus saßen, dachte ich mir, dieses idyllische Bild paßt so gar nicht zu dem Alptraum, den mir Linda in den unglaublichsten Details schilderte. Obwohl ich das Interview auf Band aufnahm und mir Notizen machte, war es fast unmöglich, einen Sinn in all den komplizierten Geschichten und Beschuldigungen zu finden – da ging es um das Silber, das dem toten Onkel gestohlen wurde, das Testament der Mutter, das zum x-ten Mal umgeschrieben wurde, Besuche bei der Mutter, die in sinnlosen Streit ausarteten, wüste Briefe zwischen den Schwestern und der Mutter. Der Gipfel der Unverschämtheiten bestand anscheinend darin, daß Lindas ältere Schwester vehement leugnet, daß die Mutter geistig krank ist, und nicht will, daß ein Arzt hinzugezogen wird.

Zu Anfang unseres Gesprächs flog eine Biene in Lindas Gesicht und landete dann auf dem Boden einen Meter vor unseren Stühlen. Linda stand ganz langsam auf, schlich sich an die Biene heran und trat dann rasch auf sie, um sie zu töten. Als sie sich wieder setzte, meinte sie: »Die Biene ist meine Schwester.«

Da war Haß zu spüren, aber auch Ambivalenz. Später unterlief Linda ein Versprecher. Sie wollte sagen: »Das wäre das Beste«, sagte aber: »Wenn meine Mutter stirbt, kann ich die Beziehung zu meiner Schwester abbrechen, das wäre das Schlimmste.« Als sie sich korrigieren wollte, ergriff ich schnell die Gelegenheit und fragte: »Würden Sie zu Ihrer Schwester gehen, wenn sie sehr krank wäre oder im Sterben läge?«

»Würde man mich fragen, ob ich ihr eine Niere spende, ich wüßte nicht, ob ich es täte«, sagte Linda mit funkelnden Augen. »Ist das nicht schrecklich?« Doch dann, nachdem sie lange über-

legt hatte, meinte sie resignierend: »Ich glaube, ich würde es doch tun, weil mein Vater es so wollte.«
Linda hatte vorher im Gespräch erzählt: »Alles Gute in meinem Leben kommt von meinem Vater und das Böse von meiner Mutter.« Weder sie noch ihre Schwester hatten eine enge Beziehung zu der Mutter. Diese ließ ihre kleinen Kinder stundenlang ohne Aufsicht im Laufstall und ging währenddessen in die Stadt einkaufen oder besuchte Freundinnen. Die beiden Schwestern sind momentan in eine zwanghafte Auseinandersetzung um die Aufmerksamkeit ihrer Mutter verwickelt. Solange die Mutter der Grund ihres Streites ist, scheint es keine Lösung zu geben. Und doch, wenn Linda an ihren verstorbenen Vater denkt, den sie sehr geliebt hat, kann sie sich eine Art Versöhnung mit der Schwester vorstellen, wenn diese in einer Notsituation wäre.

Das Ungleichgewicht der Fürsorge

Es wäre interessant, auch hinsichtlich der späteren Auswertung zu beweisen, daß Schwestern eher füreinander da sind als Brüder oder Brüder-Schwestern-Kombinationen. Schwestern sind emotional miteinander verbunden, während Brüder mit mehr Autonomie ausgestattet sind, das heißt, wenn eine Veränderung oder Krise in ihrem Leben stattfindet, wie zum Beispiel der Verlust des Arbeitsplatzes oder eine bedrohliche Krankheit, ziehen es Brüder eher vor, den »starken Mann« zu spielen, als zu zeigen, daß sie Unterstützung brauchen.
Einige Frauen sagten mir, daß ihre Männer nicht einmal größere Ereignisse in ihrem Leben ihren Brüdern mitteilten. Als Grund geben sie häufig an, daß es doch keinen Sinn habe, da der Bruder doch so weit weg wohne. Ich glaube, der entscheidende Faktor

ist, wie gut das Verhältnis der Brüder zueinander gewesen ist. Ich habe Männer schon oft auf dieses Thema angesprochen, und immer folgte eine erregte Diskussion. Eine Frau, die bei einer Dinnerparty zu meiner Rechten saß, war sehr aufgebracht, weil ihr meine Theorie das Gefühl gab, ihrem Mann wäre das Wohlergehen seines Bruders unwichtig. Sie erläuterte ausführlich, wie hilfsbereit und fürsorglich er sich seinem Bruder gegenüber verhält und daß die beiden ständig in Verbindung stehen, etwas, was sie von ihrer eigenen Familie nicht behaupten kann. Sie erzählte aber auch, daß die Mutter ihres Mannes starb, als dieser noch jung war. Seitdem fühlt er sich »immer für den jüngeren Bruder verantwortlich«. Wie ich gesagt habe, jede Familie ist anders, deshalb sollten wir das Verhalten von Geschwistern nicht verallgemeinern, aber zu diesem einen Fall möchte ich doch bemerken, daß der fürsorgliche Sohn die Rolle der Mutter und Frau übernommen hat.

Bedeutet Fürsorge auch Intimität?

Wie wir erfahren haben, herrscht zwischen Schwestern weniger Intimität, als allgemein angenommen wird. Intimität wird oft gefürchtet, weil es die zwischen Schwestern bestehende Rivalität und Verwundbarkeit berührt. Dies trifft selbst in Krisenzeiten zu, schmälert aber zum Glück nicht das Ausmaß der Hilfe und Unterstützung.

Connie war siebenunddreißig Jahre alt, als sie entdeckte, daß ihr Mann zwei Jahre lang eine Affäre mit einer Frau hatte, die er immer noch liebte. Zuerst setzte ihre Empörung Kräfte in ihr frei, so daß Connie sich in der Beziehung zu ihrem Mann so stark wie nie zuvor fühlte. Ironischerweise bestand er darauf, die Ehe aufrechtzuerhalten, obwohl er deprimiert und durcheinander war. Seine Ambivalenz und ihre Furcht vor »einem Auseinanderbrechen« der Familie ließen Connie dann in einen Zustand ständiger Angst verfallen, in dem sie zeitweise unfähig war, ihr Kind vom Kindergarten abzuholen oder im Lebensmittelgeschäft einzukaufen. Ihre Freundinnen waren hilfsbereit, ihr Therapeut »ein Geschenk des Himmels«, aber das, woran sie sich heute am deutlichsten erinnert, war die Unterstützung durch ihre jüngere Schwester Marie.

»Ich habe nie gedacht, daß ich für Marie wichtig war«, erzählt Connie. »Marie ist nur drei Jahre jünger, aber sie führt ein vollkommen anderes Leben als ich. Bei meiner damaligen Krise war sie bereits kinderlos geschieden und ging mit den verschiedensten Männern aus. Am Anfang dachte ich: ›Sie hat doch keine Ahnung, was Untreue ist, und sie kann sich auch meine Angst vor einem Ende meiner Ehe nicht vorstellen.‹«

Eine Woche lang gingen Marie und Connie jeden Tag zusammen aus, um Connie die Gelegenheit zu geben, gegen ihre wachsenden Ängste anzukämpfen. »Eines Nachmittags brachten wir die Kinder in den Park. Marie und ich setzten uns auf eine Decke, während die Kinder spielten. Wir sprachen zuerst sehr wenig ... doch dann ließ sie mich reden, ohne mir ins Wort zu fallen. Ich hatte erwartet, daß sie mir sagen würde, ich sollte ihn verlassen. Statt dessen meinte sie, ich würde eines Tages mit einem Lachen auf das alles zurückblicken, weil ich meinerseits ein Liebesabenteuer gehabt hätte. Zuerst war ich entsetzt über ihre Reaktion, aber es hat sich als wahr erwiesen. Eigentlich war es nicht wichtig, was sie mir sagte, es war einfach schön, daß sie für mich dagewesen ist.«

Intimität muß bei schwerwiegenden Enthüllungen über Todesängste oder drohende Verhängnisse nicht demonstriert werden;

Intimität kann auch jede beliebige Art sein, wie die Familie ihre Zusammengehörigkeit und Stärke zeigt.
Als ich vor zwei Jahren meine Mutter besuchte, wurde gerade ihre ältere Schwester Ellie ins Krankenhaus gebracht, wo sie ins Koma fiel. Mutter und ich machten uns sofort auf den Weg ins Krankenhaus, das eine Autostunde entfernt war. Wir durften zu ihr in die Intensivstation, »aber nur für fünf Minuten«. Die kleine Ellie sah aus wie ein Kind, wie sie da zusammengerollt unter der dünnen Decke lag. Meine Mutter strich ihr übers Haar und streichelte ihren Handrücken. »Ich bin es, Ellie, Franny. Ich bin bei dir«, sagte sie immer wieder, während ich im Zimmer auf und ab lief und wegguckte. Als wir gehen wollten, wachte Ellie auf und fing zu weinen an, als sie Franny erkannte. Meine Mutter, die Gefühlsausbrüche nie leiden konnte, sagte daraufhin mit liebevoller, aber fester Stimme: »Nicht weinen, Ellie. Du wirst wieder gesund. Deine Familie ist auf dem Weg hierher, und ich bin bei dir.« Ich verbarg meine Tränen vor Mutter. Hätte eine Freundin von Ellie ihr erlaubt, zu weinen? Es ist nicht wichtig. Meine Mutter gab das weiter, was sie in ihrer Familie gelernt hatte: »Du sollst nicht weinen.« Es war ihre Art von Intimität und Fürsorge.

»Kennst du ein Wort mit fünf Buchstaben für Zuneigung?« – Adele und Evelyn

»Ich kann nicht sagen, daß meine Schwester Evelyn meine ›beste Freundin‹ ist«, bemerkte Adele, dreiundfünfzig Jahre alt. »Wir mögen uns, aber wir sind und waren nie enge Vertraute. Wir zeigen unsere Gefühle nicht, niemand in unserer Familie tut das. Mit meinen Freundinnen bin ich vertrauter. Ich rede mit ihnen über sehr persönliche Angelegenheiten. Dennoch wird meine Schwester immer einen ganz besonderen Platz in meinem Leben haben.«

Adele und Evelyn waren von Geburt an aufeinander angewiesen. Ihre Eltern waren beide taub, weshalb sie schon früh bestimmte Aufgaben übernehmen mußten. Sie beherrschten die Zeichensprache bereits, bevor sie sprechen lernten. Weil Evelyn die Ältere war, mußte hauptsächlich sie für die Eltern dolmetschen. Keine der Schwestern hatte eine wirklich enge Beziehung zu den Eltern, was nicht unbedingt etwas mit deren Taubheit zu tun hatte (Intimität ist auch mittels Zeichen- und Körpersprache möglich), sondern mehr mit der Tatsache, daß die Mutter in ihrer eigenen Familie nicht viel Liebe erfahren hat.

»Meine Mutter war die Jüngste in einer kinderreichen Familie«, erklärte Adele. »Sie war vier Jahre alt, als man herausfand, daß sie nicht hören konnte. Sie wurde dann auf eine spezielle Schule mit Internat geschickt. Von da an sah sie ihre Mutter nur noch in den Sommerferien, und diese wußte nicht, wie sie mit ihr kommunizieren sollte.«

Der Vater von Adele und Evelyn litt unter Paranoia, als die Mädchen im Teenageralter waren. »Eine schreckliche Zeit, wir konnten uns ihm nicht nähern oder mit ihm sprechen.« Doch Adele hat auch angenehmere Erinnerungen an ihren Vater. Wie er, als sie noch klein war, mit ihr Hand in Hand spazierenging, an Sommerabenden Dame spielte oder ihr beibrachte, die Bändel ihres Schlafanzugs zu einer Schleife zu binden.

Als Evelyn achtzehn Jahre war, heiratete sie ihre Schulliebe und verließ ohne Bedauern das Elternhaus. Adele: »Nun mußte ich die Verantwortung übernehmen. Ich verbesserte meine Kenntnisse in der Zeichensprache und wurde die Dolmetscherin meiner Eltern. Ich wurde richtig gut darin, besser, als Evelyn es je gewesen war. Im Gegensatz zu Evelyn besuchte ich das College und ging auch ein halbes Jahr nach Frankreich. Ich bin abenteuerlustig geworden. Evelyn ist nur einmal – bei ihrer frühen Heirat – ein Risiko eingegangen, später nie wieder.«

Ihr Vater starb, als die Mädchen in ihren Zwanzigern waren. Die

Mutter lebte dann mit ihrer älteren Schwester Mabel zusammen, die hören konnte und die Zeichensprache beherrschte. »Mutter sorgte finanziell und auch praktisch für Tante Mabel, während diese durch ihr intaktes Gehör die Verbindung zur Außenwelt darstellte«, erklärte Adele. »Tante Mabel war sechzehn Jahre älter als Mutter. Sie liebten sich nicht, als sie Kinder waren, und daran änderte sich auch nichts, als sie zusammenlebten, aber sie brauchten einander.« Dieses Arrangement funktionierte bis zu Mabels Tod. Dann wurde die Sorge um die Mutter die gemeinsame Aufgabe von Evelyn und Adele, die inzwischen ihre eigenen Familien hatten. Zehn Jahre lang besuchten sie die Mutter »gewissenhaft« einmal in der Woche. »Wir merkten, daß es besser war, wenn wir Mutter gemeinsam besuchten. Die Atmosphäre war dann entspannter.« Eines Tages entdeckten die Schwestern, daß auf den Frühstücksflocken der Mutter Küchenschaben schwammen, die sie nicht bemerkte. Entsetzt beschlossen sie, die Mutter zu sich zu nehmen. Sie teilten sich die Aufgabe, das heißt, die Mutter war sechs Monate im Jahr bei Adele und sechs Monate bei Evelyn. Ein Autounfall einige Jahre später (sie war im Auto mit Evelyn und hatte sich geweigert, den Sicherheitsgurt anzulegen) zwang sie, die Mutter in ein Pflegeheim zu geben. In den folgenden drei Jahren mußte eine der Schwestern immer bei ihr sein, um für die Mutter beim Pflegepersonal zu dolmetschen. Sie wechselten sich täglich ab. Evelyn hat vier Kinder. Adele arbeitet halbtags und hat zwei Kinder. Vor einem Jahr starb die Mutter friedlich im Schlaf, während Adele ihr die saubere Wäsche in die Kommode räumte. »Wir teilten uns auch ihre Wäsche«, bemerkte Adele noch, als ob ihr das helfen würde, die Geschichte der Mutter zu beenden.

Es ist erstaunlich, daß in all diesen Jahren der gemeinsamen Fürsorge für die Mutter Adele und Evelyn nie zu wirklich vertrauten Frauen wurden. Adele behauptete, daß Gefühle für ihre Schwester »etwas Unangenehmes« sind und daß es ihr auch unangenehm ist, daß Adele eine Therapeutin konsultiert. »Wir wissen viel vom Leben der anderen, von den kleinen Problemchen mit Kindern und Mann. Ich habe ihr mal etwas Persönliches anvertraut, etwas, das meinen Mann und mich betrifft.« Als Adele dies erzählte, mußte sie gegen ihre Tränen ankämpfen, doch dann fuhr sie fort: »Ich habe also Evelyn etwas sehr Persönliches erzählt. Als ich merkte, wie sie innerlich erstarrte, wurde mir klar, daß sie es nicht ertragen kann. Seitdem vermeide ich es.«

Eine Krise konnte Adele jedoch nicht vermeiden. Vor zehn Jahren (zu der Zeit, als sie sich noch um die Mutter kümmerten) wurde bei ihr anläßlich einer Routineuntersuchung ein bösartiger Tumor am Innenschenkel festgestellt. »Ich habe sofort meine Schwester angerufen und ihr alles erzählt. Man hatte mir gesagt, daß meine Chancen, die nächsten vier Jahre zu überleben, vierzig Prozent betragen. Bevor ich ins Krankenhaus ging, kaufte ich eine Karte mit zwei lustigen Figuren auf der Vorderseite und dem Text ›Danke fürs Zuhören‹. Eine der Figuren weinte, die andere hörte zu. Ich sandte die Karte meiner Schwester. Ich glaube, das ist ihr sehr nahegegangen. Später, als alles vorbei war, erwähnte sie die Karte, und ich konnte sehen, wie gerührt sie war. Ich glaube, das war der intimste Moment, den wir je hatten.«

Adele hat in ihrer Therapie herausgefunden, daß sie ihre Angst vor Vertraulichkeit mit ihrer Schwester auch auf ihren Ehemann überträgt und daß sie hart daran arbeiten muß, in der Kommunikation mit ihren Kindern offen zu sein und Gefühle zuzulassen. Adele ist auch überzeugt, daß sie Krebs bekommen hat, weil sie ihre Gefühle nicht frei ausdrücken konnte. »Obwohl ich mitteilsam bin, rede ich mit meinem Mann nicht über das, was mich wirklich bedrückt. Ich glaube, daß unser Körper ein Spiegelbild unserer Seele ist.

Ich habe mit anderen Frauen über ihre Beziehung zu ihren Schwestern gesprochen, und wenn ich dann höre, wie das bei denen so läuft, denke ich ›interessant‹. Ich bin nicht neidisch, eher überrascht.«

Adele und Evelyn haben ihre eigenen Rituale, sich ihre Liebe und Zuneigung zu zeigen, die andere vielleicht »merkwürdig« finden.

»Wir nehmen die Sonntagszeitung und lösen das Kreuzworträtsel zusammen am Telefon. Jede setzt bei sich die Worte ein und dann vergleichen wir sie, und immer bleiben wir an derselben Stelle hängen. Wenn andere das auch für verrückt halten mögen, uns beiden macht es viel Spaß. Es ist harmlos und lustig. Und es ist ungefährlich.«

Suchen Sie sich die Schwester aus, die Ihnen am besten helfen kann

In Krisenzeiten ist es offensichtlich von Vorteil, wenn man mehr als eine Schwester hat – Sie bekommen Hilfe von mehreren Seiten, und Sie können sich aussuchen, wer Ihnen am besten hilft, und wie: durch ernsthaftes Reden oder durch scherzhaftes Ablenken. An diesem Privileg ist nichts Verwerfliches, es birgt jedoch einige Risiken.

Marty ist die älteste von vier Schwestern im Alter von zweiunddreißig bis vierundvierzig Jahren. Ihr Altersunterschied beträgt jeweils vier Jahre, alle sind verheiratet, haben Kinder und leben in verschiedenen Bundesstaaten. »Ich verstehe mich am besten mit Sissy, der drittältesten. Sie ist die vergnügteste und lässigste«, sagt Marty, die, wie sie selbst zugibt, von allen Schwestern die zurückhaltendste ist. »Wenn mein Status als Erstgeborene, als gute Tochter, die tut, was man ihr sagt, mich nicht daran hindern würde ... wenn ich so sein könnte wie die anderen, möchte ich wie Sissy sein. Sie ist eine Lebenskünstlerin, was nicht heißt, daß sie nicht auch ernsthaft sein kann.«

Marty braucht diese optimistische Einstellung zum Leben, denn ihre eigene Familie ist in letzter Zeit von mehreren Schicksalsschlägen getroffen worden. So wurde bei ihrer einzigen Tochter, einer hübschen, intelligenten, einundzwanzigjährigen Frau, die Hodgkinsche Krankheit diagnostiziert. Martys Ehemann wurde mehrere Male wegen manischer Depressionen ins Krankenhaus eingeliefert. Seine Behandlung ist kompliziert, weil er auf die effektivsten Medikamente allergisch reagiert. Marty mußte ihren Plan, wieder aufs College zu gehen, zurückstellen. Sie arbeitet ganztägig als Angestellte im Verkauf, da ihr Mann arbeitsunfähig ist.

Als Martys Mann zum ersten Mal ins Krankenhaus mußte, kam Sissy, um Marty beizustehen. Beim zweiten Mal, als sein Zustand noch viel schlimmer war, kam Sissy wieder. Dieses Mal reagierte Delia, die zweitälteste Schwester, die im Familienkreis liebevoll auch »die Nörglerin« genannt wurde, tief gekränkt, weil Marty sie nicht gerufen hatte, obwohl sie näher bei ihr wohnt als Sissy. (Die jüngste Schwester war nicht böse, daß man ihre Hilfe nicht angefordert hatte, denn sie war noch nicht lange verheiratet und hatte zwei Kleinkinder.) »Aber Delia war nicht die Person, die ich gebraucht habe«, erklärte Marty. »Ich brauchte jemanden, der mich aufheiterte und mich nicht noch mehr in Trübsal versinken ließ.«

Das Wort Krise stammt von dem griechischen Wort *krisis* und bedeutet »Wendepunkt«. Eine Krise muß keine Leere erzeugen. Ein Trauma oder ein Verlust kann auch den Anstoß zur Veränderung geben. Instinktiv wollen wir Krisenzeiten überstehen, und wir möchten jemanden zur Seite haben, der uns Kraft gibt. Der

natürlichste Beistand bei unserer persönlichen Krise sind unsere Schwestern. Wenn diese Krise mit unseren Eltern zu tun hat, zum Beispiel wegen zunehmender Gebrechlichkeit oder Tod, ist der Beistand der Schwestern nicht ganz selbstverständlich, da noch nicht bereinigte Differenzen und Unausgewogenheiten bei der Verantwortung eine Rolle spielen können.
Adele und Evelyn zeigten uns, daß zwei Schwestern füreinander dasein können – in der Kindheit, bei der Betreuung der Mutter und während einer persönlichen Krankheit, auch wenn sie nicht ihre geheimsten Ängste und Gefühle miteinander teilen. Sie pflegen ihre Gemeinsamkeit, indem sie jeden Sonntagvormittag zusammen telefonieren. Es mag ja sein, daß Adele ihre Freundinnen beneidet, die ein intimeres Verhältnis zu ihren Schwestern haben, aber sie versteht die Zurückhaltung ihrer Schwester, akzeptiert sie so, wie sie ist, und schätzt die Beziehung, die sie zueinander haben.

11 Veränderungen gemeinsam erleben

Wir haben gesehen, wie sich Krisen und Tragödien auf die Beziehung zwischen Schwestern auswirken können. Jetzt wollen wir uns damit befassen, wie die unvermeidlichen Veränderungen im Leben Schwestern enger zusammenführen oder diejenigen, deren Beziehung gespannt ist, noch weiter voneinander entfernen. Veränderungen zeigen den Wandel der Zeit an – von der Kindheit zur Jugend, vom Erwachsenenalter zur Lebensmitte und schließlich zum Alter. Es gibt keine Rituale oder Feiertage, um Geschwisterbeziehungen zu zelebrieren, aber es gibt Feste oder bestimmte Anlässe in unserem Lebenszyklus, die Schwestern zusammenbringen, wie zum Beispiel Hochzeiten und die Geburt von Kindern.

Meine Schwester als Brautjungfer

Die von mir interviewten jüngeren Frauen kamen unweigerlich darauf zu sprechen, daß sie oder ihre Schwester als Brautjungfer fungierten. Eine zukünftige Braut, die gern eine Freundin als Brautjungfer gehabt hätte, ärgerte es, daß ihre Mutter auf ihrer Schwester bestand, obwohl sie sich gar nicht so gut verstehen. »Wenn sie nicht meine Schwester wäre, wäre sie nicht meine Brautjungfer. Weil ich das weiß, fühle ich mich schlecht.« Eine Frau Anfang Dreißig sagte, daß sie und ihre Schwester immer

miteinander gestritten hätten. Doch als sie dann beide aufs College gingen, wären sie zu Vertrauten geworden, die sich »auf liebevolle Art und Weise ins Leben der anderen einmischten«. Sie erzählte lachend: »Meine Schwester sah es als ihr gutes Recht an, meine Brautjungfer zu sein, obwohl eine Collegefreundin es auch gern geworden wäre. Mir war es egal, oder nein, eigentlich wollte ich auch, daß es meine Schwester wird.«
Brautjungfer hin oder her, wenn eine Schwester heiratet, ist die andere immer davon betroffen. Je nach den Umständen schließen sie sich enger zusammen oder entfernen sich voneinander. Örtliche Nähe ist eine große Hilfe bei verheirateten Schwestern, aber wem ist das heute noch möglich? Die meisten der interviewten Frauen lebten nicht im selben Ort wie ihre Schwestern, manche trennte ein ganzes Land oder sogar Kontinente. Kontakt kann nur durch Telefonanrufe, Briefe und jährliche Besuche aufrechterhalten werden. Einige meinten, sie wären froh, daß ihre Männer gut mit den Männern der Schwestern auskommen. Auf diese Weise wäre es möglich, Ferien- oder Feiertage gemeinsam zu verbringen. »Es ist wirklich nicht einfach, die Beziehung zu meiner Schwester aufrechtzuerhalten«, meint eine vierunddreißigjährige Frau, die berufstätig ist und viel reist. Sie und ihre ebenfalls berufstätige Schwester versuchen, sich wenigstens einmal im Monat zu sehen, aber wie bei so vielen jüngeren verheirateten und berufstätigen Schwestern gibt es Zeiten, wo die Monate verstreichen, weil einfach »zuviel Liegengebliebenes aufzuholen ist«.

Mit dem Baby sind wir drei ...

Das erste Kind der Schwester ist oft ein einschneidendes Ereignis für die kinderlose(n) Schwester(n). Eine Erklärung dafür ist die symbiotische Verbindung, die Gleichgeschlechtlichkeit und die Gefühle, ein Baby zu halten und zu liebkosen. Wenn eine Schwester ihr erstes Kind bekommt, fühlt sich die andere Schwester »gedrängt«, ebenfalls ein Kind zu haben, obwohl sie bis dahin in ihrem Beruf aufzugehen schien. Oder eine Schwester freut sich so über das erste Kind ihrer Schwester, daß sie beschließt, »innerhalb eines Jahres« ebenfalls ein Kind zu bekommen. Wer wird die Patin? Soll das Kind nach meiner Schwester benannt werden? Hilft mir meine Schwester, wenn das Baby kommt? Ein Mädchen im Teenageralter verzichtete auf ihre Sommerferien, um ihrer Schwester mit dem neugeborenen Baby zu helfen. Eine vierzigjährige Frau schickte ihrer jüngeren Schwester für deren erstes Kind ein Paket mit guterhaltener, handgestrickter Babykleidung von ihren eigenen Kindern. Eine ledige Schwester möchte, daß ihre verheiratete Schwester »noch etwas wartet«, bevor sie wieder in ihren Beruf zurückkehrt: »Es ist zu früh nach der Geburt. Sie braucht noch Ruhe, und das Baby braucht sie.« Immer wieder wurde mir die Geschichte von der verheirateten Schwester erzählt, die ihre ledige Schwester aufnahm, als diese ein Kind erwartete.

Eine Frau, die eine Familie gründet, dient ihrer Schwester als Vorbild oder Inspiration. Wichtig für sie ist es aber auch, in dieser Situation die Anerkennung, Unterstützung und Liebe der Schwester zu bekommen. Dies hängt von dem bisherigen Verhältnis der Schwestern ab und auch von der Entwicklungsphase, in der sich die Schwestern jeweils befinden. Eine achtunddreißigjährige Frau erzählte, daß das Verhältnis zu ihrer älteren Schwester enger wurde, als ihre ersten Bemühungen, ein Baby auszutragen, fehlschlugen. Ihre Schwester, die bereits drei Kinder hat, war sehr mitfühlend. Die jüngere Schwester hat inzwischen ebenfalls ein Kind. »Auf dem College hatten wir keine enge Beziehung, doch als ich diese Schwierigkeiten hatte, ein Baby zu bekommen, sind wir zwei uns sehr nahegekommen. Ich freue mich, daß sie mehr Kinder hat. Ich liebe ihre Kinder und hege keinen Neid. Während meiner Schwangerschaft hat meine Schwester ihre Freude nicht so offen gezeigt. Ich habe das immer als sehr lieb und rücksichtsvoll empfunden.«

»Komm und besuch mein leeres Nest«

Eine andere, vorhersehbare Veränderung im Leben tritt ein, wenn die Kinder »das Nest« verlassen. Die Schwestern bemerken, daß sie dann wieder mehr Zeit füreinander haben. Für die meisten Frauen war es eine angenehme und willkommene Veränderung. Wie wir im letzten Kapitel sehen werden, bringt diese Zeit für Schwestern viele Vorteile, wie zum Beispiel gemeinsame Ausflüge an den Strand, ins Familienferienhaus, zum Schwimmen oder auch nur ins Kino, ohne daß die Kinder Druck ausüben oder man sich um sie sorgen müßte. In den letzten zwei Jahren bin ich öfter nach Milwaukee gefahren, um mit meiner Schwester Ruth im John's Sandwich Shop zu essen, ein gemütliches Lokal, wo Geschäftsleute heiße Hafergrütze essen und Senioren am Tresen sitzen. Ruth und ich wählen immer einen der zwei Tische in der Sonne am Fenster (eine weise Wahl bei einer Außentemperatur von zehn Grad unter Null), und während wir die Gerichte unserer Kindheit essen, reden und reden wir, ohne uns Gedanken machen zu müssen, wo unsere Kinder sind oder wann wir zu Hause erwartet werden.

Das Alter kann für Schwestern eine schöne Zeit sein, wenn sie sich guter Gesundheit erfreuen und noch unternehmungslustig sind. Zwei Schwestern in ihren Siebzigern erzählten mir ausführlich, wie sie mit ihren Männern im Frühjahr Europa bereisen, den Sommer in nebeneinanderliegenden Häuschen am See verbringen und im Winter gemeinsam nach Florida fliegen. »Wir waren noch nie in Alaska«, sagte die ältere, »da reisen wir als nächstes hin.«

Es gibt bedauerlicherweise aber auch viele Schwestern, die nur zwischen Krankenhaus und Altersheim hin und her pendeln, oder die ihre Schwester wegen ihres schlechten Gesundheitszustandes überhaupt nicht mehr besuchen können. »Ich möchte schöne Stunden mit meiner Schwester erleben, solange das noch möglich ist«, sagte eine siebenundsechzigjährige Frau, deren jüngere Schwester vor kurzem ihren Mann verloren hat. »Wir wissen, daß das unsere letzten Jahre sind.«

* * *

Schwestern haben ihre privaten Rituale, die nichts mit dem fortschreitenden Alter oder bestimmten Ereignissen zu tun haben müssen. Es sind kostbare liebenswerte Momente, die sich einfach so ergeben haben und die die Beziehung lebendig erhalten. Diese Rituale können schon früh beginnen. So erzählte mir eine Mutter, daß sich ihre zwei kleinen Töchter, bevor sie in ihren nebeneinanderstehenden Betten einschlafen, oft die Hand halten.

In einer anderen Familie läßt die Fünfjährige, wenn sie sich schlafen legt, ihre Tür offen. Sie weiß, daß die Schwester, die eine Stunde nach ihr zu Bett geht, immer noch bei ihr hereinschaut, bevor sie in ihr Zimmer auf der anderen Seite des Flurs geht.

Zwei Schwestern in den Sechzigern lassen sich am gleichen Tag im gleichen Friseursalon die Haare richten. Schön frisiert und

fein zurechtgemacht, gehen sie danach in ein Restaurant und anschließend zum Einkaufen.
Eine Schwester mit vier Kindern »erwartet« ihre unverheiratete Schwester »mindestens einmal im Monat« zum sonntäglichen Dinner. Diese bringt immer den Wein und den Nachtisch mit. Wenn nach dem Essen die anderen schon lange den Tisch verlassen haben, sitzen die Schwestern noch bis spätabends und reden und reden.
Da gibt es auch die verwitweten Schwestern, die zusammen zur Messe gehen und am Dienstag im Secondhandshop der Kirchengemeinde aushelfen.
Und in Dublin leben fünf Schwestern, die jeden Mittwoch gemeinsam ihre Lebensmitteleinkäufe erledigen und anschließend in einem nahegelegenen Pub einen Kaffee trinken. Jeden Samstagnachmittag ist bei der ledigen Schwester »open house« für ihre vier verheirateten Schwestern, die sie besuchen.
Ich hörte von Schwestern, die gemeinsam Schlankheitskuren machen, und von Schwestern, die miteinander singen. Es gibt Schwestern, die neunhundert Meilen entfernt voneinander leben und nachts dieselben Träume haben. Viele Frauen erzählten mir, daß sich ihre Töchter ähnlich benehmen oder die gleichen Stimmen haben wie ihre Schwestern, was ihnen das Gefühl gibt, ihre Schwestern um sich zu haben. Eine lustige Geschichte erzählte mir eine Frau, die mit ihrer Schwester, als sie beide in den Zwanzigern waren, gemeinsame Skiferien in Vermont verbrachte. Für beide endete der Urlaub im Krankenhaus, die eine hatte eine Lungenentzündung, die andere ein gebrochenes Bein. Sie litten so mit der anderen, daß diejenige mit dem gebrochenen Bein Schmerzen in der Brust bekam, und diejenige mit der Lungenentzündung Schmerzen im Bein. »Bei den Krankenschwestern hießen wir nur ›die kranken Schwestern aus Maryland‹.«

Veränderungen und die Definition des Ich

Veränderungen und Krisen haben einen Einfluß auf unsere Identität. Ich habe immer wieder erfahren, daß es Frauen leichter möglich war, ihre Schwestern während oder nach Phasen emotionalen Wachstums zu verstehen und zu akzeptieren, die häufig durch Krisen und Veränderungen in Gang gesetzt wurden. Die meisten von uns definieren ihre Identität neu nach der Hochzeit, nach der Geburt eines Kindes oder nach dem Auszug dieses Kindes. Genauso überprüfen viele nach zum Beispiel dem Tod eines Elternteils oder dem Verdacht auf Krebs ihre Lebensziele, ihren Lebenssinn, ihr eigentliches Sein. Der Wendepunkt, gleichgültig, ob er durch ein freudiges oder trauriges Ereignis ausgelöst wird, bringt uns dazu, uns erneut zu überlegen, wer wir sind. Ein elementarer Bestandteil unseres Lebenslaufs von der Kindheit bis zum Alter ist die Identität unseres Ich. Es ist manchmal eine unangenehme, meistens aber eine uns Impulse gebende Erfahrung, sich zu fragen, wer wir sind und wo uns unser Leben hinführt. Erik Erikson sagt, daß wir uns »unserer Identität am meisten bewußt sind, wenn wir dabei sind, sie zu gewinnen … oder wenn wir am Anfang einer Krise stehen und spüren, daß unsere bisherige Identität angegriffen wird«. Oft suchen Frauen während dieser Wendepunkte oder Phasen der Selbsterkenntnis eine professionelle Beratung, bei der die Vergangenheit, das Unbewußte und die Familienherkunft einer Überprüfung unterzogen wird.

Schwestern in Therapie

Zu Beginn dieses Buches habe ich festgestellt, daß die Dynamik schwesterlicher Beziehungen bei den meisten Behandlungsmethoden der Psychotherapie oder in der psychologischen Literatur nicht beachtet wird. Viele der von mir interviewten Frauen bedauerten, daß ihr Therapeut die Bedeutung der Beziehung zu ihren Schwestern »ignoriert« hat oder »einfach darüber hinweggegangen« ist. Es gibt jedoch auch einige Ausnahmen, die mich hoffen lassen, daß das Verständnis der Dynamik schwesterlicher Beziehungen einer Frau bei der Definition ihres Ich hilft.

Sheilas Therapeutin schlug vor, ihre Mutter, die gerade zu Besuch war, zu einer Therapiesitzung mitzubringen. Während der Sitzung kam es zu einer häßlichen, tränenreichen Szene, in der die Mutter ihre frühere Medikamentensucht und die Vernachlässigung ihrer Kinder abstritt und Sheila aufforderte, ihr gegenüber liebevoller und nachsichtiger zu sein. Die Sitzung war, Sheila zufolge, die reine Katastrophe. Doch die Therapeutin gab nicht auf – Wochen später schlug sie Sheila vor, sich mit ihrer Schwester in Verbindung zu setzen, mit der sie seit Jahren nicht mehr gesprochen hatte. Ganz allmählich, nach vielen Telefongesprächen und Gewissensprüfungen, kamen sich Sheila und ihre Schwester näher. Dies wäre jedoch ohne den täglichen Prozeß der Selbsterkenntnis und der Wiederentdeckung der Familienidentität nicht möglich gewesen.

Die Schrammen mit Liebe zudecken – Yvonne und Grace

Yvonne erinnert sich noch, daß sie im Alter von zwölf Jahren nachts aufwachte und hörte, wie die Eltern ihre siebzehnjährige Schwester Grace bestraften, weil diese zehn Minuten zu spät von einer Verabredung nach Hause gekommen war.

»Ich hörte meine Schwester schreien ...«, Yvonne zuckte mit den Schultern, was nicht heißen sollte, daß es ihr gleichgültig war, sondern daß ihr die Worte fehlten, diesen Horror zu beschreiben. »Heute nennt man körperliche Züchtigung ›Mißbrauch‹, aber damals war das die Art – speziell in Immigrantenfamilien –, wie Eltern mit ihren Kindern umgingen ... einfach den Gürtel, den Riemen oder sonst was rausholen.«

Yvonnes Vater kam in den frühen dreißiger Jahren in die Vereinigten Staaten – ein junger deutscher Student in Begleitung seiner schönen Braut aus Wien. Sie lebten zusammen mit einem Großteil der Familie des Vaters in der kleinen europäischen Gemeinde New Yorks. Die nicht so attraktiven Schwestern des Vaters empfanden das schöne Mädchen aus Wien als eine Bedrohung. Als Kind gab sich Yvonne die Schuld für das schlechte Familienklima.

»Ich glaube, meine Eltern erhofften sich sehnlichst einen Jungen. Alle Geschwister meines Vaters hatten mindestens einen Sohn in der Familie. Deshalb war meine Geburt, speziell für meine Mutter, eine Enttäuschung. Auch meine Schwester war nicht glücklich darüber, weil sie jetzt nicht mehr das einzige Kind war.«

Yvonne ist heute Anfang Fünfzig und sehr attraktiv. Als sie klein war, brachten ihre platinblonden Locken und rehbraunen Augen Grace so in Wut, daß sie ihr gegenüber tätlich wurde – die übliche Art in der Familie, sich mit Konflikten auseinanderzusetzen. Ich spürte, daß Yvonne die Erinnerungen zu schaffen machten. Mit leiser Stimme erzählte sie weiter: »Ich weiß nicht mehr, warum, aber ich ging mit stark zerkratzten Händen in die Schule ... Wir haben uns schrecklich gestritten, es war einfach entsetzlich. Ich mußte meinen Eltern gegenüber lügen, damit sie nicht erfuhren, daß die blauen Flecken an meinen Armen und die Kratzer an meinen Händen von meiner Schwester stammten. Grace konnte mich einfach nicht leiden, da war nichts zu machen. Ich erinnere mich noch an den Tag – ich war damals elf Jahre alt –, als ich zum ersten Mal meine Periode bekam. Ich rannte ins Haus und rief ganz aufgeregt: ›Rate mal, was passiert ist? Ich habe meine Periode.‹ Alles, was ich von meiner Schwester darauf zu hören bekam, war ein uninteressiertes ›Na und?‹ Meine Schwester wußte ihre Emotionen genau zu steuern. Wenn sie wollte, konnte sie wirklich nett zu mir sein, wenn sie es nicht wollte, änderte sie sich von einer Sekunde zur anderen, einfach so. Sie hatte eine unglaubliche Macht über mich.«

Yvonne und Grace waren beide Anfang Zwanzig und verheiratet, als ihre Eltern im Abstand von einem Jahr starben. Es ist nicht verwunderlich, daß ihr Tod die beiden Schwestern einander nicht näherbrachte. Sie waren emotional zu unreif und unfähig, die Auswirkungen ihres körperlichen Mißbrauchs und der ambivalenten Liebe zu erkennen. Yvonne ließ sich bald wieder scheiden und heiratete aufs neue, während Grace in ihrer dauerhaften Ehe sieben Kinder gebar – eine erstaunliche Tatsache, findet Yvonne, die ein Kind hat, aber die Aufopferung ihrer Schwester bewundert. Jahrelang war ihre Beziehung indifferent, aber höflich, bis vor zehn Jahren bei einer Einladung zum Abendessen der Graben wieder aufgerissen wurde. Als die Gäste über Familienerinnerungen zu plaudern begannen, erzählte Yvonne von ihrer unglücklichen Kindheit. Grace erklärte daraufhin, daß sie sich an Erlebnisse mit den Eltern, wie Yvonne sie geschildert hat, nicht erinnern könnte. »Ich wußte verdammt gut, daß sie genau dieselben Erfahrungen gemacht hatte, sie konnte nur nicht darüber reden«, meinte Yvonne. Die Schwestern sprachen fast drei Jahre nicht miteinander. Als sie sich dann einmal doch wieder trafen, kam es zu einer Auseinandersetzung über etwas, an das sich Yvonne nicht einmal mehr erinnern kann.

»Wir haben uns nicht beschimpft ... Mir war nur klar, daß ich sie nicht mehr sehen wollte.«

Die Jahre vergingen. Yvonne machte Karriere in der Werbung. In ihrer Ehe lief es hingegen nicht gut, sie kam sich oft dumm und unzulänglich vor. Bei ihren Kunden und Kollegen galt sie als intelligent, erfolgreich und qualifiziert. Zu Hause stand sie der ständigen Kritik ihres Mannes hilflos gegenüber. Er, ein erfolgreicher Geschäftsmann, der stolz auf das von ihm Erreichte war, kritisierte Yvonne bei der kleinsten Gelegenheit. Immer wenn sie sich halbherzig mit ihm auseinandergesetzt hatte, überkam sie stets das Gefühl, entweder »zu lügen oder nicht normal zu sein«.

»Ich glaube, die Erinnerung an die Ablehnung durch meine Schwester hat sich auf die Beziehung zu meinem Mann übertragen, von dem ich mich auch abgelehnt fühlte«, sagt Yvonne. »Ebenso habe ich die Ablehnung durch meine Mutter auf ihn übertragen. Das dreht sich alles immer im Kreis. Ich habe das in den letzten acht Jahren in meiner Therapie herausgefunden. Ich habe die Ablehnung durch meine Mutter und meine Schwester überwunden. In der Therapie habe ich sogar ganz offen gesagt: ›Ich habe meine Mutter und Schwester geheiratet.‹«

Vor drei Jahren erfuhr Yvonne von einem Familienmitglied, daß Graces Ehemann am offenen Herzen operiert werden mußte. Ohne zu zögern rief Yvonne bei Grace an, und nach ein paar unbeholfenen Sätzen redeten sie über die Herzkrankheit und später dann auch darüber, daß sie sich so lange nicht mehr gesehen hatten. Yvonne: »Ich faßte mir ein Herz und sagte ihr, ich hätte sie vermißt, worauf sie mir entgegnete: ›Um ehrlich zu sein, ich war drauf und dran, bei dir anzurufen.‹« Am darauffolgenden Weihnachtsfest – nachdem Yvonne ständig mit ihr Kontakt gehalten hatte und nachdem Graces Ehemann wieder auf dem Weg der Besserung war – trafen sich die Schwestern, um über die Vergangenheit zu sprechen. Im Laufe dieses Gesprächs gab Grace zu, daß sie bisher nicht anders konnte, als ihre Kindheit zu verdrängen. Sie sprachen über ihr »gemeinsames Leid«, und Yvonne nahm Graces Entschuldigung für ihr damaliges »barsches Benehmen« dankbar an.

Heute telefonieren die beiden alle zwei Wochen miteinander und besuchen sich, sooft ihre zahlreichen Verpflichtungen es zulassen. Als Yvonne letztes Jahr eine Lungenentzündung hatte, war Grace »sehr besorgt« um sie. Dieses Jahr möchten sie eine Woche Ferien machen – nur sie beide ohne ihre Ehemänner.

Dadurch, daß sie über das Leben ihrer Mutter nachgedacht hat, war es Yvonne möglich geworden, sich und ihre Schwester besser zu verstehen. Ihre Mutter hat ihre gesamte Familie und alle Freunde in Wien zurückgelassen. »Sie war depressiv und hat die Enttäuschung und den Frust ihres eigenen Lebens an uns weitergegeben.« Natürlich gibt es für körperliche Züchtigungen keine Entschuldigung, aber Yvonne sieht das heute im Zusammenhang mit der Isolation ihrer Mutter und deren Bedürfnis nach Liebe und Anerkennung.

Durch die Wiederversöhnung mit ihrer Schwester und durch die Arbeit in ihrer Therapie hat Yvonne »zu sich selbst gefunden«. Mit ihren Gefühlen der Unzulänglichkeit ihrem Mann gegenüber kann sie besser umgehen, seit sie ihn aufforderte, seine Kritik offen mit ihr zu diskutieren. Sie ist sich auch bewußt, wie vertrauensvoll, aber auch direkt, sie mit ihren Freunden umgeht. Sie kann ihrem Ärger Ausdruck verleihen und ihre Standpunkte energisch vertreten, ohne Angst vor Zurückweisung zu haben.

Verhält sie sich auch so bei ihrer Schwester?

»Ich glaube, ich könnte es, wir haben enorme Fortschritte in unserer Beziehung gemacht. Aber ich darf nicht vergessen, daß Grace das einzige Familienmitglied ist, das wirklich weiß, was es bedeutet hat, in solchen Familienverhältnissen aufzuwachsen. Ich möchte diese andere Perspektive nicht verlieren. Deshalb möchte ich nichts tun, was unserer Beziehung schaden könnte, natürlich ohne dabei meine Gefühle, Gedanken oder Wertmaßstäbe kompromittieren zu müssen.«

Veränderungen und Krisen in unserem Leben befähigen uns, uns selbst und unsere Beziehung zu unseren Schwestern zu überprüfen. Wenn wir zu den Glücklichen zählen, die gute Kontakte zu unseren Schwestern haben, ist es sehr wahrscheinlich, daß wir uns an sie wenden und von ihnen Unterstützung und Bestätigung erhalten. Doch gleichgültig, wie gut oder schlecht unser Kontakt ist, es existiert ein natürliches Band zwischen Schwestern, wenn Veränderungen in unserem Leben uns erschüttern oder herausfordern. Wir haben von Marty gehört, die sich an ihre lebensfrohe Schwester Sissy wandte, um bei ihr während der Krankenhausaufenthalte ihres Mannes Trost und Halt zu finden. Ihr Verhalten enttäuschte Delia, ihre ernste Schwester, und obwohl Delia und Marty nie »enge Vertraute« waren, wurde Marty bei dieser Gelegenheit bewußt, daß sie Delias Liebe nicht verlieren möchte. Sie ist dabei zu folgender Überzeugung gekommen:
»Ich möchte nie vor einer meiner Schwestern die Tür zuschlagen. Ich möchte nie aus irgendeinem dummen Grund die Verbindung zu meiner Familie abbrechen. Man muß sagen können, daß es einem leid tut – oder was weiß ich – und die Tür sofort wieder aufmachen. Ich weiß nicht, warum, aber meine Schwestern sind für mich sehr wichtig.«

12 Lösungen und Überlegungen

Romanschriftsteller behaupten oft, daß sie selbst überrascht sind, was beim Schreiben ihrer Geschichte herauskommt. Dasselbe Überraschungsmoment kann sich auch beim Schreiben von nicht erfundenen Geschichten ergeben. Ich begann dieses Buch, als ich beunruhigend nahe daran war, mich selbst, meine ursprüngliche Familie und ganz besonders auch mein Verhältnis zu meiner Schwester Mary und meinem Vater zu verstehen. Ich machte mir keine Illusionen, daß dieses Buch meine vagen, ambivalenten Gefühle gegenüber Mary klären würde. Mary ist jünger als ich und mir trotzdem, wie es scheint, Welten voraus, was Ungebundenheit und Lebenserfahrung betrifft. Ich dachte, naiv genug, daß ich objektiv bleiben und mein Werk beenden könnte, ohne tiefer in meine persönliche Angelegenheit der Aussöhnung mit der Schwester zu dringen. Da habe ich mich geirrt. Aber es war nicht allein das Buch, das mir meine Schwester in einem anderen Licht zeigte, ein unvorhergesehenes Ereignis spielte dabei eine noch größere Rolle.

Letzten Winter rief mich Mary am späten Vormittag an, als ich gerade am ersten Kapitel des Buches arbeitete. In dem Moment, als ich ihre Stimme hörte, fiel mir ein, daß es ihr sechsundvierzigster Geburtstag war und ich vergessen hatte, ihr ein Geschenk oder wenigstens eine Karte zu schicken – ein sehr ungewöhnliches Versehen für jemanden wie mich, der großen Wert auf das Feiern von Geburtstagen legt. Doch Mary schien mir nicht böse zu sein. Anscheinend hatte ihr Tag sehr schön und romantisch begonnen. Bob, ihr Verlobter, hatte ihr einen Geburtstagsring (zusätzlich zu ihrem Verlobungsring) geschenkt, und sie waren sich über den Hochzeitstermin einig geworden.

»Willst du meine Brautjungfer sein?« fragte mich Mary mit der aufgeregten Stimme einer Zwanzigjährigen, die sich aufmacht, ihre Brautausstattung zu kaufen. Ihre Frage traf mich vollkommen unvorbereitet, es schnürte mir den Hals zu, und eine immense Traurigkeit überfiel mich. Wie lieb von ihr, mich das zu fragen. Wie typisch für sie, mit sechsundvierzig Jahren noch so ein Glück zu finden.
»Wie denkst du darüber?« Mary schien mein Zögern zu bemerken. Meine Worte überraschten mich selbst. »Ich glaube, ich bin dir keine gute Schwester gewesen, Mary«, sagte ich und versuchte, meine Stimme nicht so melodramatisch klingen zu lassen.
»Jede von uns führt zwar ein anderes Leben«, meinte daraufhin Mary, »aber ich hatte immer das Gefühl, daß du für mich da bist.« Sie hat sich schon immer so gut ausdrücken können.
Ich sagte mir, es hat keinen Sinn, am Telefon von meinem Neid ihr gegenüber zu sprechen. Und warum habe ich eigentlich das Gefühl, eine unwürdige Brautjungfer zu sein? Überhaupt »Jungfer«, so ein blödes Wort. Mein innerer Aufruhr legte sich wieder, als wir in den nächsten fünfzehn Minuten, unterbrochen von viel Gelächter, über die Farbe unserer Kleider, die Blumen und die Musik schwatzten. Beim Verabschieden vergaß ich »Ich liebe dich« zu sagen, ein Telefonritual unter den weiblichen Mitgliedern unserer Familie. Mary sagte es schön und deutlich, und ich hatte gerade noch den Bruchteil einer Sekunde Zeit, vor dem Auflegen die drei magischen Worte hervorzustoßen.
Drei Monate später flog ich nach Arizona zu Marys Hochzeit, entschlossen, das Fest uneingeschränkt zu genießen. Da mein Mann und meine Kinder nicht mitkamen, reiste ich zusammen mit meiner Schwester Ruth, die ebenfalls ohne Familie war. Janet kam mit Mann und Kindern und meiner Mutter. Mein jüngster Bruder brachte seine Frau Chris und den damals einjährigen Sohn Nels mit. (Mein Bruder Dick konnte nicht kommen. Mein verstorbener Bruder Bob war in unseren Gedanken anwe-

send.) Wir versammelten uns alle am Flughafen von Tucson, wo die meisten zum ersten Mal Marys Verlobten sahen, der sich etwas verwirrt, aber tapfer, diesem schwatzenden Haufen stellte. Wir redeten den ganzen Weg hinaus zum Parkplatz, wo wir in unserer aufgeputschten Stimmung die ungewohnte Hitze kaum zur Kenntnis nahmen. In den folgenden Tagen bewegten wir uns in kleineren Familiengruppen, um uns dann alle bei den ausgedehnten Mahlzeiten wiederzufinden. Wir waren erneut eine Familie, die ihre Wurzeln im Mittleren Westen hat, und wir waren hier, um eine Hochzeit in der faszinierenden Umgebung von Kakteen und Bergen zu feiern. Als Mary bei der Trauungszeremonie dann im Mittelpunkt stand, habe ich mich für sie gefreut. Dank der Frauen, die ich für dieses Buch interviewt habe, sah ich Mary mit neuen, verständnisvolleren Augen. Nachdem ich Jahre gegen Gefühle der Minderwertigkeit und Ablehnung gekämpft habe, ist mir endlich klargeworden, daß Mary nicht verantwortlich war für meine Angst, von den Männern, die ich liebte, verlassen zu werden. Sie hat die Beziehung, die sie zu meinem Vater hatte, nicht allein »gestaltet«. Sie hat in mir nicht absichtlich die Gefühle geweckt, die zu einem gewohnheitsmäßigen Mißtrauen gegenüber jüngeren, intelligenteren Frauen führte. *Ich* bin auf die Welt gekommen mit dem starken Verlangen, geliebt zu werden und zu gefallen, und *ich* war es, die sich gehorsam Umständen anpaßte (statt dagegen zu rebellieren). Betrachtet man unsere Geburtenfolge, den Alkoholismus unseres Vaters, seine langen Abwesenheiten und seinen eigensinnigen Glauben an den unterschiedlichen Wert von Männern und Frauen, konnten Mary und ich gar keine andere Beziehung entwickeln. Vom Kleinkind- bis ins frühe Jugendalter erzählte mein Vater jeder von uns beiden, daß wir seine »First Ladies« wären, umwarb uns so, als ob er keine Ehefrau hätte, und erwartete von uns, daß wir uns um die jüngeren Geschwister kümmerten. Wir waren wie Rahel und Lea im Buch Mose, die sich den Ehemann teilten, dem

sie es nicht recht machen konnten. Als ich dann von zu Hause wegzog, um an der Ostküste zu leben, hielt ich mich vom Familiengeschehen fern und beschäftigte mich mit meinen eigenen Kindern. Aber ich litt darunter, daß mein Vater, ein verschlossener, hitzköpfiger Mann, mit Mary verbunden blieb, die nicht so weit weg wohnte und ihm anscheinend Paroli bieten konnte, wenn es um Politik oder Wertvorstellungen ging.
Zu dieser Geschichte gehört natürlich noch viel, viel mehr – aber das meiste betrifft Familienmitglieder, die noch leben und deren Privatsphäre respektiert werden soll. Nach dem Tod meines Vaters und meines Bruders habe ich mich einer Therapie und Psychoanalyse unterzogen und dabei gelernt, meine Ängste vor Trennung und Verlassenwerden zu verstehen und mich selbst als vollwertige Person zu sehen. Unabhängig davon habe ich mich auch bemüht, die »Fakten« meiner Kindheit herauszufinden. Ich wollte das gesamte »emotionale Erbe«, das mir meine Geschwister vermacht haben, verstehen. So las ich also die Briefe, die mir Mary vor vielen Jahren geschrieben hatte, immer und immer wieder, und rief mir Details unserer Familiengeschichte ins Gedächtnis, die ich verdrängt und »vergessen« hatte, weil ich erst langsam in der Lage war, mich damit zu beschäftigen. Bei meinen Besuchen zu Hause hörte ich sehr genau zu, wenn in der Familie von früheren Zeiten erzählt wurde. Da mir klar war, daß Mythen oft die Realität ersetzen, hielt ich mich an das, was mir »vertraut« vorkam. Und als ich schließlich an diesem Buch arbeitete und andere Frauen über ihre ambivalente Liebe, über Neid, Rivalität und Selbstwertgefühle sprachen, brachte ich unbewußt ihre Gefühle mit mir in Verbindung. Wochenlang erwachte ich aus unangenehmen, beängstigenden Träumen, in denen ich die Schrecken des Verlassenwerdens und die unterdrückte, durch Eifersucht erzeugte Wut meiner Kindheit noch einmal durchlebte.

Als diese Träume vorüber waren, wuchs in mir ein Gefühl des Staunens und der heiteren Ruhe, weil ich meine Gefühle Mary gegenüber zu verstehen begann und weil mir auch klar wurde, daß ich diese Gefühle auf Frauen, die ihr glichen, übertragen hatte. Ihr Einfluß auf mein Leben als Schwester und als Frau ist eindeutig und wird auch andauern, selbst wenn wir manchmal nur zum Jahreswechsel oder an Feiertagen miteinander reden. Und obwohl ich soviel an mir gearbeitet und soviel verstehen gelernt habe, habe ich meinen Neid und meine Angst, ersetzt zu werden, noch nicht vollständig verloren. Ich werde diese Gefühle auch nie völlig verlieren, genausowenig wie meinen Akzent des Mittleren Westens. Doch diese Gefühle machen mir nicht mehr soviel aus. Wichtiger noch, ich habe es satt, mich auf die »Probleme« in unserer Beziehung zu konzentrieren. Zur Abwechslung möchte ich meine Aufmerksamkeit auf die Stärken von Mary und mir richten, die – ironischerweise – oft dieselben sind und derer sich mein Vater bediente.

Einen Monat nach der Hochzeit bekam ich einen Schnappschuß von uns beiden zu sehen. Ich war damals acht Jahre alt und Mary vier. Mit dem Rücken zum See stehen wir auf einem breiten Landungssteg und blinzeln in die Mittagssonne. Wir tragen beide ein Satinunterkleid unserer Mutter und weiße, gestärkte Matrosenhüte auf dem aufgesteckten Haar. Die linke Hand auf unsere mageren Hüften gestützt, die rechte Hand weit vorgestreckt, geben wir vor, auf der Bühne zu stehen und eine Show mit Tanz und Gesang darzubieten. Ich liebte es, »Musical« zu spielen, und ich hatte ganz vergessen, daß Mary mir jede Bewegung nachzumachen pflegte. Das Foto hängt nun an meiner Bürowand vor meinem Computerbildschirm. Es ist eine ständige Erinnerung, daß es auch gute Zeiten gab, gemeinsame Spiele und Sommernachmittage – und daß nicht immer nur ich nach Mary schielte.

Mary ist meine Seelengefährtin und meine Antithese. Sie macht ihre Tanzschritte nicht mehr synchron zu den meinen. Heute kann ich Mary für ihre Zukunft alles Glück wünschen. Ich liebe sie aufrichtig, genauso wie ich Ruth und Janet liebe. Erst heute kann ich das in aller Ehrlichkeit sagen.

»Glückliche Familien ähneln sich alle. Jede unglückliche Familie ist auf ihre eigene Weise unglücklich.« Tolstojs Weisheit läßt sich auch auf dieses Buch anwenden. Es war nicht meine Absicht, nur interessante, komplexe Geschichten aus Problemfamilien zu zeigen, doch als ich das Material aus den Interviews sichtete, erwies es sich, daß die Mehrzahl der Schwestern auf irgendeine Art Schwierigkeiten in ihren Ursprungsfamilien hatte. Die Berichte der wenigen Schwestern, bei denen dies nicht der Fall war, sind zwar schön, aber eher langweilig. Ihre Geschichten wurden natürlich auch in das Buch aufgenommen, aber sie treten nicht so hervor wie die komplexeren Erzählungen. Wenn ich mich darauf beschränkt hätte, den gegenwärtigen Zustand der schwesterlichen Beziehungen zu beschreiben, wäre nicht soviel von Alkoholproblemen, Inzest, Mißbrauch, Verlassenwerden und physischen und psychischen Krankheiten die Rede. Doch weil ich die gegenwärtige Beziehung mit der Familiengeschichte in Zusammenhang gebracht habe, sind wir Zeuge von viel Leid geworden, aber wir haben auch gesehen, daß es Lebensfreude, Stärke und Tapferkeit in den Familien gab. Mein Ziel ist es nicht, mich auf die Probleme oder die Stärken der Familien zu konzentrieren. Ich möchte vielmehr zeigen, daß Familienmitglieder – in unserem Fall Schwestern – das, was in der Familie geschehen ist, die Familiengeschichte also, verschieden sehen und interpretieren. Ich möchte meinen Bericht vervollständigen, indem ich die unterschiedlichen Wege aufzeige, wie Frauen erfolgreich gelernt haben, ihre Rollen und Perspektiven zu erkennen und sich ihnen zu stellen. Bei mir geschah dies zu einer Zeit in meinem Leben, wo ich bereit war, eine Selbstanalyse zu wagen. Die Hochzeit meiner Schwester diente lediglich dazu, das Verstehen zu ermöglichen; eine Kombination von Faktoren hatte mich bereits emotional darauf vorbereitet – mein Alter, mein Verlangen, etwas zu verändern, und meine Arbeit an diesem Buch. Andere Frauen haben andere Beweggründe, wie zum Beispiel das Alter, die Betreuung eines Elternteils oder einfach nur das richtige Gefühl während eines gemeinsamen Mittagessens. Und weil Schwestern Frauen sind, erkennen sie intuitiv die Signale für das Verstehen und die Wiederversöhnung und reagieren darauf.

Wir zwei, ganz allein in einer Hütte

Der hervorragende Film *Wale im August* handelt von zwei älteren Schwestern – Sarah (Lillian Gish) und Libby (Bette Davis) –, die zusammen in einem Haus auf einer Insel vor der Küste von Maine leben. Die sehr unterschiedlichen Schwestern verbringen ihre Tage mit der Erinnerung an die Vergangenheit. Der große Wunsch der lebensfrohen, liebenswürdigen Sarah ist ein Panoramafenster im Wohnzimmer, damit sie das Meer und den Wechsel der Jahreszeiten beobachten kann. Dies wird ihr von der verbitterten Libby, die ihre Sehkraft verloren hat, aber die Finanzen kontrolliert, mit der Begründung der Geldverschwendung verweigert.
»Seit fünfzehn Jahren sorge ich für dich«, schnauzt Libby sie an. »Du schuldest mir Dank.«
Sarah, die das Haus in Ordnung hält, die Mahlzeiten kocht und alle Bedürfnisse ihrer Schwester mit viel Liebe erfüllt, antwortet darauf lediglich: »Dann sind wir quitt für diese fünfzehn Jahre.«
Später, als die Auseinandersetzung vorbei ist, sagt Sarah nachdenklich: »Wir sind so verschieden, du und ich.«
»Wir beide sind aus demselben guten Holz geschnitzt, Sarah«,

korrigiert Libby ihre Schwester. »Und wir haben herzlich wenig Zeit, das zu vergessen.«
Schließlich läßt die Schönheit und Beständigkeit ihrer Umgebung die beiden einander näherkommen. Als sie auf den blumenübersäten Klippen über dem Meer spazierengehen, beschreibt Sarah Libby, wie sie die Wale sehen kann. Diese stützt sich zufrieden auf den Arm der Schwester und kramt beglückt in Erinnerungen aus ihrer Kindheit.

Die meisten Schwestern haben wenig Zeit füreinander. Doch wir alle lieben es, an starke Familienbande zu glauben, die man nicht einfach ignorieren kann. Frauen, die sich dessen bewußt sind, erzählten mir, daß sie die Beziehung zu ihrer Schwester erneuert haben, indem sie sich zum Beispiel gemeinsame Ferientage ohne Ehemänner und Kinder gönnten. Bei meiner Freundin Lynn vergeht die Zeit immer viel zu schnell, wenn sie sich mit ihren zwei Schwestern drei oder vier Tage an einen gemeinsam ausgewählten Ort zurückzieht. Katie, eine andere Freundin, fährt seit fünfzehn Jahren mit ihren Schwestern in ein Camp nach Colorado: »Das ist ein Geschenk, das wir uns selbst machen.«
Nicht alle Frauen können ihre Familien eine ganze Woche sich selbst überlassen. Manche können nicht anders, als Ehemänner und Kinder mitzunehmen. Doch abends ist dann vielleicht Zeit für einen Strandspaziergang oder morgens für ein Frühstück nur mit den Schwestern. Schwestern aus einer anderen Familie lösten das Problem, indem sie für ihre gemeinsame Woche am Meer eine Anzahl Babysitter engagierten. Eine dreiundvierzigjährige Frau berichtete, daß ihr erster Urlaub mit ihren drei Schwestern am Meer ein »totaler Fehlschlag« war. »Es regnete fünf Tage und Nächte in Strömen.« Die ersten zwei Tage waren sie mit Reden und Essen beschäftigt. Doch danach gingen sie sich in der Enge der Hütte ganz schön auf die Nerven.

Für manche Frauen hat der bloße Gedanke an gemeinsame Ferien etwas Bedrohliches. Eine Frau meinte, daß sie es in Betracht zieht, es aber »ein schwieriger Entschluß« ist, den sie sich reiflich überlegen muß. Sie befürchtet, der unterdrückte Ärger über das, was gewesen ist, könnte an die Oberfläche kommen. Sie weiß um die Gefahr, zuviel zu sagen und einander weh zu tun. Gleichzeitig ist ihr aber auch bewußt, daß sie die Möglichkeit, es immer wieder hinauszuschieben und so nie zu einer Wiederannäherung zu kommen, noch mehr fürchtet. Reflektion und Akzeptanz benötigen ihre Zeit. Viele Frauen erzählten, daß sie von der Reaktion der Schwestern überrascht waren – im guten wie im schlechten. Die Lektion, die sich daraus ableiten läßt, scheint zu heißen: Wir sollten uns die Reaktion nicht vorstellen.

Im ersten Kapitel haben sie Peg und Tess kennengelernt, zwei der drei Schwestern, die sich nach ungefähr zwanzig Jahren der Trennung wieder versöhnt haben. Als die drei Schwestern sich im Sommer in Washington trafen, machte sich jede insgeheim Sorgen, wie sie die drei gemeinsamen Tage verbringen wollten. Sie lösten das Problem, indem sie, wie Peg es ausdrückte, »die Natur zu unserem Begleiter machten«.

»Wir haben die Ausflüge nicht geplant. Es hat sich einfach so ergeben«, erzählte Peg begeistert. »Wir gingen hinaus in die Natur, machten endlose Spaziergänge im Arboretum von Great Falls und stellten Betrachtungen über die Pflanzen und Bäume an.« Beim Erzählen kamen Peg die Tränen. »Das haben wir schon als Kinder gemacht, als wir (in Chile) unter den Bäumen mit den Tieren spielten. Wir sind instinktiv an diesen Ort gegangen. Die Stimmung war friedlich und liebevoll, ohne irgendeinen Mißton. Und beim Frühstück sprachen wir dann über die Hühner und die Eier, die wir einst hatten.«

Tess, die weniger Gefühlsbetonte, stimmte ihrer Schwester etwas

zögernd bei: »Ich empfand die Atmosphäre auch als sehr schön, hatte aber auch Angst, daß es zu Gefühlsausbrüchen kommen könnte, vor denen ich dann zurückgeschreckt wäre. Nichts dergleichen geschah. Alles war friedlich.«
Meine Freundin Punch war stolz auf sich, weil sie in den Ferien, die sie mit ihrer Schwester Judy verbrachte, ihre Angst vor dem Schnorcheln in tiefen, unbekannten Gewässern besiegt hatte. Für Punch war der Sieg symbolisch für ihre Schwesterbeziehung. (Als Judy zwei Jahre alt war, reiste sie mit ihrer schwangeren Mutter von Südamerika in die Vereinigten Staaten auf einem Ozeandampfer, der für die Unterhaltung der kleinen Passagiere »Punch and Judy Shows«* veranstaltete. Die kleine und einsame Judy entschied bei dieser Gelegenheit, daß das neue Baby ihre Schwester sein wird und »Punch« heißen sollte.) Nun, über vierzig Jahre später, begleitete Judy Punch durch das blaue Wasser immer weiter weg von Boot und Führer und zeigte ihr die Seeschildkröten und die farbigen Fische. »Ich dachte, alles ist in Ordnung. Sie ist ja bei mir. Ich war in Sicherheit«, sagte Punch.
Manche Frauen können nicht auf Strandspaziergänge oder sonstige ruhige Stunden warten, sie wollen lieber gleich den Dingen auf den Grund gehen, auch wenn sie dabei viel riskieren. Emily (siehe Kapitel 5) hatte vierzig Jahre lang eine »höfliche, distanzierte« Beziehung zu ihrer Schwester. Nach dem Tod der Mutter und der Scheidung von Emily kamen die Schwestern wieder zusammen, aber es gab immer noch Mißstimmigkeiten zwischen ihnen, die ausgebügelt werden mußten. Sie hatten die Idee, sich in einem Motel zu treffen, das auf halbem Wege zwischen Emilys und Beas Wohnort lag. Dort verbrachten sie drei Tage und zwei Nächte, redeten, aßen, weinten, lachten und »schliefen so gut wie nie«.
Haben sie auch gestritten?

* Kasperletheater (A. d. Ü.)

»Meine Schwester und ich nennen es ›Rückschau halten‹«, erklärte Emily. »Bea sagte Sätze wie: ›Ich war immer eifersüchtig auf deine Korkenzieherlocken. Mutter schnitt meine Haare immer ganz kurz, weil sie für eine andere Frisur zu dick waren. Aber mit deinen Locken gab sie sich stundenlang ab.‹
Oder Bea hörte, wie Mutter zu mir sagte: ›Gott sei Dank bist du klug und nicht hübsch.‹ Sie war daraufhin gekränkt, weil es bedeutete, daß sie hübsch, aber nicht klug war. Das hat ihr ganzes Leben geprägt. Sie hat die Schule nicht beendet, dabei ist sie genauso klug wie ich.«
Rosemary (siehe Kapitel 4) verbrachte einen Monat gemeinsam mit Stella in deren Wohnung. Dabei legten sie Wert darauf, daß jede Zeit und Raum für sich hatte. Rosemary: »Jede hatte ihr eigenes Schlafzimmer und jede ihre eigene Lektüre. Ich ging allein spazieren und einkaufen. Wir waren also nicht ständig zusammen. Wir hatten eine schöne Zeit. Ich hätte nicht geglaubt, daß es so gut gehen wird.«
Am Ende der Interviews wurde häufig noch das Thema »Zusammenleben« angeschnitten. Die Reaktionen reichten von ›nie im Leben‹ bis ›das wäre phantastisch‹. »Wir könnten uns niemals die Küche teilen«, erklärten drei Schwesternpaare. Eine fünfundachtzigjährige Frau, deren Schwester nicht mehr lebt, erinnerte sich noch daran, daß sie und ihre Schwester einmal gefragt wurden, ob sie nicht zusammenziehen wollten, da sie doch beide Witwen und gute Freundinnen wären. »Wir haben uns nur angeschaut und zu lachen begonnen.«
Das ist ein sehr schönes Beispiel von Schwestern, die über ihre Beziehung und ihre Person nachgedacht haben. Sie wissen um ihre Gefühle, und sie gestehen sich eine eigenständige Identität zu, ohne daß dies der Liebe und dem Respekt füreinander abträglich ist. Sie können über ihre Verschiedenheit lachen und sich darüber freuen.

Sich in die Kindheit zurückversetzen

Eine Frau erfuhr vor kurzem von ihrer alten Tante, daß sie und ihre Schwester – sie war damals zwei, ihre Schwester sechs Jahre alt – wegen einer schweren Erkrankung der Mutter getrennt wurden. »Weil ich die Jüngere war und mehr Aufmerksamkeit benötigte, wurde ich bis zur Genesung meiner Mutter zu meiner Großmutter gebracht. Meine Schwester durfte zu Hause bleiben. Wie mir die Tante erzählte, näßte ich während dieser Zeit ins Bett, verweigerte das Essen und wich meiner armen Großmutter nicht von der Seite.« Noch Jahre danach empfand sie ihre Schwester als »privilegiert« und verübelte ihr alles, was ihr im Leben gelang. Dieses Neidgefühl stieg auch immer in ihr auf, wenn ihre Freundinnen mehr Glück mit ihren Kindern, Jobs oder Ehemännern zu haben schienen. Ihre Mutter hat ihr nie von dieser Trennung erzählt. Als die Mutter genesen und die Familie wieder vereint war, sprach niemand mehr von dieser Trennung der Schwestern, aber die Gefühle zwischen den beiden wurden bis in die nächste Generation weitergegeben.
Doch alle Selbstanalyse der Welt vermag die Probleme zwischen Schwestern nicht immer zu lösen. Manchmal erfordert es Detektivarbeit, das bedeutet, eine Frau kehrt an den Schauplatz ihrer Kindheit und Jugend zurück und sucht nach Anhaltspunkten in ihrer Vergangenheit und nach Verhaltensmustern, die sich in ihrer eigenen Familie und Freunden gegenüber wiederholen. Wenn wir Familienmitglieder besuchen und hören, wie sich diese an Familienereignisse erinnern, kann es uns helfen, unser Verhalten anderen gegenüber zu verstehen. Wie mir eine Frau erzählte, hatte sie sehr schnell gelernt, daß ihre Mutter nichts von ihrem Interesse an Einzelheiten aus der Familiengeschichte wissen durfte. »Sie hörte auf zu reden, wenn sie das Gefühl hatte, ich wäre hinter gewissen Informationen her. Ich wartete deshalb, bis

wir zum Einkaufen fuhren oder die Küche putzten. Wenn wir uns dabei unterhielten, führte dann eine Erinnerung zur anderen.«
Eine fünfundvierzigjährige Frau nahm die Unterhaltung mit ihrem achtundsiebzigjährigen Vater auf Band auf. Er erinnerte sich dabei an seine Kindheit mit einem schrecklichen Vater, einer unfreundlichen Mutter und drei hochnäsigen Schwestern. Als sie das Band ihrer vierzigjährigen Schwester vorspielte, war sie erstaunt über deren heftige Reaktion. »Ich glaube nichts davon. Dad hat das alles erfunden.«
»Was sollte ich machen?« fragte mich die ältere Schwester. »Alles, was Vater gesagt hat, vergessen? Ich glaubte ihm. Aber meine Schwester tat mir leid. Es hat sie sichtlich erschreckt, daß Vater sich so frei geäußert hat.«
Meines Erachtens ist es in diesem Fall weniger wichtig, was der Vater gesagt hat oder ob das, was er gesagt hat, auch tatsächlich wahr ist. Interessant ist, wie die Schwestern auf seine Erinnerungen reagiert haben. Die jüngere Schwester glaubte ihm nicht und konnte keine Nachsicht für ihn aufbringen. Sie hat von ihrem Vater weder als Kind noch als Erwachsene viel Zuneigung erfahren. Die ältere Schwester glaubte ihm pflichtschuldigst, hatte aber gleichzeitig so viel Mitgefühl mit ihrer Schwester, daß sie sich auf keine Diskussion einließ und die Angelegenheit nicht mehr ansprach. Beide Schwestern verhielten sich dem Vater gegenüber weiterhin so, wie sie es die letzten vierzig Jahre getan hatten.

Der Psychiater und Autor Dr. Edward W. Beal sagt: »Es ist wichtig, ›Fakten‹ zu sammeln, genauso wichtig ist es aber auch, darauf zu achten, wie die Vorfahren reagierten und wie man selbst auf das Wissen über sie reagiert. Die Reaktionen sind oft wichtiger als die Fakten.« (Telefon-Interview)
Am Anfang des zweiten Kapitels erzählte ich von Rebecca, die verwirrt war, weil eine Tante ihr verraten hatte, daß sie neben

ihrer jüngeren Schwester noch eine Schwester habe, die vor der Eheschließung der Eltern geboren worden war. Rebecca hatte sich überlegt, ob sie nach dieser älteren Schwester suchen sollte, war sich aber nicht sicher, ob die ganze Geschichte der Wahrheit entsprach, und sie wagte es nicht, ihren todkranken Vater mit dieser Frage zu konfrontieren. Nach einiger Zeit rief Rebecca bei mir an. Sie war sehr durcheinander, als sie mir ihre ziemlich unwirkliche Geschichte, die aber den Tatsachen entsprach, erzählte. Ihr Vater war vor ein paar Tagen gestorben. Nachdem sie von seinem Tod benachrichtigt worden war, gingen sie und ihr Mann zu ihm nach Hause, um sich seines Haushalts anzunehmen. Sie entdeckten dabei ein Tagebuch, auf dessen erster Seite die Namen seiner *drei* Töchter standen. Es war also tatsächlich so, daß sie noch eine Schwester hatte, eine Schwester, die sie nicht kannte. Nach kurzem Suchen fand sie in *drei* seiner Tagebücher den Namen und die Telefonnummer ihrer »neuen« Schwester Cheryl. »Er hat sie sehr geliebt«, erzählte sie, und Neid klang aus ihrer Stimme, »wir stießen überall auf ihren Namen.«

Sie wollte sofort mit Cheryl sprechen. Etwas unsicher, aber auch erwartungsvoll, wählte sie die Telefonnummer. Sie hatte sich vorgenommen, bei ihren Enthüllungen sehr behutsam vorzugehen. Doch Cheryl war überhaupt nicht überrascht. Sie wußte alles über Rebecca. Man hatte ihr, die als Säugling adoptiert worden war, erzählt, ihre Mutter wäre bei der Geburt gestorben. Zehn Jahre vor Rebeccas Anruf hatte sie über die Sozialbehörde ihres Landkreises nicht nur herausgefunden, wer ihr eigentlicher Vater war, sondern auch die Wahrheit über ihre Geburt und daß sie noch zwei Schwestern hatte. Der Vater, den immer noch Schuldgefühle plagten, beschwor sie, sich ihren zwei Schwestern erst nach seinem Tod zu erkennen zu geben.

»Ich habe das Gefühl, die ganzen Jahre über betrogen worden zu sein. Man hat mir etwas vorenthalten. Das macht mich böse und

zornig ...« Ihr Ärger richtet sich jedoch nicht gegen Cheryl, die lediglich der Bitte des Vaters entsprochen hat. Sie verübelt ihren Eltern, daß sie sich des unehelich geborenen Kindes geschämt und ihr nie von der Existenz dieser Schwester erzählt haben.
»Mein Großvater war immer sehr abweisend zu mir, er mochte mich nicht. Jetzt weiß ich auch, warum. Er wollte nicht, daß meine Eltern heiraten. Aber warum müssen Kinder für die Fehler der Eltern büßen?«
Die drei Schwestern trafen sich zwei Tage später in der Leichenhalle am Sarg ihres Vaters. Zuerst gab es ein nervöses Gekicher, dann kamen ihnen die Tränen, und schließlich fielen sie sich in die Arme. Einige der älteren Verwandten waren entsetzt, daß das Treffen der Schwestern in der Öffentlichkeit stattfand und daß Cheryls Name in der Todesanzeige der Zeitung aufgeführt wurde. Aber Rebecca hatte darauf bestanden. Sie wollte keine Heimlichtuerei und keine Schamgefühle mehr, damit war schon genug Unheil angerichtet worden.
»Als wir nach Hause fuhren, meinte mein Mann: ›Du hast jemanden verloren, der dir nicht sehr nahestand, vielleicht hast du jemanden gefunden, der dir nahestehen wird.‹ Ich fühlte mich phantastisch. Aber warum habe ich sie nicht zehn Jahre früher kennengelernt?«

Die Geschichte von Rebecca ist ungewöhnlich. Die Entdeckungen, die wir beim Erforschen unserer Familiengeschichte machen, sind vielleicht bei weitem nicht so sensationell, aber für uns selbst genauso erstaunlich oder wichtig. Wir dürfen allerdings nicht erwarten, daß das Wissen um die Familiengeschichte eine sofortige Besserung unserer Situation mit sich bringt. Weil es für eine Frau sehr schmerzhaft und unangenehm sein kann, wenn Fakten und Gefühle aufgedeckt werden, die so lange unterdrückt oder unklar gewesen waren, ist es vorteilhaft, wenn sie bei diesem Prozeß einen Therapeuten ihres Vertrauens oder einen

Seelsorger zur Seite hat. Dr. Beal zufolge braucht es mehr als nur Einfühlungsvermögen, um einer Frau zu helfen, sich den Schwestern und der Familie wieder zu nähern. »Es ist der Job des Therapeuten, mitfühlend zu sein, er muß aber auch wissen, daß er es mit Ängsten zu tun hat und daß diese Ängste überwunden werden müssen. Mitgefühl ist gut, der Patient muß jedoch auch angeregt werden, sein Denken zu verändern.«

Sich auch an das Gute erinnern

Nicht alle Erinnerungen und alle Familiengeschichten müssen traurig oder ärgerlich sein. Mehrere Frauen erzählten von den Vorzügen ihrer Eltern und von der schönen Zeit, die sie mit einem oder allen Familienmitgliedern erlebt haben. Ich war erstaunt, bei wie vielen Frauen diese angenehmen Erinnerungen mit Musik verbunden war. In Familien, in denen sonst erhebliche Mißstände herrschten, trafen sich die Eltern und Kinder regelmäßig, um miteinander zu singen oder Musikinstrumente zu spielen. Das gab den Kindern, deren Lebensumstände eher negativ waren, eine Art von Geborgenheit und Hoffnung. Es war keine falsche Geborgenheit, sagte eine Frau in den Vierzigern. Solange sie auf Autofahrten oder beim Abtrocknen des Geschirrs zusammen singen konnten, wußten sie und ihre Geschwister, daß noch ein gutes Stück Familienleben vorhanden war. Kinder erhalten auch ein Gefühl der Geborgenheit durch Familienrituale, wie zum Beispiel die samstägliche Ausfahrt aufs Land nach dem Abendessen, einen Vater, der den Kindern die Comics aus der Sonntagszeitung vorliest oder die Liste der Haushaltspflichten an der Kühlschranktür. Bei der Erinnerung an diese Familienrituale spüren sich fremdgewordene Schwestern eine Gemeinsamkeit.

Sie können ihre Verschiedenheit eher akzeptieren, wenn sie sich gute Momente im Familienleben ins Gedächtnis zurückrufen. Doch es genügt nicht, in schönen Erinnerungen zu kramen oder die Lieblingslieder aus vergangener Zeit zu singen. Um unsere Einstellung zu ändern und unsere Sicht der Dinge einer Überprüfung zu unterziehen, braucht es Zeit und auch Mut. Harriet Lerner schreibt in *Dance of Intimacy*, daß diejenigen, die eine Änderung in einer Beziehung wünschen, nicht vergessen dürfen, daß es ein langwieriger Prozeß ist, bei dem man sich langsam und geduldig vorwärtsbewegen muß und bei dem Rückschläge möglich sind.

Eine Reihe von Frauen entwickelte ein größeres Verständnis ihrer Schwestern, indem sie sich überlegten, nach welchen Gesichtspunkten sie ihre Freundinnen gewählt haben. So hatten nicht wenige Frauen Freundinnen, die genau das Gegenteil ihrer Schwestern waren. Andere sagten direkt, daß sie keine Freundinnen ähnlich ihren Schwestern wollten, weil sich Probleme wiederholen könnten und ihr Leben schon kompliziert genug ist. Diese Frauen nannten ihre Freundinnen oft »Wahlschwestern« und waren sich bewußt, daß sie mehr Intimität und Mitgefühl benötigten, als ihre Schwestern ihnen zu geben bereit waren. Oft wird eine solcherart gewählte Beziehung idealisiert, da sie keine Vergangenheit hat und somit die emotionale Last fehlt.
Aber es gab auch positivere und liebevollere Äußerungen. So sagte eine Frau, daß sie sich Freundinnen sucht, die denselben Sinn für Humor haben wie ihre Schwester. Eine andere gibt zu, daß sie sich nur zu intelligenten, dynamischen Frauen – Frauen wie ihre Schwestern – hingezogen fühlt. Meine Freundin Kathy war achtzehn Jahre alt und die älteste von vier Schwestern, als ihre Mutter starb. Der frühe Tod der Mutter, Kathys Platz in der Geburtenfolge und ihre besonnene Art führten dazu, daß ihr das Wohlergehen ihrer Schwestern stets sehr am Herzen lag. Interes-

santerweise wählt sie ihre Freundinnen nach den Charaktereigenschaften ihrer Schwestern aus. »Aufgrund der Erfahrungen, die ich mit meinen Schwestern vor und nach dem Tod meiner Mutter gemacht habe, bin ich sehr kritisch bei der Wahl meiner Freundinnen«, erzählte mir Kathy. »Ich möchte, daß meine Freundinnen mir meine Schwestern ersetzen, die alle weit weg wohnen.«

Die Last des weiblichen Verantwortungsgefühls ablegen

»Statt unsere Unterschiedlichkeit zu akzeptieren, leiden wir unter der Vorstellung, die wir voneinander haben«, erklärte Martha Gallahue einer Gruppe von Schwestern anläßlich eines in New York stattfindenden Workshops für Schwestern. Es war der tränenreiche, fröhliche Abschluß eines Tages voller Erkenntnisse für Frauen, die Blutsbande verbinden. Am meisten erstaunt hatte mich dabei die Entwicklung, die ein Rollenspiel unter dem aufmerksamen Auge von Martha Gallahue bei zwei Schwestern nahm. Die ältere der Schwestern sprach von ihren Gefühlen der Schuld und des Gefangenseins in der Rolle »der Vernünftigen«. »Laß mich ich selbst sein«, flehte sie ihre jüngere Schwester an, die es nicht glauben konnte, daß ihre ältere Schwester solch rebellischer Gedanken fähig war. »Ich möchte nicht immer all diese Verantwortung tragen.« Mehreren Frauen kamen bei dieser Szene die Tränen, und zwar nicht nur älteren Schwestern.

In der Lebensmitte fällt es uns leichter, unseren Schwestern das zu verzeihen, was sie uns als Kinder möglicherweise nicht zu geben imstande waren. Erinnern Sie sich an die Schwester, die es bedauerte, daß sie mit den zu betreuenden jüngeren Geschwistern nicht lachen konnte; an die Schwester, die sich vorwirft, sich nicht ausreichend um die kleine Schwester gekümmert zu haben, als sie zwölf Jahre alt war und die Mutter unter Depressionen litt; an die Schwester, die traurig ist, weil sie ihrer Schwester nicht helfen konnte, als diese im Teenageralter unter Depressionen litt; an die Schwester, die sich schuldig fühlt, weil sie mehr Liebe und Aufmerksamkeit von den Eltern erhalten hat.

Lange nachdem ich meine Interviews abgeschlossen hatte, machte ich die Bekanntschaft einer Frau Anfang Fünfzig, die um ihre an Eierstockkrebs verstorbene, vier Jahre ältere Schwester trauerte. Schuldgefühle quälten sie, weil sie die lebenslange Liebe ihrer Schwester nie erwidert hatte. Sie war überzeugt, daß die einseitige Zuneigung ihren Anfang nahm, als sie noch ein Baby war und ihre große Schwester bei einem Familienpicknick die Wahrsagerin spielte. »Meine Schwester hielt mir eine Butterblume unters Kinn, sah den gelben Punkt und erzählte meinen Eltern und den anwesenden Verwandten, daß sie sich ihr Leben lang um mich kümmern würde.« Die Vorhersage erwies sich als wahr, denn das Leben dieser Frau war gezeichnet durch Suchtverhalten und Krankheiten. Jetzt, wo ihre Schwester nicht mehr lebt, ist sie entschlossen, nicht mehr in ihre Sucht zurückzufallen, sondern auf ihre Gesundheit zu achten, etwas, was ihre Schwester sich immer für sie gewünscht hat.

Viele Schwestern – gleichgültig, ob älteste, mittlere oder jüngste – tragen an der Last, die perfekte Frau und Mutter sein zu müssen, einfühlsam und immer für alle in der Familie verfügbar. Genauso viele Schwestern – gleichgültig, welches ihre Geburtenreihenfolge ist – leiden aber auch darunter, die Empfängerinnen dieser Liebe zu sein.

Tillie Olsen hat einige Erkenntnisse über Frauen zusammengetragen und später niedergeschrieben: »Frauen werden seit jeher dazu erzogen, die Bedürfnisse der anderen wichtiger zu nehmen als ihre eigenen, und ihre Befriedigung darin zu finden, es anderen zu ermöglichen, ihre Fähigkeiten zu nutzen.« Wir alle wissen nur zu gut, daß unser Glück, fürsorgliche Frauen zu sein, auch Schwachstellen hat in einer Gesellschaft, die uns nicht als gleichwertig behandelt. Wir sollten aber auch erkennen, daß die Hierarchie unter Schwestern ebenfalls Schwachstellen hat. Schwestern sind die strengsten Richter. Eine unserer Aufgaben beim Annäherungsprozeß an unsere Schwestern wird es also sein, ihnen und uns das zu vergeben, was sie oder was wir in der Rolle der verantwortlichen oder der kleinen Schwester versäumt haben.

Monica McGoldrick, Direktorin des Familieninstituts von New Jersey, fordert Therapeuten auf, die traditionellen Ansichten über Fürsorglichkeit und das »Dasein« für die Familie – die große Aufgabe und das große Privileg von Töchtern – in Frage zu stellen. Wenn sich eine Frau während der Therapie beklagt, daß ihre Schwester sich früher als Kind und heute als Erwachsene nicht genügend um sie kümmert, lautet McGoldrick zufolge die Aufgabe, ihr zu helfen, »die negative Einstellung gegenüber der anderen Schwester, weil diese sie vernachlässigt hat, zu überprüfen, anstatt die ungerechtfertigten Erwartungen, die sie oder die Familie an die Schwester hat, zu bestätigen, die mit den übermäßigen Erwartungen übereinstimmen, die sie an sich selbst hat, nämlich fürsorglich gegenüber allen anderen zu sein.

Wir müssen uns der Erfahrung der Schwestern bezüglich der Last der Familienverpflichtung bewußt werden und sie ermuntern, sich gegenseitig zu helfen und sich nicht als Rivalinnen zu betrachten.«

Ich glaube, daß das Bewußtmachen der Erfahrung mit den traditionellen Rollen heißt, sich der Erfahrungen beider Seiten bewußt zu werden. Es ist nicht nötig, zu beurteilen, welche Schwester der anderen mehr Leid angetan hat – die »große« Schwester, in ihrem Bemühen, die perfekte Ersatzmutter zu sein, oder die

»kleine« Schwester, die nicht genug Liebe oder Anerkennung ihrer Schwester bekommen konnte. Es ist jedoch von großer Wichtigkeit, zu erkennen, daß diese Verhaltensmuster der Grund für lebenslangen Unmut sein können.

Frauen mit Schwestern haben mir oft gesagt, daß sie andere Frauen und ihre Schwestern beobachten, um Anhaltspunkte zu finden, was »Schwestern« sein und bedeuten können. Diese Frauen hatten alle das Gefühl, keine gute Beziehung zu ihren Schwestern zu haben, und wollten deshalb herausfinden, wie andere Frauen mit der Vielschichtigkeit schwesterlicher Beziehungen zurechtkamen. Ich hoffe, daß durch dieses Buch Frauen verstehen lernen, warum diese Vielschichtigkeit existiert. Obwohl es sich hier um eine Beziehung handelt, die von frühester Kindheit an unser Leben als Mädchen und Frau beeinflußt, wissen wir sehr wenig darüber. Warum nur sind unsere Gefühle so zwiespältig, wo wir doch von Natur aus in Liebe miteinander verbunden sein sollten?

Wir Schwestern erwarten als Frauen zuviel von der anderen. Mit quälender Ausdauer denken wir über unsere frühere und unsere gegenwärtige Beziehung nach. Warum hat mich meine Schwester nicht ihren Freunden vorgestellt? Warum läßt mich meine Schwester nicht in Ruhe? Warum ist meine Schwester so bestimmend? Warum sagt meine Schwester nicht, was sie denkt?

Gibt es eine schonungslosere Kritik als die einer Schwester? Andererseits gibt es eine Beziehung, die dauerhafter, komplexer und fähiger ist, sich zu regenerieren, als die Beziehung von Schwester zu Schwester? Unsere Eltern sterben, unsere Kinder verlassen uns, wir können uns von unseren Ehemännern und Freunden trennen, aber eine Schwester bleibt ein Teil von uns, noch lange nachdem wir den Schnappschuß in die Schublade zurückgelegt oder zum Abschied aus dem Autofenster gewunken haben.

Man sagt, daß Schwestern durch ihre »gemeinsame Geschichte« verbunden sind. Ich kann dem nicht zustimmen, weil in diesem Fall stillschweigend davon ausgegangen wird, daß Schwestern ihre »Geschichte« gleich oder ähnlich empfunden haben. Schwestern sind durch *ihr Geschlecht* miteinander verbunden. Ihnen wird von früher Kindheit an beigebracht, anderen gegenüber mitfühlend zu sein. Aber genauso stark wie ihre Fixierung aufeinander ist ihre versteckte Kritik und Rivalität, hervorgerufen und genährt durch ihre unterschiedliche Sichtweise der Familiengeschichte. Um dies zu überwinden, arbeiten Schwestern daran, mehr Verständnis und Einfühlungsvermögen zu entwickeln. Wenn möglich sprechen sie über ihre jeweils unterschiedlichen Positionen bei den Eltern und in der Familie und versuchen, diese zu verstehen. Sind solche Gespräche für eine Schwester zu beängstigend, kann sie auch selbst ihr Inneres erforschen und überprüfen. Gleichgültig, wie vorgegangen wird, mit dem Wissen und dem Verständnis um ihre Geschichte und ihre Rollen können Schwestern allmählich ihre verschiedenen Identitäten akzeptieren. Ihre Belohnung dafür ist ein gutes schwesterliches Verhältnis, wie unzählige Frauen es kennen und schätzen.

Literaturhinweise

Apter, Terri, *Altered Loves: Mothers and Daughters During Adolescence*, St. Martin's Press, New York 1990

Austen, Jane, *Stolz und Vorurteil*, Insel Verlag, Frankfurt 1985

Bank, Stephen und Michael Kahn, *Geschwisterbindung*, Junfermann Verlag, Paderborn 1989

Barber, Jill und Rita E. Watson, *Frau gegen Frau*, Rowohlt Verlag, Reinbek 1991

Beauvoir, Simone, *Memoiren einer Tochter aus gutem Hause*, Rowohlt Verlag, Reinbek 1968

–, *Das andere Geschlecht*, Rowohlt Verlag, Reinbek 1983

Bouchard, Thomas und David Lykken, Matthew McGue, Nancy Segal, Auke Tellegen, »Sources of Human Psychological Differences: The Minnesota Study of Twins Reared Apart.« *Articles*, October 12, 1990

Cermak, Timmen, *A Time to Heal: The Road to Recovery for Adult Children of Alcoholics*, Avon, New York 1989

Chodorow, Nancy, *Das Erbe der Mütter*, Frauenoffensive, München 1985

Coles, Robert, *The Call of Stories*, Houghton Mifflin, Boston 1989

Downing, Christine, *Psyche's Sisters; Re-Imagining the Meaning of Sisterhood*, Continuum, New York 1990

Dunn, Jane, *A Very Close Conspiracy: Vanessa Bell and Virginia Woolf*, Little, Brown, Boston 1991

Eichenbaum, Luise und Susie Orbach, *Frauen unter sich*, Heyne Verlag, München 1991

Eliot, George, *Middlemarch*, Reclam Verlag, Leipzig 1985

Erickson, Erik H., *Identity: Youth and Crisis*, Norton, New York 1968

–, *Identity and the Life Cycle*, Norton, New York 1980

Fishel, Elizabeth, *Liebe und Rivalität innerhalb der Familie*, Ullstein Verlag, Berlin 1980

Fraiberg, Selma H., *Die magischen Jahre in der Persönlichkeitsentwicklung des Vorschulkindes*, Rowohlt Verlag, Reinbek 1972

Frank, Anne, *Das Tagebuch der Anne Frank*, Lambert Schneider Verlag, Heidelberg 1981

Fraser, Rebecca, *The Brontës: Charlotte Brontë and Her Family*, Fawcett Columbine, New York 1988
Freud, Sigmund, *Gesammelte Werke*, Bd. 2, Nr. 8, Fischer Verlag, Frankfurt
–, *Einführung in die Psychoanalyse*, Fischer Verlag, Frankfurt
–, *Analyse der Phobie eines fünfjährigen Knaben*, Fischer Verlag, Frankfurt
Friday, Nancy, *Wie meine Mutter*, Fischer Verlag, Frankfurt 1992
Gilligan, Carol, *Die andere Stimme, Lebenskonflikte und Moral der Frau*, Piper Verlag, München 1984
Hancock, Emily, *The Girl Within*, Fawcett Columbine, New York 1989
Horney, Karen, *Die Psychologie der Frau*, Fischer Verlag, Frankfurt 1984
–, *Neue Wege in der Psychoanalyse*, Kilpper Verlag, 1951
Howard, Jane, *A Different Woman*, Dutton, New York 1973
Kahn, Michael D. und Karen Gail Lewis (Hsg.), *Siblings in Therapy, Life Span and Clinical Issues*, Norton, New York 1988
Lerner, Harriet, *Wohin mit meiner Wut: Neue Beziehungsmuster für Frauen*, Kreuz Verlag, Zürich 1989
– *The Dance of Intimacy: A Woman's Guide to Courageous Acts of Change in Key Relationships*, Harper-Collins, New York 1989
Low, Natalie S., »The Sisterly Relationship«. Based on a paper presented at a meeting of the American Family Therapy Association, Montreal, June 1988. *Radcliffe Quarterly*, March, 1990.
McGoldrick, Monica, Carol Anderson und Froma Walsh (Hsg.), *Women in Families: A Framework for Family Therapy*, Norton, New York 1991
McNaron, Toni A. H. (Hsg.), *The Sister Bond: A Feminist View of a Timeless Connection*, Pergamon, New York 1985
Miller, Alice, *Das Drama des begabten Kindes*, Rowohlt Verlag, Reinbek 1972
Mitchell, Juliet (Hsg.), *The Selected Melanie Klein*, Free Press, New York 1986
Nichols, Michael, *The Power of the Family*, Fireside/Simon & Schuster, New York 1988
Olsen, Tillie, *Silences*, Dell, New York 1989
Raskin, Barbara, *Meine Schwester, mein Feind*, Knaur Verlag, München 1992
Rose, Phyllis, *Woman of Letters: A Life of Virginia Woolf*, Oxford University Press, New York 1978
Rubin, Lillian, Intimate Strangers: *Men and Women Together*, Harper Collins, New York 1983

–, *Just Friends: The Role of Friendship in Our Lives*, Harper Collins, New York 1985

Sanders, Catherine, *Grief: The Mourning After*, Wiley, 1989

Smiley, Jane, *Tausend Morgen*, Fischer Verlag, Frankfurt 1992

Smith, Joseph H., and William Kerrigan (Hsg.), *Images in Our Souls: Cavell, Psychoanalysis and Cinema*, John Hopkins University Press, Baltimore 1987

Tan, Amy, *Töchter des Himmels*, Goldmann Verlag, München 1990

Tannen, Deborah, *Du kannst mich einfach nicht verstehen*, Kabel Verlag, Hamburg 1991

Tolstoy, Leo, *Anna Karenina*, dtv = Deutscher Taschenbuch Verlag, München 1978

Toman, Walter, *Familien-Konstellationen*, Beck Verlag, München 1974

Walters, Marianne, Betty Carter, Peggy Papp, and Olga Silverstein, *The Invisible Web: Gender Patterns in Family Relationships*, Guilford Press, New York 1988

Weinstein, Grace W., »Crisis of Elder Care.« In *The Elderly: Opposing Viewpoints*, ed., Karen Swisher, Greenhaven Press, San Diego 1990

Danksagung

Vor zwei Jahren bat mich Peggy Hackman, meine Redakteurin bei der *Washington Post*, einen Artikel über Schwestern zu schreiben, wobei sie sagte: »Ich glaube, das wäre eine gute Sache.«
Du hattest recht, Peggy, vielen Dank!
Nachdem der Artikel geschrieben war, habe ich mich entschlossen, ein Buch über dieses Thema zu verfassen. Zahlreiche Freunde – Frauen und Männer – haben mich dabei unterstützt, indem sie mir Namen von Schwestern im ganzen Land und auch im Ausland nannten. Da die Anonymität dieser Schwestern unbedingt gesichert sein soll, kann ich all diese Freunde nicht beim Namen nennen. Ich bin aber jeder/jedem einzelnen von ihnen dankbar, nicht nur für ihre Hilfe, sondern auch für ihren Enthusiasmus und ihren Glauben an mein Vorhaben.
Danken möchte ich auch Al Sanoff für seine fachliche Unterstützung und seinen Rat; Sarah Ban Breathnach für ihr Vertrauen in mich und ihre Tips, wie ein Buch zu Ende zu bringen ist; Priscilla J. Friesen (Georgetown Family Center) und Dr. Fonya Lord Helm für das Lesen und Bearbeiten meines Manuskripts.
Ein Dankeschön auch an meine Agentin, Chris Tomasino, die liebevoll über mich wachte und ein feines Gespür dafür hatte, was Leserinnen erwarten und wissen wollen. Zum Schluß möchte ich noch meiner Herausgeberin bei Delacorte, Cynthia White, danken, die mir auf eine so angenehme Weise half, die Geschichten dieser Schwestern mit meiner eigenen Familiengeschichte in Einklang zu bringen.

Barbara Mathias